马克思的劳动伦理思想

从异化到自由与解放

张亲霞 著

图书在版编目(CIP)数据

马克思的劳动伦理思想：从异化到自由与解放 / 张亲霞著 . --北京：社会科学文献出版社，2024.12（2025.9 重印）
国家社科基金后期资助项目
ISBN 978-7-5228-3616-4

Ⅰ.①马… Ⅱ.①张… Ⅲ.①马克思主义-劳动关系-伦理思想-研究 Ⅳ.①A811.66

中国国家版本馆CIP数据核字(2024)第091005号

国家社科基金后期资助项目
马克思的劳动伦理思想：从异化到自由与解放

著　　者 / 张亲霞

出 版 人 / 冀祥德
组稿编辑 / 曹义恒
责任编辑 / 吕霞云
责任印制 / 岳　阳

出　　版 / 社会科学文献出版社·马克思主义分社（010）59367126
　　　　　 地址：北京市北三环中路甲29号院华龙大厦　邮编：100029
　　　　　 网址：www.ssap.com.cn
发　　行 / 社会科学文献出版社（010）59367028
印　　装 / 唐山玺诚印务有限公司

规　　格 / 开　本：787mm×1092mm　1/16
　　　　　 印　张：17　字　数：268千字
版　　次 / 2024年12月第1版　2025年9月第2次印刷
书　　号 / ISBN 978-7-5228-3616-4
定　　价 / 118.00元

读者服务电话：4008918866

版权所有 翻印必究

国家社科基金后期资助项目
出版说明

后期资助项目是国家社科基金设立的一类重要项目，旨在鼓励广大社科研究者潜心治学，支持基础研究多出优秀成果。它是经过严格评审，从接近完成的科研成果中遴选立项的。为扩大后期资助项目的影响，更好地推动学术发展，促进成果转化，全国哲学社会科学工作办公室按照"统一设计、统一标识、统一版式、形成系列"的总体要求，组织出版国家社科基金后期资助项目成果。

全国哲学社会科学工作办公室

目 录

绪 论 ………………………………………………………………… 1

第一章 马克思劳动伦理思想的产生 …………………………… 14
    第一节 马克思劳动伦理思想产生的社会基础 ………………… 14
    第二节 马克思劳动伦理思想的理论渊源 ……………………… 22
    第三节 马克思劳动伦理思想的形成与精神实质 ……………… 49

第二章 马克思劳动伦理思想实现了伦理学革命 ……………… 66
    第一节 现实的人基础上的伦理超越 …………………………… 66
    第二节 批判基础上的建构 ……………………………………… 72
    第三节 历史唯物主义视域下的道德本质与作用的全新解读 … 84

第三章 资本主义的伦理批判：劳动异化及物的生存境遇 …… 94
    第一节 劳动异化的本质是人的生活世界的异化 ……………… 94
    第二节 雇佣劳动背景下人与自然关系的变异 ………………… 106
    第三节 物的依赖性生存境遇 …………………………………… 118

第四章 劳动解放与马克思的伦理思想 ………………………… 133
    第一节 劳动解放与理想生活及自由发展 ……………………… 133
    第二节 劳动的解放与自然的回归 ……………………………… 154
    第三节 劳动解放与社会正义 …………………………………… 168

第五章 基于马克思劳动伦理精神的生活追求 ………………… 185
    第一节 劳动者的生活质量 ……………………………………… 185
    第二节 工作、新穷人与劳动者生活质量提升面临的新境域 … 196
    第三节 休闲、自由
          ——破除时间被支配的魔咒 …………………………… 203

第六章　基于马克思劳动伦理精神的共同体建设 …… 212
　　第一节　劳动分工、交往及消费与共同体伦理 …… 212
　　第二节　构建和谐共生的共同体 …… 237

参考文献 …… 262

绪　论

　　劳动是人与自然、人与社会、人与人之间互动交往的过程。劳动使人成为人，劳动造就了人的世界，劳动的发展史就是人类文明的发展史。人民对美好生活的追求离不开劳动。劳动伦理思想是马克思思想体系的有机构成，是马克思思想体系内在逻辑的立足点。正如俄裔美籍马克思主义者杜娜叶夫斯卡娅指出的："全部马克思主义的精髓，即从生产过程本身的劳动活动开始，又以这种劳动活动为中心。"[①]

　　国内学术界关于劳动伦理的研究伴随着近代工人运动的兴起和发展，从20世纪二三十年代就开始了。这一时期主要的著作有陈达先生的《中国劳工问题》、李剑华先生的《劳动问题与劳动法》等。1929年出版的陈达先生的《中国劳工问题》主要从现实性上对工人生活状况、劳动团体、罢工、工资与工作时间、劳工法规等做了论述。李剑华先生的《劳动问题与劳动法》探讨了劳动问题的时代和阶级背景，对帝国主义殖民政策下的劳动进行了研究。文章指出，如果不能推翻帝国主义的殖民统治，中国的民主政治就不能成功，中国的劳动者和资本家也没有出路。1934年出版的陈振鹭先生的《劳动问题大纲》从人道、社会、政治、经济等方面阐述了劳动问题的重要性，而且还专门有一个部分探讨了劳动问题与伦理学的关系。新中国成立后，劳动伦理学的研究集中体现在20世纪80年代以后，先后出版了几本劳动伦理学方面的专著。如王昕杰、乔法容的《劳动伦理学》，夏明月的《劳动伦理研究——和谐劳动关系与和谐社会构建》等。2015年人民出版社出版的黄云明先生的《马克思劳动伦理思想的哲学研究》揭示了马克思劳动伦理的哲学基础。这一成果，是国内第一部系统梳理马克思劳动伦理思想的专著。该成果从劳动哲学的视域，从马克思劳动本体论、劳动辩证法、劳动认识论等方面，从哲

---

① 〔美〕杜娜叶夫斯卡娅：《马克思主义与自由》，傅小平译，辽宁教育出版社，1998，第165页。

学的高度出发，阐述了马克思的劳动伦理思想。该著作最为突出的一点是强调了劳动者作为社会存在和社会发展的主体地位，劳动、劳动者不仅是传统所认为的生产体系中的要素，劳动在人类文明发展史中还具有重要的地位，劳动者也是社会历史的主体。

从研究的问题看，国内学术界主要研究了劳动伦理思想的产生、内涵及现代价值等。贺汉魂的《马克思劳动伦理思想研究》①认为，"马克思的劳动伦理思想是其经济伦理思想的有机构成部分，唯物史观和剩余价值学说是马克思劳动伦理思想的基础"。文章研究了马克思对人类劳动及其关系的终极道德关怀以及对不道德劳动及其关系的伦理批判，指出了生产资料所有者与劳动者之间的关系是马克思劳动伦理关系的核心。比较突出的是贺汉魂先生详细研究了马克思劳动伦理思想中所包含的体面劳动的思想，对马克思思想中的体面劳动内涵及现代意义做了深刻的研究。谭泓的《马克思劳动伦理观的当代阐释》②指出了马克思劳动伦理的生活逻辑被资本、技术与生产共同体遮蔽的事实，指出生活逻辑是人的自由全面发展的逻辑起点，是体面劳动的哲学基础。陈爱华的《青年马克思劳动伦理观生成的三重思维向度——从〈巴黎手稿〉到〈1844年经济学哲学手稿〉》③、张兵权的《马克思〈1857-1858年经济学手稿〉中的伦理思想探析》④、高耀芳的《马克思〈资本论〉及其手稿中的劳动伦理思想研究》⑤等从马克思思想发展史的角度探讨了马克思的劳动伦理思想。国内关于马克思劳动伦理的研究意义方面，着重立足现代和谐劳动关系的现实意义及追溯马克思劳动伦理的研究目的。王维平、高耀芳的《〈资本论〉劳动伦理思想的建构逻辑及价值》⑥认为，《资本论》以资本为出发点，实现了从劳动正义到劳动自由自觉、从劳动主体伦理

---

① 贺汉魂：《马克思劳动伦理思想研究》，湖南师范大学博士学位论文，2012。
② 谭泓：《马克思劳动伦理观的当代阐释》，《中共中央党校学报》2015年第1期。
③ 陈爱华：《青年马克思劳动伦理观生成的三重思维向度——从〈巴黎手稿〉到〈1844年经济学哲学手稿〉》，《苏州铁道师范学院学报》（社会科学版）2001年第3期。
④ 张兵权：《马克思〈1857-1858年经济学手稿〉中的伦理思想探析》，湖南师范大学硕士学位论文，2010。
⑤ 高耀芳：《马克思〈资本论〉及其手稿中的劳动伦理思想研究》，兰州大学博士学位论文，2020。
⑥ 王维平、高耀芳：《〈资本论〉劳动伦理思想的建构逻辑及价值》，《湖湘论坛》2019年第2期。

关怀到人类社会终极关怀的转化，架构了未来理想社会图景。

国外对马克思伦理思想的研究主要有以下几个方面。其一，表现为卢卡奇、马尔库塞、弗洛姆等人与马克思的劳动异化密切关联的对现代社会生活中的物化、技术理性过度张扬下的人的异化——单向度的人的批判，对人的重占有的生存方式的批判。其二，分析学派的马克思主义者的相关研究。著名的代表人物有：罗伯特·塔克、艾伦·伍德、齐亚德·胡萨米、理查德·米勒、R.G. 佩弗、凯·尼尔森等。他们关注与马克思劳动思想相关的剥削，关注马克思的劳资关系相关论述，探讨的问题主要是马克思的正义、平等、自由等道德思想，马克思主义是道德主义还是非道德主义等争论。其三，高兹基于马克思的劳动解放，对于劳动解放与人的自由与解放的相关思考和论述。其四，日本名古屋大学的十名直喜在对马克思《资本论》的论述中，探讨了有关"工厂经济学"对资本家对工人的压迫、对人的解放的关注，并且以此为基础发展出了体系化的发展经济学。

国外对马克思劳动伦理研究的一个很重要的特征就是批判性。以汉娜·阿伦特为例，汉娜·阿伦特在其著作《人的境况》中，将积极生活分成劳动、工作与行动。在这三种生活中，她强调劳动受必然性束缚，是生物性的生命活动，没有自由；工作是人们创造非自然性的活动，它创造出了区别于自然形成的，按照人的目的所形塑的另一种客观世界；积极生活中的行动，则是公共领域的政治活动，人也只有在此领域中才能实现自身的自由。所以，在这三种形式中行动的地位最高。在她的视野中，马克思关于劳动的概念边界是不清晰的。

整体而言，国内外学术界对于马克思的劳动伦理的内涵挖掘、时代价值的观照以及从马克思主义发展史的角度对文献的深入挖掘、探讨等，既奠定了我们研究的基础，同时又为我们进一步开展研究开阔了视野、提供了启发。尤其是对资本支配下的劳动的研究、对劳动与人的解放的研究等为我们的研究提供了十分有价值的参考。我们看到国内关于马克思劳动伦理的研究时代性特征鲜明。从20世纪初期对劳工问题的关注到改革开放后对和谐劳动关系问题、劳资矛盾问题以及体面劳动等的深入研究无不体现了以历史映照时代的研究方法和思路。

学术界对马克思劳动伦理思想重点从道德方面进行观照，这是一个值得注意的倾向，其主要认为劳动伦理是研究劳动活动过程中的道德问题的。学界有人认为："劳动伦理学是以劳动者的道德问题为研究对象的一门学科。它不仅考察劳动的经济现象和社会现象方面，更着重于把劳动作为一种社会道德现象来考察。"[①] 劳动伦理思想、劳动伦理实践与劳动伦理学，三个概念或着重于主观观念，或偏重现实实践，或注重学科体系，但三者皆冠以"劳动伦理"，并以此作为劳动伦理内涵的基础。学界对马克思劳动伦理的研究局限于劳动关系，如对于劳动的权利义务关系、分配关系等的研究，而对于建立在劳动基础上的，围绕劳动进行的宏观的人与人、人与社会、人与自然的关系的论述，也就是大伦理的研究则稍显不足。对劳动伦理的研究方面一个突出现象就是把伦理与道德等同，把马克思的伦理问题与马克思的道德问题的研究等同化，从而把伦理问题狭隘化，以道德问题研究代替了伦理问题研究。

学界在对马克思历史唯物主义的深入研究方面还有较大的提升空间。学界看到了历史唯物主义在马克思的劳动伦理思想中的地位，但是对历史唯物主义从生活、生命的生产再生产出发去认识人类历史，去认识人类文明的发展，尤其是随着社会化大生产的发展对于社会发展的趋势的认识等还有更进一步拓展的空间。如有的学者也看到了马克思的劳动伦理思想"彰显着马克思唯物史观和剩余价值学说的光芒"，[②] 其具体研究主要从资本主义生产方式入手，研究资本主义生产方式与劳动人道、劳动自由、劳动正义等的关系，研究了马克思劳动思想中权利和义务的公正性等问题。另外，学界在劳动伦理和人的发展、人的解放等方面的研究，在马克思的劳动伦理思想与未来良序社会、人类命运共同体构建方面的价值还有待深入挖掘。

劳动伦理是马克思思想学说体系中的重要概念。虽然马克思并没有专门的著作或者章节系统探讨劳动伦理，但是在马克思的整个思想学说体系中，劳动伦理思想的智慧火花散见于《共产党宣言》《1844年经济学哲学手稿》《德意志意识形态》《资本论》《哥达纲领批判》，以及马克思的笔记和与友人的通信中。这些是我们研究马克思劳动伦理思想的

---

① 乔法容、王昕杰：《劳动伦理学的对象、意义和任务》，《中州学刊》1986年第4期。
② 贺汉魂：《马克思劳动伦理思想研究》，湖南师范大学博士学位论文，2012。

文献基础，是我们研究的可靠文献资源。以文献为基础，进一步深入地考察马克思的劳动伦理思想，具有重要的理论价值和现实意义。

首先，研究马克思的劳动伦理思想，是从整体上理解马克思主义的需要。马克思主义始终指导着中国共产党治国理政的实践进程，习近平总书记强调"要巩固马克思主义在意识形态领域的指导地位"[①]。马克思的思想，既是马克思主义的理论源泉，也是其思维基础。马克思的思想诞生于19世纪，诞生于第一次工业革命带来的社会秩序和社会生活风貌的巨大变革时期。一个多世纪过去了，马克思的思想在今天是否还有现实意义？21世纪的今天我们如何科学理解马克思的思想？马克思伦理思想的研究对于回答这一系列问题无疑有重要的参考意义。长期以来，学术界由于没有厘清伦理和道德概念，因此，在对马克思的伦理思想的研究中要么把马克思的伦理思想等同于道德学说，研究马克思伦理思想主要研究其道德学说，要么研究马克思的伦理思想就只是研究马克思的劳动关系思想等。对马克思的劳动伦理的片面理解导致的结果是不能从整体上、不能完整地理解马克思的思想，没有能把马克思早期思想和中期、晚期思想作为一个有机整体来对待。在学术界，就有学者认为劳动伦理是将道德关系作为劳动过程中的研究对象，他们从劳动主体、劳动关系以及劳动制度中的公正性等方面研究了劳动伦理。

把马克思主义的伦理思想理解为马克思主义的道德学说，最为典型的是著名的伦理学家罗国杰先生。罗国杰先生是新中国伦理学事业的奠基人，是当代中国马克思主义伦理学的开拓者。他在马克思主义伦理学体系的探索中，把道德的活动、道德的规范以及道德的意识，作为划分的准绳，用以区分道德的现象。在道德现象分类视角下，考察作为伦理学的马克思主义内容。再从中得出其三个方面的特点，即理论学科、规范科学、知识—准则统一的伦理学哲学特质。[②] 罗国杰据此编写了《马克思主义伦理学教学大纲》《马克思主义伦理学讲义》两部著作。20世纪80年代，罗先生又在此基础上编写了《马克思主义伦理学》《伦理学教程》《伦理学》，并以此反映马克思主义伦理学体系。罗国杰先生对马

---

① 《习近平谈治国理政》，外文出版社，2014，第153页。
② 罗国杰:《我的学术思想的形成和发展——对伦理学的教学、研究和探索历程的回顾》，《毛泽东邓小平理论研究》2011年第11期。

克思主义伦理学的开拓性建设无疑是十分显著的，他的研究在中国特色社会主义伦理学的建设方面都具有极为重要的地位和意义。但是我们应该看到，把马克思主义的伦理学等同于马克思主义的道德学说，在学理上又是有一定局限的。将马克思主义伦理学放置于一般道德哲学的理论框架下，容易忽视马克思主义伦理学说的自身特性，限制其学理空间。因此，从发展马克思主义伦理学的角度看，罗国杰的研究尚有待拓展。

伦理和道德是两个有密切联系但是又有区别的概念，区分伦理和道德概念对于全面理解马克思的伦理思想、理解马克思主义伦理学，对于建设中国特色社会主义伦理学都有重要意义。中西方文化不同，首先从文化渊源上看，中西方关于伦理道德的侧重是不同的。农业文明是中华文明的基础，家庭是社会的基本细胞，村落（大家庭）是人们活动的主要场所，因此，中国伦理道德文化主要是建立在血缘关系（氏族宗法关系）基础上的伦理道德。西方文明是游牧海洋文明，他们的家庭观念淡薄，西方的伦理道德文化偏重个体，因此在黑格尔的思想中，伦理是社会道德，道德则是个人道德。学术意义上的"伦理"和"道德"概念来源于西方，西方伦理道德文化传入中国之时正是中国遭受列强入侵、清廷腐败、民不聊生、社会问题压倒学术问题之时。这种西方学术上的霸权话语成为当时的主流话语，导致了在学理上"伦理"与"道德"的不分与普适。对"伦理"与"道德"概念及关系正本清源是建设中国特色的伦理学和道德理论体系的一项任务。

在中国古代伦和理是分开使用的。"伦"的本义指次序、条理。"教以人伦，父子有亲，君臣有义，夫妇有别，长幼有序，朋友有信。"[1] 人伦指人际关系的准则，伦，指分类、类别。"理"本义指治玉。"王乃使玉人理其璞，而得宝焉，遂命曰'和氏之璧'。"[2] 理，为纹理、条理、道理。伦理连用指事物之伦各有其理。"凡音者，生于人心者也，乐者，通伦理者也。"[3] 综合"伦理"以上的基本语义，伦理是研究人与人、人与自然、人与社会等关系之理、之规律的。这里引申出来有两个基本的思想。其一，伦理是在关系之中产生的，没有关系，没有人与人、人与

---

[1]《孟子·滕文公》。
[2]《韩非子·和氏》。
[3]《礼记·乐记》。

社会、人与自然的关系，就无所谓伦理。其二，伦理是研究以上关系之理的。人与人、人与社会、人与自然等的关系为什么按照这样的次序而不是按照那样的次序，道理何在？这样的次序安排有什么样的规律性？以上基本思想应是伦理学的基本内涵。据此理解伦理学，我们得出结论是按照中华文化对伦理的基本含义的认知，伦理学应该是研究人在宇宙中的各种基本关系的道理的学问。这样理解，我们的根基在我们自身的文化，有助于我们立足文化自信，有助于对当代社会驳杂的伦理现象进行系统梳理。同时，我们不会因为中国传统伦理偏重于以人与人关系的家庭伦理为基础的构建，而忽略了当代随着社会生活广度和深度的延伸而加强的对经济伦理、自然伦理的关注，从而使我们的概念更有伸缩度和解释力。

　　道德在中国古代也是分开使用的。"道"最早指道路，引申为道理、规律。南怀瑾先生认为中国传统文化中所说的道有三种意义。一是人世间行走的道路，如元人马致远《天净沙·秋思》"古道西风瘦马，夕阳西下，断肠人在天涯"中的古道之道，就是道路。二是现实中的规矩，抽象的法则、规律。如《左传·昭公十八年》中子产所说，"天道远，人道迩"。三是形而上之道。如《易传·系辞》中所说："形而上者谓之道，形而下者谓之器。"① "德"，《说文·心部》"悳，外得于人，内得于己也。从直从心"。"道德"合用见于《礼记·曲礼上》"道德仁义，非礼不成"。综合中华文化中道德的有关论述，道德基本的含义有这样几个方面。一是客观的规律、规矩层面。这一方面包含道德规范层面，但是又不限于道德规范。二是道德的认知、情感、意志方面的内容，也就是道德的知、情、意方面的内容。学术界有学者把道德概括为主体的人在调节与自我、与人（包括个人、集体与社会）和与自然之间相互关系中形成的人格修养和行为规范的总和。② 这个概括是很有道理的。

　　由此我们认为，伦理和道德是两个内涵和外延相互交叉的概念，是既有联系又有各自独立内涵的概念，不能把马克思的伦理思想等同于马克思的道德思想。伦理范畴更偏向于人与自我、与人、与自然关系的次

---

① 南怀瑾：《老子他说》，复旦大学出版社，1996，第47~48页。
② 王冬桦：《为伦理与道德的概念及其关系正本清源》，《首都师范大学学报（社会科学版）》2011年第2期。

序及其本质，道德的重心则在于主体的人格修养和行为规范。因此，从一定意义上说伦理范畴的外延更为广阔。道德是在伦理确定的次序关系基础上对主体品格及其修养的界定。道德是以伦理关系为基础的，道德属于伦理学的重要内容，但是伦理学不限于道德。马克思的伦理思想比马克思的道德思想有更为广阔的范围、更丰富的内涵。马克思的道德思想主要是道德本质、道德规范和道德原则及道德品质培养的有关思想。而马克思的伦理思想则是对社会历史整体秩序与建构思维的产物。它既包括道德思想，但是又不限于道德思想，主要是对以人为中心的社会历史秩序及其运行机制的思想。

马克思的劳动伦理思想，批判与解构了资本主义劳动伦理秩序，并建立起新的劳动理论。马克思恩格斯对劳动异化进行了深刻的批判。这一批判又是破和立、解构和构建的有机结合。不仅打破一种旧的伦理秩序，又积极探索建立新的伦理秩序的现实途径。马克思用了大半生的时间研究资本的实质与奥秘，在《资本论》中马克思更关注的是在以资本与劳动为矛盾核心的伦理中自由平等公正的实现，关心的是劳动解放的现实性。共产主义社会是马克思新伦理秩序的实现，也是新的伦理精神的张扬。马克思共产主义伦理理想与劳动的自由自觉、劳动真正意义上的解放是紧密结合、密不可分的。

以劳动伦理思想为核心，马克思恩格斯的思想具有整体性特征，不能把不同时期的马克思思想割裂看待。从劳动伦理切入，我们会发现，马克思的思想在早期、中期、晚期有一以贯之的主线。从横向内容上看，马克思的哲学、科学社会主义、政治经济学是一个有机整体。马克思主义哲学与以往的哲学不同，是建立在实践基础上的哲学。

从马克思思想学说的理论体系来看，马克思的唯物主义哲学以感性的人的活动为基础，也就是以实践为基础，劳动是实践活动的现实体现，因此，劳动也是马克思主义哲学最基本的范畴。讨论劳动的理论，是马克思主义哲学的题中应有之义。如果说，马克思主义政治经济学，探讨的核心问题是资本主义生产关系下劳动与资本的矛盾及其运行机制，那么一定意义上可以说，马克思的政治经济学是劳动伦理经济学。马克思恩格斯的科学社会主义是马克思恩格斯对理想伦理世界追求的体现，科学社会主义从本质上，可以说是追求劳动的解放的学问，是劳动的自由自觉的过程。

其次，深刻认识马克思主义理论的科学性。通过深入研究马克思思想学说体系中的时代性和超时代性的内容，可以了解马克思思想的历史性和普遍性、开放性和规范性、科学性和哲理性，从而感悟马克思思想的价值、魅力和生命力。

对马克思劳动伦理思想的研究有助于揭示马克思思想中跨时代的内涵。时代在发展，社会在进步，我们的时代和马克思所处的时代相比发生了翻天覆地的变化。马克思对资本主义、社会主义的区别把握，对感性与思维、自然界、社会基本原理的揭示；马克思坚持的无产阶级立场、人民立场，实现人的自由而全面发展和全人类解放为己任的担当；马克思对事物本质、内在规律的辩证揭示；马克思体现在思想中的鲜明实践品格等都有超越时代的意义。

马克思的劳动伦理思想反映了当时社会环境下的伦理关系，是对工业化时代资本发达条件下，伦理关系遭到异化扭曲，产生诸多问题的回应，也是对资本伦理基础的扬弃。他的劳动伦理思想对资本主义发展规律进行深层把握，其劳动伦理思想中的人民立场、无产阶级的立场、对人的自由及全面解放等的追求等，都产生了恒久的启示作用。

再次，这一研究对于保持我们自身的理论定力有重要意义。

马克思的伦理学思想在西方一直被忽视。20世纪六七十年代以来，西方分析学派对道德在马克思主义中的地位展开了讨论。对于马克思的著作中是否有道德因素众说纷纭。以国外马克思主义的"塔克尔-伍德命题"，即"马克思主义与道德""马克思主义与正义"之争为例。1981年艾伦·伍德出版了《卡尔·马克思——马克思思想传记》。在这本书中伍德在区分道德善与非道德善的基础上，对道德在马克思主义中的地位进行了重新界定。在这本书中伍德提出，马克思对资本主义社会的批判是非道德的立场。马克思在资本主义生产方式高歌猛进时期反思了一个问题："资本主义文明对于人类来说是至善的、唯一的模式吗？"德国古典哲学的旗帜人物康德看到了资本主义文明的长足发展带来的人类的科学和艺术高度开化，但是他同时也看到了资本主义社会在现实的许多方面不堪重负——他看到社会的发展与实现道德化还有很远的距离。德国古典哲学的另一旗帜人物黑格尔又陷入自我与共同体之间的矛盾旋涡。在黑格尔那里国家是伦理精神的最后环节，国家可以修正市民社会特殊性与普遍性的矛盾。

艾伦·伍德是当代英美学界在马克思主义研究方面颇具影响的人物。艾伦·伍德认为马克思很矛盾，一方面马克思承认资本主义社会是符合正义原则的社会，另一方面马克思又站在道德的制高点上时常批判资本主义的非正义性。伍德认为，善包括道德的善和非道德的善，而马克思对资本主义的批判更多的是非道德意义上的善。道德的善是对价值、权利、正义、义务的追求，是价值、权利、正义、义务的完成，善是美好道德品质的体现；非道德的善则包括愉悦、幸福即值得追求的，对愉悦、幸福的追求更重视的是主体自身的获得，非道德的善未必是对他人有益的。伍德认为，马克思对人的本质力量、人的自我实现及异化的思考并不能为建立一种道德维度的基础，去对资本主义展开批判。伍德指出，在马克思的视野中，道德作为特定阶级社会的意识形态建筑，具有工具性，其发展也被限定在为特定生产方式下的社会关系运行的保障之中。

伍德对马克思的非道德主义的相关论述在学术界引起了激烈的争论。美国学者齐亚德·胡萨米对伍德的观点就进行了强烈的批驳。面对这场争论，一方面我们赞赏伍德的非传统的阐释开启的马克思主义研究的新语境、新的话语表达；另一方面我们不得不反思，这场争论的焦点所集中反映的马克思的正义思想的本质究竟是什么，如何在新时代科学看待马克思的正义思想，正义作为道德思想的体现进一步的问题是马克思究竟是道德主义还是非道德主义，我们判断这一切的标准究竟是什么。回答这一系列问题，最根本的还是要回到马克思的劳动伦理思想。只有理解了马克思的劳动伦理思想，我们才能避免就事论事式的跟风，陷入思辨讨论的旋涡。伍德对马克思道德起源的理论追溯，把马克思与亚里士多德至善指向实践和理智活动的德性生活联系起来，其实二者之间还是有巨大的差别的。马克思的正义观只有和劳动伦理思想结合在一起我们才能准确理解。劳动伦理的发展与资本主义秩序的批判是结合在一起的。正义是与特定的历史条件、特定的社会环境结合在一起的。曾经在历史上的正义随着社会生产力的发展，随着社会关系的进步，正义与非正义也如长江后浪推前浪，不断地在隐退与呈现之中交替更新。

一个值得注意的问题是，西方学者对马克思伦理观的研究主要是对马克思道德思想的研究。以阿尔都塞为例，阿尔都塞从三个方面对马克思的劳动伦理进行概括：对作为反道德根源的资本进行了批判；对资产阶级学者、思想家、经济学家为资本进行辩护的批判；未来社会的道德模型的憧憬、设计。阿尔都塞所说的这三个方面内容核心是对马克思的劳动伦理进行了道德化的解读。阿尔都塞的这一理解有西方文化的传统，但是从伦理和道德的理性关系的角度，对于来自西方的学术传统我们需要保持清醒的理性自觉。

研究马克思的劳动伦理思想有助于我们拨开思维的迷雾，树立正确的马克思主义观。思想是行为的先导，正确的思想对行为有十分重要的指导意义。在新时代要正确理解马克思主义，必须从思想源头上准确理解马克思的系列思想，劳动伦理思想就是其中之一。马克思的劳动伦理思想是建立在历史唯物主义基础上的新劳动伦理。马克思恩格斯在早期新世界观的诞生中形成了新的伦理思想，这种新伦理思想是建立在劳动基础上的，以劳动者为主体的新伦理，这种新伦理的理论基础就是马克思的伟大发现之一——历史唯物主义。马克思恩格斯历史唯物主义创建的过程，同时也是劳动伦理思想的形成过程。马克思恩格斯从个人生命活动的再生产出发，从物质生活资料的生产活动，从分工协作到交往方式的变化，再到经济基础的发展、上层建筑的形成、道德等意识形态的作用等构建了一个新的以劳动为基础和核心的伦理秩序。新的劳动伦理是对人类文明成果的继承，更是在新的时代背景下立足工业革命中的主体——无产阶级立场，对传统伦理思想、伦理体系的超越。我们只有首先认识了马克思恩格斯的这种新伦理体系，才能对马克思恩格斯的道德思想有深层次的理解，才能破除西方学者所说的马恩的思想缺少道德思想、马克思恩格斯是"反道德"的说法的迷障。

最后，最为重要的是，马克思的劳动伦理思想的研究同时具有重要的现实意义。当代科技飞速发展是劳动解放、劳动创造的成果。科技的发展同时也带来了新的劳动问题，劳动者在新的科技发展中的异化问题，劳动过程中分工的专业化与精细化导致的劳动者的自主性、创造性的停滞问题等，所有这些需要我们站在马克思主义的立场对此做出时代的反思：劳动与资本、技术的关系，劳动与人的发展，劳动与社会的发展，实然及应然等一系列问题。研究马克思的劳动伦理思想，对于全社会树立劳动价值观并崇尚劳动有现实意义。

从劳动的现实物质结果角度来看，现阶段，产品的多元分配机制，伴随着市场而逐步发展，劳动者的物质收入相应降低，其社会价值在消费娱乐时代被淹没和遮蔽，其后果是，在现实社会中逃避劳动、享受安逸成为某些人的生存状态。因此，回到马克思，重新学习马克思的劳动伦理思想，从理念上明晰劳动在人类文明发展史上、在现代文明发展中、在人的发展中的地位和作用，明晰劳动的崇高性，树立劳动光荣的理念，对于促进社会文明的发展、对于实现中国式现代化无疑是十分必要的。

马克思劳动伦理思想的研究可以为现实的劳动教育提供理论支撑，有时代意义。2020年3月中共中央、国务院出台了《关于全面加强新时代大中小学劳动教育的意见》（以下简称《意见》）指出："劳动教育是中国特色社会主义教育制度的重要内容，直接决定社会主义建设者和接班人的劳动精神面貌、劳动价值取向和劳动技能水平。长期以来，各地区和学校坚持教育与生产劳动相结合，在实践育人方面取得了一定成效。同时也要看到，近年来一些青少年中出现了不珍惜劳动成果、不想劳动、不会劳动的现象，劳动的独特育人价值在一定程度上被忽视，劳动教育正被淡化、弱化。对此，全党全社会必须高度重视，采取有效措施切实加强劳动教育。"[①]《意见》还指出："把劳动教育纳入人才培养全过程，贯通大中小学各学段，贯穿家庭、学校、社会各方面，与德育、智育、体育、美育相融合，紧密结合经济社会发展变化和学生生活实际，积极探索具有中国特色的劳动教育模式，创新体制机制，注重教育实效，实现知行合一，促进学生形成正确的世界观、人生观、价值观。"[②] 之后，教育部根据这一《意见》出台了《大中小学劳动教育指导纲要（试行）》。新时代在教育实践中实施劳动教育，在理论上我们就必须对马克思主义的奠基者、创始人马克思的劳动伦理思想有较为系统的、深入的认识。

马克思劳动伦理思想的研究在当代具有全球意义。在全球范围内，

---

① 中共中央、国务院：《关于全面加强新时代大中小学劳动教育的意见》，https://www.gov.cn/zhengce/2020-03/26/content_5495977.htm。

② 中共中央、国务院：《关于全面加强新时代大中小学劳动教育的意见》，https://www.gov.cn/zhengce/2020-03/26/content_5495977.htm。

劳动与资源、劳动与环境、劳动与分配的问题在国际局势日益复杂，民族、地域、制度、文化等多种要素交相作用的状况下，重新以马克思的劳动伦理立场透视时代问题，认识全球化背景下的公平正义自由幸福等问题，坚持中国特色社会主义的哲学社会科学立场，坚持中国共产党治国理政的人民性无疑是十分重要的。随着社会的发展，科技在进步，科技创造了丰富多彩的世界，科技让我们的生活越来越便利，科技创造的奇迹改变着这个世界、改变着人的生活。在科技飞速发展，全球化不断加深的今天，劳动的内涵和外延也发生了深刻的变化。但无论是昨天还是今天、明天，劳动始终是人的基本存在的方式，这是马克思的基本思想，这一思想在今天仍有深刻的意义。劳动的形式在变，内涵也在变，但是不变的是人的本质。人的存在方式和动物的存在方式不同，人是在劳动中认识自我、反思自我，在劳动中与他人，与组织、集体，与共同体，与自然等发生关系，这种种的关系，就是人的存在样态。社会的进步、文明的发展就是这种存在和发展伦理的变化及人自身道德修养和规范行为不断向善的过程。

第一章 马克思劳动伦理思想的产生

马克思劳动伦理思想是在第一次工业革命的浪潮高歌猛进的大背景下,是在资本主义生产方式在西欧主要资本主义国家建立的基础上,资本在社会的统治地位逐步确立,商品交易规则成为整个社会的基本规则,新兴的资本主义伦理取代封建伦理,成为社会的主体伦理构架的状况下,马克思恩格斯对资本主义社会的伦理现实进行反思批判,追求理想的共同体社会伦理中形成的。马克思的劳动伦理思想从理论上源于古希腊的劳动伦理,是对英国古典经济学的劳动伦理、德国古典哲学的劳动伦理、空想社会主义劳动伦理思想的继承和发展。

第一节 马克思劳动伦理思想产生的社会基础

马克思的伦理思想是对他所处时代问题的理论反映,是马克思恩格斯对他们所处的社会伦理问题的反思和批判的产物。恩格斯指出:"历史从哪里开始,思想进程也应当从哪里开始,而思想进程的进一步发展不过是历史过程在抽象的、理论上前后一贯的形式上的反映;这种反映是经过修正的,然而是按照现实的历史过程本身的规律修正的,这时,每一个要素可以在它完全成熟而具有典型性的发展点上加以考察。"[①] 恩格斯指出了历史与逻辑相统一的原则,即历史的开端也应当是思想进程的开端。历史过程终将经过思想的中介,呈现为连贯的抽象形式的系统。其中虽然排除了对历史事实的具体识别,但这种排除却是按照历史本身的规律进行的,这就是理论和思维逻辑中的典型性、定义性的由来。马克思的伦理思想是建立在资本主义社会伦理基础之上的,是对资本主义的伦理道德问题的反思与批判,这种批判又是站在工业革命后产生的劳动生力军——无产阶级的利益基础上的,是站在无产阶级立场上的思想。

---

① 《马克思恩格斯文集》第2卷,人民出版社,2009,第603页。

一 资本主义伦理关系的确立

（一）市场经济发展的产物

15世纪到17世纪下半叶是重商主义理论产生发展时期。重商主义是对商业资本发展要求的反映。商业的发展、商业资本为资本主义生产方式的产生准备了条件。平等贸易需要的自由、公平、公正等原则逐步成为社会的基本伦理规则。随后，市场的作用随着商业贸易的发展日渐凸显，商业资本作为谋求物质利益的力量，逐渐在国家取得了压倒一切的地位，利润作为资本的收入和其派生的利息，取得了公开的承认，打破了从古流传下来的对于商人资本和高利贷的偏见。但是这一时期的资本主要还是商业资本，重商主义反映的就是商业资本的需求。

18世纪，扩大贸易、拓展世界市场的需要，极大地刺激了科技的发明和创造。基于蒸汽机的发明，纺织、织布技术的飞速提高，在西欧发达国家如英国、法国、德国等，机器生产逐步取代了手工劳动成为主流的生产方式。商业资本的重要性逐步让渡于产业资本。工业革命既是一场产业革命，同时也是一场深刻的社会革命。市场经济成为主流经济，成为占统治地位的经济形式。农业在强劲的工业浪潮的冲击下逐渐萎缩，农民的土地被占领，农民成为工业产业大军的后备力量。工业革命促进了交通的快速发展，缩小了人们的空间距离。随着社会分工细化，大规模的分工专门化，社会化程度加强。工业革命使社会分裂为两个对立的阶级阵营，即资产阶级与无产阶级。社会发展中人口的膨胀、失业、贫富分化、环境污染等问题也随之而来。商品贸易成为经济发展的重要动力，商品贸易不再局限于一国，从欧洲到非洲，到亚洲，到拉美等，世界历史正在逐步形成。虽然由18世纪开始的世界历史是建立在欧洲主要资本主义国家的绝对优势基础上的，但这种世界历史秩序的形成是以不平等的经济、军事强势国家对弱势国家的经济掠夺和政治上的欺压为背景的。

（二）雇佣关系中的劳动

资本主义雇佣关系下的劳动代替了封建主义徭役下的劳动，平等、自由表面下的伦理关系成为社会的主要伦理关系。在雇佣关系上，买卖建立在表面平等的交易和自觉自愿的基础上。马克思把雇佣劳动视为资本主义体系的关键性定义。把雇佣劳动和18世纪资本主义发展联系在一起，主要强调的是工业生产中的雇佣。在法律的框架下考虑雇佣关系及权利与义务的变化，我们会看到带有封建强迫关系的雇佣是前资本主义的雇佣，而工人与雇主的关系则是在法律形式上平等条件下的劳动力的自由交换。这种典型的早期资本主义的雇佣关系构成了马克思劳动伦理思想的基本观察范围。资本主义的雇佣关系，随着历史的发展、资本主义的发展，伴随着工会力量的壮大、民主的发展、资本主义社会福利制度的不断改进，也在不断地发展。资本主义的雇佣关系也是伴随着社会大分工与社会协作的发展而发展的。生产力的发展、人口的增长和城市的出现等是社会分工与协作快速发展的原因。经济越发展，社会分工越发达，行业也就越多。生产力发展的水平是分工的社会基础，脱离一定的生产力水平的分工是没有基础和没有意义的。社会分工表现了劳动和资源在社会不同行业及行业内部的分配，分工提升了行业专业化程度、提高了经济效率，把所有人都紧密联系在一起。社会分工随着时代的发展而发展，在社会化条件下，分工冲破地域的限制，不断地国际化、全球化。在分工背景下，工人的劳动是局部劳动，工人成了"局部工人"，社会化程度越高，工人的劳动对社会性的依赖越强。协作提高了劳动生产力水平，在协作中，是多个劳动者共同劳动，不同劳动者之间的差异被平均化。在协作的情况下，每个人之间的差异被最大限度地抵消了，工人工作中重复劳动特征凸显，枯燥、乏味，刻板、教条。与此对应，资本可以迅速地在各个行业间流动，没有什么领域是资本不能涉足的。分工和协作成为雇佣劳动的基本前提和背景。

（三）私有产权基础上的伦理

资本主义伦理关系的核心是建立在私有产权基础上的伦理。这种伦理首先是私有产权的绝对地位的确立。我们之所以说这种私有产权是绝对的，是因为它"以宣称排他性的私有产权来对抗共有土地有争议的产权，废除私有土地上的各种习俗性使用权，以及挑战那些给予小所有者在没有明确法律规定的条件下的习俗行产权"[①]。这种产权是一种平权私

---

① 〔加拿大〕埃伦·米克辛斯·伍德：《资本主义的起源：一个更长远的视角》，夏璐译，中国人民大学出版社，2015，第107页。

有产权，也就是说，这种产权所有的主体是排他的，排斥共有权、习俗使用权，还有未经承认的生产活动。传统乡村社群中会保留一些土地，这些土地，社群成员或平均分配其收获成果，或者为社群中经济条件欠佳者提供帮助。资本主义私人所有权的确立是对这种习俗的挑战。资本主义的产权不仅强调产权的私有性质，而且强调产权的排他性质。

资本主义伦理以投资和扩大收益，以财产生产率的提高为内在的逻辑。洛克就认为，空闲的土地是可以被那些使之有收获的人享有的。土地有收获，可能是因为劳动，所以洛克说，正是劳动将价值的差异赋予所有的事物。① 但是这一点在资本主义伦理中并不占主流。在资本主义伦理中，他们更关心的是收益的提高、财产的增值。比如美洲的一英亩未经耕作的土地，与英国本土的一英亩土地同样肥沃，但是美洲土地的价值只是英国土地价值的 1/1000。在资本主义产权伦理下，他们从所谓的财产效益等工具理性出发强调圈地运动的合理性，甚至是海外殖民运动的合理性。这一切源于资本主义伦理，就实质上来说是关注财产效益的伦理。

资本主义伦理在对财富的欲望张扬的同时强调财富的主动创造性。财富的欲望张扬带来了许多社会问题，使人的存在过度地物质化。但是资本主义的伦理反对前资本主义时期商人的低价买进、高价卖出，也反对食利贵族简单依靠摄取直接生产者更多的利益而生存。资本主义伦理对财富的追求是混合着进步、能动和腐化的一个综合体。

二 资本主义社会的伦理问题

16 世纪开始，欧洲资本主义萌芽进一步发展，欧洲社会开始从传统社会逐步向现代社会转型，这种转型到 19 世纪基本完成。马克思生活的 19 世纪，欧洲主要资本主义国家的转型已经基本完成，资本主义伦理秩序建立并居于支配地位。资本主义发展所倡导的道德在社会发展中占据重要地位。

（一）资本主义伦理理念自由、平等、博爱的抽象性和虚伪性

资产阶级的自由、平等、博爱的理念，发端于 14~16 世纪，强调人

---

① 〔英〕洛克：《政府论》，瞿菊农、叶启芳译，商务印书馆，1996，第 20~21 页。

的尊严和生命价值。法国启蒙思想家孟德斯鸠、卢梭和百科全书派把这种价值观发展成为资本主义社会的基本价值导向。资本主义的伦理是以自由、平等、人权为核心的伦理，这一伦理打破了封建社会等级森严的伦理秩序，在反对封建专制，破除迷信，发展商品经济，追求个人解放中发挥了重要作用，有力地推动经济的进步、社会的发展。资产阶级的自由、平等、博爱的伦理思想，在历史上起过革命性的作用，是人类文明史上重要的部分。正是在这种新的伦理观念的指引下，才有了1776年美国的《独立宣言》、1789年法国的《人权宣言》，有了攻占巴士底狱的行动，有了雅各宾派专制的崩溃。这一理念不仅带来了西方主要资本主义国家政权的确立，也带来了社会生活规范的变化。但是资产阶级政权建立后，自由、平等、博爱观念的抽象性和虚伪性就逐步地体现了。因为它是建立在私有制基础上，建立在财产的事实上的不平等和由此产生的政治权利的不平等的基础上。正如皮埃尔·勒鲁所说，革命后的法国社会，"在作为事实的平等和作为原则的平等之间，存在着如孟德斯鸠所说的'天壤之别'"。他认为法国虽然在革命后建立了资产阶级法典、相应政权和社会制度，但法典和宣言层面的平等只是作为原则的平等，这一平等又造成了对事实平等的强烈否定。① 从本质上说，"自由的并不是个人而是资本"，② 自由是资本追求利润的自由，是财产基础上的自由，平等是以利益为前提的平等，是市场交易规则基础上的平等，博爱是抽象的口号，因为在财产私有、公平交易原则的关系中博爱只是空洞的无内容的幻想。

　　1848年发生在法国的系列流血事件最能证明自由、平等、博爱的虚伪性。当时掌握统治权的不是法国资产阶级，而是这个阶级中的一个集团——金融贵族，包括银行家、交易所大王和铁路大王、煤炭矿和森林的所有者以及与他们相勾结的那部分大土地所有者，他们掌握了当时的主要生产要素，如土地、森林、能源、矿场、交通运输、市场贸易以及大量资金。这个集团居于新时代对应旧时代的王位之上，订立法律，分配官员职位。而这时候工业资产阶级只是议会中的少数。小资产阶级和

---

① 〔法〕皮埃尔·勒鲁：《论平等》，王允道译，商务印书馆，1988，第67页。
② 《马克思恩格斯全集》第46卷（下），人民出版社，1980，第159页。

农民阶级是被排斥在政权之外的。国家负债却成为金融贵族投机和致富的源泉。法国的七月王朝不过是剥削国民财富的股份公司。当时的社会充满了发财致富的投机取巧，流行的是不健康和腐朽的欲望，金钱与污秽和鲜血同归于一流。1845年和1846年的马铃薯虫害和歉收、1847年的物价飞涨，加速了1848年革命的步伐。1848年的革命最后在自由、平等、人权中被镇压。资本主义国家是表面上凌驾于社会之上的力量，它以代表多数人利益的虚幻共同体形式来标榜政权的道德合法性。马克思认为，资本主义国家"永恒的正义在资产阶级的司法中得到实现；平等归结为法律面前的资产阶级的平等；被宣布为最主要的人权之一的是资产阶级的所有权"①。资本主义标榜的普遍人权，只是以资产阶级所有权为实质和基础的，由剥削阶级的法律保障的，在阶级统治司法实践中被实现的。这种所谓的永恒正义，实质不过是私有特权平等。

（二）资本主义伦理的利己主义本质

资本主义伦理是建立在利害交易关系基础上的伦理，交易关系是资本主导下的基本的社会关系。人际关系的商品化和拜金主义的蔓延是资本主义伦理的特征。在资本主义社会，一切都成为商品，商品交易关系渗透到社会的各个方面，金钱至上成为衡量人的价值和社会关系的尺度，成为个人成功和幸福的标准。马克思恩格斯指出："资产阶级在它已经取得了统治的地方把一切封建的、宗法的和田园诗般的关系都破坏了。它无情地斩断了把人们束缚于天然尊长的形形色色的封建羁绊，它使人和人之间除了赤裸裸的利害关系，除了冷酷无情的'现金交易'，就再也没有任何别的联系了。它把宗教虔诚、骑士热忱、小市民伤感这些情感的神圣发作，淹没在利己主义打算的冰水之中。它把人的尊严变成了交换价值，用一种没有良心的贸易自由代替了无数特许的和自力挣得的自由。"② 这一论断突出地揭示了资本主义交换价值和利己主义对伦理道德的冲击，这一冲击不仅击垮了旧的社会关系和道德，而且在将人从旧的社会关系中解放出来的同时，又飞快地给人套上了一层新的枷锁，甚至要比之前的枷锁更为沉重。资产阶级将市场、交换、利益和私有的逻辑

---

① 《马克思恩格斯文集》第9卷，人民出版社，2009，第20页。
② 《马克思恩格斯文集》第2卷，人民出版社，2009，第33~34页。

铺设贯通到了社会生活的各个领域，人与人之间的关系、已有的社会道德、风俗习惯、人的情感，也都被随之而来的利己精神、利益最大化和得失算计所取代。这一替代，不仅使旧的社会中原有的天然社会关系、宗教热忱被斩断和驱逐，人性内在的劳动尊严、劳动精神追求、劳动自由也由此受到了束缚。对金钱和商品发展的重视既成为资本主义社会发展的动力，同时也成为资本主义政治经济文化社会发展中难以克服的梦魇的源泉。

工人在平等和自由的表象下成为资本的奴隶。资本主义在快速发展过程中，形成了财富的快速增长与贫富的两极分化，而主导这一切的是资本的逻辑。马克思恩格斯在《共产党宣言》中指出："资产阶级使农村屈服于城市的统治。它创立了巨大的城市，使城市人口比农村人口大大增加起来，因而使很大一部分居民脱离了农村生活的愚昧状态。正像它使农村从属于城市一样，它使未开化和半开化的国家从属于文明的国家，使农民的民族从属于资产阶级的民族，使东方从属于西方。"① 工业的发展、圈地运动、城市对农村的奴役和剥夺到新航路的开辟，这一切都是在资本的驱动下进行的。工业的发展冲击着农业的发展、冲击着农民的生活。英国的圈地运动使农民失去了赖以生存的土地。农民赖以生存的土地在交易过程中并不是以公平的市场价格进行交易的。不公平的交易、欺诈甚至是暴力，这些因素剥夺了农民的生存权，他们只有拥向城市。但是在城市里，他们的生存照样举步维艰，没有专业的培训，没有专业的技能，他们或者流浪，或者铤而走险去偷盗、抢劫，沦为罪犯。与农民的悲惨遭遇形成鲜明对比的是，随着工业化、市场交换的发展，早期资本主义社会是冒险家的乐园。冒险、暴力以及欺诈，使早期资本家赚取了国内的第一桶金，新航路的开辟、美洲的发现、世界市场的诱惑使工业化积累的资本和美洲、非洲等殖民地丰富的原料、低廉的劳动力结合在一起，造就了资产阶级暴发户群体的崛起。他们不仅掌握了社会的经济命脉，而且也主宰着劳动者的命运。

（三）资本主义社会道德理性的堕落

资本主义经济的发展同时伴随着道德理性的堕落。资本主义生产方

---

① 《马克思恩格斯选集》第1卷，人民出版社，1995，第276~277页。

式在改变社会状况、改变人们的生活方式的同时也改变着人们的价值观和伦理观。在自然经济条件下，维系人们的是天然的血缘关系，而在市场交易原则下，交换成为常态，交换的原则不仅是经济生活领域的规则，而且成为控制人们社会生活甚至是日常生活的规则。人们在经济理性的支配下，追求财富的增长成为社会的普遍价值观。当经济理性控制支配生活，成为生活的基本追求的时候，欺骗、谎言、阴谋等相继出现，所有的一切造成了道德理性的衰落。一方面，贪婪、骄傲、奢侈等在工业革命中是社会机器运转的动力；另一方面，如果对其不加约束，道德的堕落就成为必然。因此，与道德的堕落相映照，18世纪的英国要求自我约束、要求公共善或灵魂的救赎高于欲望或者利益的思想在文学作品中频频出现。

资本主义伦理道德原则是以个人主义和利己主义为核心的资产阶级道德。从词源上看，"利己主义"来源于拉丁语的 ego，意为自我。古希腊时期的普罗泰戈拉认为："人是万物的尺度，是存在事物的存在尺度，也是不存在事物不存在的尺度。"[①] 这句话表明，个人不再把城邦和法律作为必然性服从，希望以自身的存在、欲望、利益来关注灵魂的善和内在的自由。随着资本主义曙光的升起，在资产阶级反对神学的斗争中，以人性反对神性，以理性反对蒙昧主义，以个性反对封建专制。呼吁人的尊严、人的个性、人的解放成为反封建专制张扬个性自由的旗帜。17世纪洛克的天赋人权、18世纪卢梭的个性保护主义、19世纪穆勒的自由主义都是从不同的角度和方面强调个人的自由和权利。17世纪中叶到19世纪中叶欧洲盛行合理的利己主义。如洛克主张在长远的个人利益的基础上，强调个人的个性，把个人利益和社会利益相统一。又如霍尔巴赫认为，人为了自己的利益，应当爱其他人。总之，利己主义强调以自我为中心，强调人的个性、个人利益，在资本主义社会里，利己主义成为普遍的道德原则。

利己主义和人类的私有制是一对孪生姊妹。在近代资本主义社会里，利己主义贯穿社会经济、政治、文化生活的各个方面，成为社会生活的

[①] 北京大学哲学系外国哲学史教研室编译《古希腊罗马哲学》，商务印书馆，1961，第138页。

普遍准则。利己主义有损人利己、利己不损人以及利己利人三种情况。利己主义对西方资本主义社会的发展起到了重要的作用，但是利己主义的文化也有难以克服的问题，如在面临公共危机的时候，利己和利群、利己和利他之间不是和谐而是冲突的时候，合理的利己主义很难行得通。因为在一定的时空中，在资源有限的状态下，必须从共同体的长远存在与发展来思考问题。而且，近代以来，随着社会化的加强，个人利益、个体与社会化之间的关系就成为现代伦理的重要矛盾。社会性要求个体的劳动、个体的价值只有在社会中才能得以体现、得以实现，但是以个体主义为核心的价值伦理立足个体，以个体为本，很难从根本上解决个体性与社会化之间的矛盾。这是资本主义伦理关系的矛盾焦点。

第二节　马克思劳动伦理思想的理论渊源

在西方文化中，劳动最初带有原罪性质，劳动是上帝对亚当和夏娃偷食禁果的一种惩罚，这种观念因奴隶制的存在而强化。随着文明的发展，劳动获得了正面的地位，具有了正面的价值。劳动由受惩罚性质变为与生活、财富的联系不可或缺的东西。教士可以在讲坛上宣称，不劳动者不得食。以懒惰、游手好闲为耻辱，赞美劳动，使普通人的劳动在文明史上显示了其应有的地位和尊严的，不得不提的是法国罗贝尔·福西耶（Robert Fossier）的《中世纪劳动史》。不同于以往从经济的角度、生产的角度来论述劳动的做法，这是一部从生活的角度看劳动，把劳动和日常生活伦理相结合的中世纪劳动伦理史。

马克思的劳动伦理思想，有明显的古希腊哲学渊源。同时，马克思的伦理思想是对英国的古典经济学、德国古典哲学以及空想社会主义思想家的劳动伦理思想的继承和发展。

一　古希腊文化中的劳动思想

古希腊时期有许多对劳动进行赞美的思想。古希腊第一个留下名字的诗人赫西俄德，他在《工作与时日》中指出，要避免贫困，只有通过农业生产和海上贸易的辛勤劳动。书中把贫困归于懒惰，体现了勤勉劳动致富的思想。不过整体而言，古希腊时期人们对于劳动的看法是和社会阶级的发展密切联系的。柏拉图在他的《理想国》中按照等级把人分成几个层次：一等是有正义感和理性的贤人，二等是保卫城邦的战士，三等是劳动者。在柏拉图看来，有道德和理性的人应该是治国的主体，柏拉图的劳动观就是对这种思想的反映。把劳动者局限为体力劳动者，精神的、理性的劳动者被排斥在劳动者范畴之外，而精神的、理性的劳动者在社会中是治理的主体。这是古希腊时期的社会等级发展在政治哲学上的反映。

古希腊时期的劳动思想，尤其是亚里士多德的劳动思想是马克思劳动伦理思想深厚的文化渊源。亚里士多德的劳动观和他对人的认识密切相连。亚里士多德认为："求知是所有人的本性。""那些靠表象和记忆生活的动物，很少分享经验，唯有人类才凭技术和推理生活……经验只知道特殊，技术才知道普遍……有技术的人比有经验的人更加智慧，因为智慧总伴随着认识。""智慧是关于某些本原和原因的科学。"[①] 亚里士多德从人与动物的区别看人，把智慧，即对于普遍性的，对事物的本原和原因的掌握看作人所特有的。不仅如此，亚里士多德还从城邦政治的现实出发，把人看作政治动物。当然，他这里所说的人是指有城邦公民身份的自由人，那些不具有公民身份的人在他的视野中不属于城邦政治生活的主体参与者，因而不属于他所说的政治人、政治动物的范畴。

基于上述对人的认识，亚里士多德把人的活动分为三种类型：理论活动、实践活动、制作活动。亚里士多德认为："理论沉思是对不变的、必然的事物或事物的本性的思考和活动，它是不行动的活动。实践或制作则是人对于可因自身努力而改变的事物的，基于某种善的目的的行动的活动。所以，实践或制作是我们能力之内的事物，即可能由于我们的原因而成为这种或那种状态的事物。制作是使某事物生成的活动，其目的在于活动之外的产品。实践是道德的或政治的活动，目的既可以是外在的又可以是实践本身。实践表达着逻各斯（理性），表达着人作为一个整体的性质。"[②] 理论活动的含义是比较明确的，亚里士多德解释了他说的实践活动，实践活动包括伦理学和政治学两个部分，这两个部分都

---

① 〔古希腊〕亚里士多德：《形而上学》，苗力田译，中国人民大学出版社，2003，第4页。
② 〔古希腊〕亚里士多德：《尼各马可伦理学》，廖申白译注，商务印书馆，2003，第XXVII页。

涉及人的好生活或幸福。而其中政治学是最高的科学，它把握的是最高的善。亚里士多德认为，人只有在城邦中才能获得人的幸福和事业的繁荣。实践活动和制作活动有共同性。实践活动和制作活动不同于理论活动，它们都是为了善而把握真的活动。实践活动和制作活动都是指向某种事物的生成的活动。实践活动和制作活动改变事物的状态，它们以能够成为实践或制作的题材的事务为对象。在实践和制作中贯穿着逻各斯，表达人作为一个完整整体的品质。

实践活动与制作活动又有不同。在亚里士多德看来，制作的科学包括技艺与修辞学。制作不同于实践，是因为制作有外在的目的，也就是作为活动结果的产品。这种以活动以外的事物为目的的活动本身就是手段，而目的才是更为重要的。技艺是能制作出产品，修辞学能使人创作出有影响的演说等。这和实践活动不同，实践活动本身就是目的，实践兼有科学和理论活动的性质，实践活动既在于活动之外又在于活动之中。

由此，亚里士多德把道德活动与生产归结为实践活动，把劳动活动归结为技艺制作活动。道德实践是人自由自为的活动，目的在于人自身的德行，其根据是理智。生产劳动则是有条件的、非自由的、以结果为目的的活动，活动本身是知识手段，但并不是真正的知识本身。因此，在现实世界里，道德实践活动的主体是有闲暇的贵族阶级，制作活动的主体只能是贱民——是奴隶从事的活动。亚里士多德以上对人类活动的划分对后人产生了很大的影响。

综上所述，亚里士多德以公共政治生活为主要实践，仅仅是对希腊城邦公民的生活状态的反映，在他那里公民的权利与奴隶、外邦人、妇女、儿童等无关。在亚里士多德的视野中，政治生活实践高于创制的生活，低于理论的生活。物质生产活动与政治生活、伦理生活的分离既是对希腊城邦等级制度的理论反映，同时也反映了亚里士多德对于物质生产活动的轻视。这种轻视既有阶级的原因，也有物质生产活动受制于自然的一方面的现实原因。物质生活被理解为只体现了自由的另一方面——必然的约束。从事物质生产活动的奴隶是承载了这种必然性的体现者。以上可以看出，亚里士多德对生产实践的轻视是社会性与学理性两个方面结合的产物。

古希腊文化对马克思影响深远，亚里士多德被马克思称为最博学的人。马克思早年即对希腊、罗马古典神话和历史有过深入研究,更以古希腊哲学中的原子论派作为自己的博士论文对象。国际上,一位著名学者评论道:"从他最初对希腊罗马的历史与神话学的兴趣,到他完成论伊比鸠鲁和德谟克里特物理学的博士论文,古典哲学成了他理智生命的核心。"① 这个学者的评论反映了古希腊文化对马克思思想的深刻影响。18世纪德国启蒙运动中,希腊文化在大学和中学教育中就受到重视,18世纪70年代后的新人文运动的一个重要面向就是复兴古希腊文化。马克思就是在这样的文化氛围中成长起来的。马克思对希腊文化的了解,又是通过黑格尔来实现的。黑格尔很早就阅读了亚里士多德的《尼各马可伦理学》《政治学》等。关于黑格尔劳动伦理思想对马克思的影响以及马克思对黑格尔劳动伦理思想的批判与继承我们将在下面进行详细讨论。

马克思从古希腊文化,尤其是从亚里士多德那里继承了什么?学界曾经有学者把马克思的实践观和亚里士多德的制作活动、实践活动进行比较,以分析马克思和亚里士多德劳动思想的异同。这种研究从侧面说明,马克思的劳动思想和亚里士多德的思想是有一定的联系的。在《〈政治经济学批判〉导言》中马克思引用了亚里士多德政治学的核心命题"人是政治动物"。马克思看到,被亚里士多德称为创制活动的物质生产劳动中体现了人的本质力量,人类通过劳动丰富了对象世界,"工业的历史和工业的已经生成的对象性的存在,是一本打开了的关于人的本质力量的书,是感性地摆在我们面前的人的心理学"②。作为物质生成的劳动表现的创制活动,才是人的本质力量的真正体现。在创制活动中,人的本质力量从自身的感性出发,又归于感性中对客观事物与主观意愿的统一,正是人的创制活动,或者说劳动—实践过程,在丰富了客观世界的相同意义上丰富和实现了人的内在世界。这就奠定了马克思主义哲学世界观对古典哲学、古希腊哲学的转型,即"整个所谓世界历史不外是人通过人的劳动而诞生的过程,是自然界对人来说的生成过程"③。亚

---

① 〔美〕麦卡锡:《马克思与古人——古典伦理学、社会正义和19世纪政治经济学》,王文扬译,华东师范大学出版社,2011,第1页。
② 《马克思恩格斯全集》第3卷,人民出版社,2002,第306页。
③ 《马克思恩格斯全集》第3卷,人民出版社,2002,第310页。

里士多德对于劳动的地位和作用虽然有一定的认识，但是在他的思想体系中，劳动只是实践活动和制作活动的一种形式，是人改变事物形态的一种方式。劳动在亚里士多德思想中的地位并不高。在马克思的思想中，劳动是与世界历史的创造，与人的自然伦理、社会伦理的生成密切相连的。

二 古典经济学的劳动伦理思想

古典经济学的劳动伦理思想是上升时期的企业精神的体现。随着商业的发展、贸易的频繁、市场的繁荣，人们对商业资本的注意力开始转移到产业资本。产业资本地位的凸显，促进了现代意义上的劳动产生。正如汉娜·阿伦特所说，劳动在现代得到了提升，很大原因在于劳动在现代具有了生产性。劳动能力伴随着生产力的发展，伴随着分工和协作性提高，伴随着社会化劳动程度的加强而得以提升。

（一）英国古典经济学者的劳动伦理思想

古典经济学劳动伦理思想是继重商主义学派和重农学派的劳动思想之后出现的，是反映产业资本发展要求的劳动伦理思想。重商主义是随着资本主义性质的贸易的频繁与其在世界范围内的扩张而出现的，随着地理大发现而发展起来的对于工商业的重视的思想潮流。重商主义学派在现实中领会到，财富是人在大自然上加以技艺，在我们的自然资源上施加劳动产生的；他们把劳动看作财富形成的基本要素和基本条件。重农主义重视农业劳动，深刻认识到农业劳动创造价值。他们认为，只有农业劳动是以人与自然之间的交换为前提的生产部门，也只有农业生产才促进财富的增加。工业品产生的价值只是抵偿产品的生产费用，没有增加财富的价值。重农主义主张的是建立在自然秩序基础上的伦理。在重农主义者看来，自然秩序是体现了上帝为人类幸福而安排的秩序，他们把这种自然秩序实现的希望寄托在开明君主身上。重商主义和重农主义在劳动问题上的共同点是把劳动和财富的形成密切相连。但是，正如马克思所说："商人资本的发展就它本身来说，还不足以促成和说明一个生产方式到另一个生产方式的过渡。"[①] 商业资本为资本主义生产方式的

---

① 《马克思恩格斯全集》第 25 卷，人民出版社，1974，第 366 页。

统治准备了前提条件，打破了人民对商人和高利贷的偏见，但是它本身并不意味着一种新的生产方式。

古典经济学反映了产业资本的要求，而产业资本，正如马克思所说，是借交换直接的、活的劳动力而保存下来并增值起来的"一种属于社会一部分的力量"。[①] 产业资本的价值不再局限于劳动与自然的关系，按照马克思主义理论，产业资本购买和组织劳动力进行生产，并经过市场交换实现价值，这一增长的内在动力在于剥削劳动。产业资本剥削劳动，产业资本同时也组织劳动。重商主义对交换关系的关注和研究便由此转化为古典经济学对生产关系的关注和研究。威廉·配第在"政治价格"背后探索"自然价格"，布阿吉尔贝尔在"市场价格"背后寻找"真正价格"，其真正的思维方式就是从交换领域转移到生产领域。而其在生产领域的探讨势必涉及生产者、劳动作为生产要素相互之间的关系等。

威廉·配第被马克思称为古典经济学的创始人，他提出了劳动决定价值的思想，其著名的看法是"土地是财富之母，劳动是财富之父"。配第接受了霍布斯"劳动是财富源泉"的观点。霍布斯认为营养物质包括动物、植物、矿物等，上帝已经把它们放置在我们面前，只要费一些劳动来收取它们就行了，人类获取营养物质的数量取决于人类劳动与勤劳的程度。在霍布斯思想的基础上，配第以劳动衡量商品和货币之间的等价关系，认为一种商品的价值是由生产它所耗费的劳动决定的；商品交换是以它们所包含的劳动量为依据的。配第的思想中已经有了劳动价值论的萌芽。配第的思想蕴含后来的马克思主义劳动价值学说。配第以劳动、劳动量来衡量商品的价值、价值量以及货币的价值、价值量等，这就引出了无差别劳动的观念。虽然重商主义也强调劳动的价值，但是重商主义更加注重物质性的劳动。与重商主义者不同，配第不仅认识到商品的价值取决于劳动，而且还意识到货币的价值量也是由劳动量决定的，货币的数量与价值和生产货币的劳动量有关。当然，配第只是把生产金银的具体劳动作为创造价值的劳动，没有把生产价值的劳动与生产使用价值的具体劳动区别开来。我们应该看到，威廉·配第的劳动价值论，在实质上仍然是一种初级形式的劳动价值论。其根本的原因在于：

[①] 《马克思恩格斯选集》第1卷，人民出版社，1995，第346页。

一是威廉·配第对价值、交换价值、使用价值这三个概念没有进行区分；二是威廉·配第把价值和价格混为一谈。由于没有对概念的现实存在进行更为细致的深层把握，威廉·配第的劳动价值论只能是初级形式的劳动价值论。

亚当·斯密的生产性劳动和非生产性劳动的区分思想是我们理解其劳动思想的基础。亚当·斯密克服重农学派和重商学派的片面性，认为任何生产部门的生产劳动都是国民财富的源泉。英国学者 H.T. 伯克尔 (H.T. Buckle) 在《英国文明史》中提出，要理解亚当·斯密这位苏格兰最伟大思想家的思想，必须把他的《道德情感论》和《国富论》结合起来理解。伯克尔的这一说法也适于我们对亚当·斯密的劳动伦理思想的把握。

在亚当·斯密《国富论》中劳动是他的理论的逻辑起点。斯密很重视劳动的分析，关注了劳动的艰苦、智巧、熟练程度。斯密发现了两种不同的劳动。有一种劳动，加在物上，能增加物的价值，即在生产中加诸原材料之上并且体现在产品价值上的劳动，这一附加价值即劳动者生存所需和资本家利润的来源。另一种劳动，却不能够。前者因有生产价值，可称为生产性劳动，后者可称为非生产性劳动。亚当·斯密认为，只有生产性的劳动能创造国民财富和扩大国民资本，而非生产性劳动则不能。亚当·斯密对非生产性劳动的看法同时与国民财富、扩大国民资本联系在一起。他认为，上等阶级从事的是非生产性的劳动，不管在现实社会中，他们如何尊贵和必要。所以，在外延上，生产性劳动者主要是指产业工人、农民。非生产性的劳动者则包含两类，牧师、律师、医生等为其一，歌手、演员、舞蹈家等为其二。

在生产性劳动和非生产性劳动的划分中还有两点值得重视。一是对两种劳动特性的概括。亚当·斯密认为，制造业工人的劳动创造价值，表面上看雇主雇用产业工人是要花费工资的，但是工人的劳动创造价值，雇主只是垫付而已，结果是雇主并无花费。而家仆的劳动因不能创造价值，花费在雇用家仆身上的工资最终是收不回来的。产业工人的劳动成果——商品是可以通过市场的买卖换回价值再进入新循环之中的，从而换来更大的价值。二是对两种劳动形式的主体的追寻。在非生产性劳动主体中，亚当·斯密把在社会现实中地位尊贵者和必要者与奴仆列为一类，这种打破社会身份和地位，只是从其劳动性质特征来分析事物的方式，在价值上是平等思维在其思想中的具体体现。

亚当·斯密认为，传统的上等阶级和奴仆等一样，他们的劳动是非生产性的。在他看来，生产性劳动是能够"固定并且实现在特殊可卖商品上"的劳动，它可以"经历一些时候，不会随生随灭"，比如制造家具等；而非生产性劳动是"不固定亦不实现在特殊物品或可卖品上"的劳动，它"随生随灭"，很难把它的价值"保存起来"①，比如奴仆成群、奢侈的筵席等。工人的劳动实现在特殊商品或可卖商品上，不会随生随灭，反之，家仆的劳动却不是固定在特殊商品或可卖商品上，并随生随灭。区别了两种劳动后，斯密重视生产性劳动，主张减少非生产性开支以增加生产性劳动支出，以及国民财富。对于生产性劳动，他认为生产性的大小、资本的使用应按照农业（包括矿业和渔业）、制造业、批发商业和零售商业的顺序加以安排。在说明农业生产率最高的原因时，斯密说那是因为在农业中，不仅有人在劳动，他的牲畜也是生产劳动者，此外，自然也和人一起劳动。创造价值的参与因素是多元的。斯密的分析整体上是围绕国家财富的增长展开的，他对生产性劳动、非生产性劳动的分类，以及生产性劳动大小的分类都是围绕国民财富增长这个核心进行的。他认为土地和劳动年产的总量与其增长是有限的，而劳动者与非劳动者又都需要消耗劳动产品，因此，在劳动者内部，生产性劳动者与非生产性劳动者的规模维持呈相反作用。②

劳动分工带来了富裕是亚当·斯密的一个基本观点。在此前提下，财富的增长依靠劳动效率的提高，而效率提高来源于生产性劳动的专业分工。斯密认为："劳动生产力的最大增进，以及劳动的更大的熟练、技巧和判断力，似乎都是分工的结果。"③ 分工带来了生产效率的提高，带来了生产效果的提升，也带来了人的优渥生活。英国一个普通工人因为分工，享受的生活比印第安酋长更优裕。分工是国家富裕的前提。亚

---

① 〔英〕亚当·斯密：《国民财富的性质和原因的研究》（上），郭大力、王亚南译，商务印书馆，1972，第318~321页。
② 〔英〕亚当·斯密：《国民财富的性质和原因的研究》（上），郭大力、王亚南译，商务印书馆，1972，第323页。
③ 参见〔英〕亚当·斯密《国民财富的性质和原因的研究》（上），郭大力、王亚南译，商务印书馆，1972。

当·斯密还谈到了分工的不平等性,看到了财富的分配和劳动艰辛之间的非正比关系。由于劳动过程中的分工,工人的熟练程度提高了,节省了变换工序的时间,在此基础上,也促进了机器的发明与创造。亚当·斯密认为,在前资本主义阶段,劳动产品全部归劳动者所有,是劳动者的自然工资。资本主义时期,劳动产品部分归劳动者所有,工资是劳动产品的一部分。亚当·斯密把工资与劳动联系在一起,而没有把工资与雇佣劳动,即劳动力商品联系在一起。

在《道德情感论》中,斯密试图对市场经济作出道德约束,以保护劳动伦理。斯密界定了关于市场经济道德基础的几个原则:自尊、自爱、同情、互利、正义和虔诚。斯密认为市场的运行应当以这几个道德原则为前提。亚当·斯密在《道德情感论》中从道德的高度、人和社会的福祉出发,全面深刻细致地分析了人类的道德情感,论述了正义、仁慈、爱、自爱、自我克制、大度、慷慨、正直、勤俭、爱国等高尚的情感,批判分析了自私、虚荣、嫉妒、仇恨、贪婪、非正义、背信弃义等邪恶和不道德的情感。亚当·斯密在《道德情感论》中追求自爱、相互帮助、同情、自我克制和行为适度的社会,主张"把那些欲望节制在人们认为健康和财富所容许范围以内是慎重的职责。然而把它们约束在体面、得体、文雅和适度所要求的界限以内则是节欲的职责了"[①]。亚当·斯密的伦理思想整体而言是人性论和劳动价值论相结合的一种合体观。他既有从一般的人性角度、从积极道德情感的养成出发的思考,也有与工业革命相伴的分工社会化发展的现实相结合的认知。当亚当·斯密从一般人性、普遍性来思考分工存在的原因,从一般人性来思考人类的道德情感的时候,他是一个非现实主义者,是一个抽象的形而上的思想家、哲学家,是一个理想主义者。从根本来说,亚当·斯密的伦理思想的方法基础是形而上的人性论和抽象的理性人假说。但是我们也看到,他在论述现代社会的分工带来的伦理变化的现实的时候又具有时代的现实意味。

大卫·李嘉图是古典经济学的完成者,他在《政治经济学及赋税原理》(*On the Principles of Political Economy and Taxation*)一书中进一步发

[①] 〔英〕亚当·斯密:《道德情感论》(第二版),谢祖钧译,河南文艺出版社,2014,第27页。

展了斯密提出的劳动价值论，李嘉图的思想是产业资本的意识形态体现。处于产业革命前夕的斯密首先注意的是生产力的提高，所以他从分工开始，强调雇用的人数和分工的技术作用。李嘉图所处的时代，机器代替手工劳动生产技术，资本主义生产方式在机器大工业中找到了自己的物质基础。斯密还不能把雇佣工人和小商品生产者严格区分开来，把他们统称为劳动者，而李嘉图已经把雇佣工人看作一个特殊阶级，他所说的资产阶级就是产业资本家。斯密把资本积累归结为资本家的节俭，而李嘉图则从资本积累的开源，即从财富的生产转向财富的分配，分配的分析又以生产为目的。李嘉图关心国家财富的增长。国家的总收入从结构上说主要包括三大块：工资、利润和地租所得。工人阶级依靠工资生存，资本家阶级获得利润，地主阶级得到出租土地的地租。李嘉图依据收入所得的途径进而把资本主义社会分为三大阶级：工人阶级、资本家阶级、地主阶级。他提出，劳动者在生产中所创造的价值是各种所得的唯一源泉。李嘉图把劳动的价格分为自然价格和市场价格。他所说的自然价格取决于劳动者维持自身及其家庭所需食物、必需品和享用品的价格，市场价格是随着市场变化体现的劳动价格。他认为积累资本来自利润，因此主张通过降低地租的方式增加资本积累，实现财富的增长。李嘉图指出，如果没有政府的干预，农业、商业和制造业是最为繁荣的，因此主张避免一切干预。李嘉图认为要降低生活必需品的价格，有两种方式：一是扩张贸易，二是改良机器。扩张贸易可以从国外进口廉价的食品与生活必需品，通过机器改良可提高生产效率，降低生产的价值，从而降低价格。

（二）古典经济学对马克思劳动伦理思想的影响

古典经济学的发展时期是资本主义工场手工业不断被机器大工业取代，资本主义生产方式在英、法等国获取统治地位的时代。这一时期，产业资本家最初并没有在整个社会中获得统治地位，并没有使国家处于产业资产阶级的支配之下，而后随着产业资产阶级的力量上升，成长为在整个社会占统治地位的阶级。因此，古典经济学者们以劳动和财富及市场的联系为切入点，阐述了劳动在国民财富的增长、资本增长中的地位，体现为劳动—国民财富关系的理论。这一观点的背后是古典经济学者们对资本主义生产方式的推崇，对非生产性劳动者的鄙视，对市场经济发展中主体伦理道德的约束性的渴望。古典经济学的劳动价值思想很明显是对封建伦理背景下的特权及贵族荣誉继承制的一种反抗，它是对时代进步与发展的一种反映。劳动者在生产中所创造的价值是各种所得的唯一源泉。这些思想在人类思想史上闪耀着智慧的光芒，这一光芒，历久弥新。

古典经济学把理论从流通领域转向生产过程、生产领域。产业资本不但剥削劳动还组织劳动，通过组织劳动而剥削劳动。古典经济学研究了资产阶级生产关系的内部联系。把资本主义经济规律作为适用一切生产方式的普遍规律，是古典经济学的基本视域，也是它的问题存在的根源。古典经济学开了以生产关系为政治经济学的研究对象的先河，但是古典经济学家只是把资本主义生产关系作为一般的生产关系，没有认识到资本主义生产方式的本质及规律，因此也就认识不到资本主义社会里两大阶级，即无产阶级和资产阶级是生产关系之间的阶级关系。

整体而言，古典经济学的劳动伦理主要是劳动经济伦理，主要以财富的创造、关注劳动与物的价值的增加为出发点。古典经济学对劳动的考察虽然已经进入生产关系领域，但是其关注的生产关系是一般的生产关系，而不是资本主义制度下特定的生产关系。古典经济学的劳动经济伦理是马克思劳动伦理思想的重要来源。马克思的劳动伦理思想是对古典经济学的劳动经济伦理思想的继承与超越。

马克思的劳动伦理思想是对古典经济学劳动经济伦理思想精华的汲取，同时又是在继承基础上的弘扬和发展。首先是在劳动的经济伦理方面，古典经济学肯定了劳动是价值的源泉，但是对于使用价值、交换价值以及价值之间关系的理性探索欠缺，尤其是没有分清使用价值、价值和交换价值等概念关系。二者的对立以及交换价值超越使用价值，是价值问题在经济现象上的表现，同时也是经济伦理和社会伦理问题。马克思深刻揭示了这一变化背后的伦理内涵，发展了古典经济学的劳动伦理思想。当交换价值在理念上、在整体的社会关系中占统治地位时，它就成为商品拜物教，成为劳动异化，从而成为人的异化的起点和基础。其次，古典经济学者普遍主张劳动是财富的源泉，这一思想无疑有积极的意义。这一命题体现了人在客体世界中的独立性、独特性价值。但是，只是看到劳动的价值，而对于劳动者的价值的忽略则是其致命的问题。

马克思在古典经济学的基础上，站在无产阶级的立场凸显劳动者的创造性，立足人的全面自由发展，对资产阶级社会的劳动进行批判，对未来社会进行积极的构建。

三　德国古典哲学的劳动伦理思想

康德、黑格尔是启蒙哲学的"双子星"，他们的哲学思想对马克思的思想产生了深刻的影响。康德、黑格尔的思想对马克思劳动伦理思想的影响是通过实践概念实现的。马克思的劳动伦理思想是在生存、生活实践基础上，对康德、黑格尔实践理论的继承与超越，是伦理思想上的革命。

（一）康德的技术实践与道德实践思想

古希腊时期道德的中心问题是以人为中心，核心回答的是哪种生活是人值得过的生活和怎样培养自己的德性。康德曾经批评柏拉图的道德哲学，认为柏拉图的道德哲学是一种自私的道德哲学，因为他的道德哲学只是关注道德的施动者。古希腊道德哲学对作为马克思主义哲学的直接来源者的德国古典哲学的思想家，无论是康德还是黑格尔等都形成了相当深刻的影响。柏拉图曾经试图证明伦理是一种认识过程，具有较多知识的人、道德认识水平高的人，将是道德世界的主宰者。但是亚里士多德与之不同，他认为道德的目标是让人成为品行高尚的人。在方法上亚里士多德拒绝像柏拉图一样，以研究自然科学的方式，将道德机械化、精确化。在这里我们无疑看到了康德在理性批判中，把实践理性从理论理性中分离，对理性的范围进行限定的古希腊的影子。

康德对实践理性的相关探讨，在一定意义上可以看作马克思的劳动伦理思想的来源和基础。康德把理性分为理论理性和实践理性。理论理性在经验世界中发挥作用，实践理性的作用在道德领域。理论理性主要应用于现象界，遵循自然的因果律，是在人的感知和经验基础上的理性行为。理论理性是为了获取理论知识。实践理性摆脱了因果律的束缚，适宜于本体界，实践理性遵循的是道德律。因此，实践理性也可以称为道德理性。在道德实践领域中理性才能获得真正的自由。理性的自由在现象界是形式的自由，在道德领域是现实的自由。康德认为，人的意志是自由的，自由选择自己的行动方式，按照道德律行动，也就是自己按照自己颁布的法则行事，人为自己立法，人才能达到真正的境界——至善的境界。因此人要对心中的道德律充满敬畏，虽不能至，心向往之。康德的哲学追求完美的道德人。善恶不仅受制于社会发展，善恶和个体自身的选择密切相关。康德致力于寻找善恶的主体根据。人们的恶习使人道德败坏，丧失了应有的人格，因此，每个个体都要对恶习来一场自我革命。每个人都是自由的，都享有行为的自由。自由的行为是负责任的人来自本身的一种选择。恶的行为来自"任性"，来自动物性的禀赋。动物性的禀赋是由贪婪滋生的"牲畜般的恶习"。恶的行为也是主体的一种自由选择，是人咎由自取，人要为自己的行为负责。康德认为，善的行为形成，关键是道德准则对善接纳时刻的态度。只有促成准则基础的纯净，才能在行为中形成善的行为。康德认为："只要准则的基础依然不纯，就不能通过改良，而是必须通过人的意念中的一场革命来促成。他只有通过一种再生，就好像是通过一种重新创造，以及通过心灵的转变来成为一个新人。"① 在这里，无论是被康德不看好的改良还是他重视的革命，就其实质来说在主观上进行的，是态度和思维方式的改变，渗透在道德领域最基本的准则就是自由。

  康德把实践分为技术实践和道德实践，而且从二者遵循的准则的差异来对其进行区分。康德认为实践和人的意志是密切相关的，即实践是主体有意做事，而意志就是概念起作用的原因。给意志提供规则的有自然概念和自由概念两种："如果规定因果性的概念是一个自然概念，那么，诸原则就是技术实践的"，② 属于理论哲学；"如果它是一个自由概念，那么，诸原则就是道德实践的"，③ 属于实践哲学。技术实践建立在自然概念的基础上，属于现象领域和认识论范畴。技术实践是按照因果性的力学性法则而做出的行动。技术实践属于感性、经验的领域。康德认为："人作为有理性的动物，其特性已经在他的手、手指和指尖的形态构造上，部分是在组织中，部分是在细微的触觉中表现出来。大自然使他变得灵巧起来，这不是为了把握事物的一种方式，而是不确定地为了

---

① Immanuel Kant. Kants Gesammelte Schriften, Herausgegebenvonder Königlichen Preuβischen Akademieder Wissenschaften（BandⅥ）. Berlin：Drukund Verlagvon Georg Reiner, p. 47.
② 李秋零主编《康德著作全集》第 5 卷，中国人民大学出版社，2018，第 181 页。
③ 李秋零主编《康德著作全集》第 5 卷，中国人民大学出版社，2018，第 181 页。

一切方式……通过这些，人类的技术或机械性的素质就标志为一个有理性的动物的素质了。"① 技术或者机械性的素质是进行技术实践的素质，很明显，康德把它看作人不确定地认知事物的方式。康德认为，技术实践受制于客观必然性。在处理自然与人的关系的技术实践中必须遵从自然律。技术实践的目的是人要生存、发展，并形成自己的文化，因此就要进行一系列的技术实践活动。技术实践可以通过目的的实现影响自然，在这一过程中必须敬畏自然，以自然的因果律为基本遵循，因此技术实践是自然的。作为一种对人及其意志施加影响的技巧，此时的意志被自然的动机所规定，所以技术实践的规则只是暂时的规范。与此相反，康德认为道德实践因为意志服从于自由概念，即意志排除了出自自然的规定根据，那么道德实践的规则就是基于一个超感性的原则并成为哲学的理论部分外的实践哲学。所以，康德认为只有道德哲学才是真正的实践哲学，即实践就是社会道德的建构活动——确立道德性的最高原则，使人的行为与意志自律相一致，将自己和他人的人格中的人性同时当作目的而非手段等。康德所说的技术实践与其说是"实践"，不如说是"实用"。从对普遍性的关怀出发，康德坚持实践理性优于理论理性，在他看来，道德世界高于科学世界。在道德世界中，人独立于自然界的限制而为自己立法，在道德世界人彰显自由并体现人的尊严与主观能动性。总之，康德所说的技术实践与道德实践之间的鸿沟体现的是"自然"与"自由"的对立，是理论与实践的鸿沟。技术实践和道德实践在理性的基础上沟通，在理性基础上，此岸世界与彼岸世界相联系。

康德技术实践和道德实践中反映的对自然律的遵循的界限、实践理性中对人主体性的彰显、对实践理性中自由内涵的深度揭示都启发了马克思从人的存在状态来阐发其"实践"概念，启发马克思劳动伦理中人与自然、人与人的关系的新探索。马克思从人的生命活动、人的生活出发，把实践建立在物质生产上来克服西方传统实践哲学，包括康德哲学的困境——理论哲学与实践哲学的分立，进而将二者统一，创立了历史唯物主义——劳动伦理思想建立的理论基础。马克思超越了康德抽象意义上的道德实践中的自由与自律，在现实意义上，自由被赋予人的劳动

---

① 〔德〕伊曼努尔·康德：《实用人类学》，邓晓芒译，上海人民出版社，2005，第263页。

的内在要求。

康德的伦理学总体而言具有调和性质。在道德来源上，他调和了功利主义与宗教神学。康德的至善明确指向行为的完善，希望在实践中把德性与幸福融为一体。同时康德纯粹实践理性有三大悬设：意志自由、灵魂不朽和上帝存在。在德性与幸福的关系上，他调和了幸福主义与德性主义。在自由与必然的关系上，康德认为人作为自然之子必然要服从自然规律，但是人又是道德主体，因此人又是自由的，道德建设中关键是要发挥人的主体能动性、发挥人的自由。以往的伦理学的根本缺陷在于认为道德法则来源于自然或者上帝，因而以往的伦理学是他律性的。因此，康德强调道德法则使理性为自己立法，自由就是自律。

总体来看，康德的伦理学一方面存在把人们引向宗教和虚无世界的局限，另一方面，康德的至善观作为启蒙精神批判的体现、作为理性批判，有不可磨灭的时代价值。康德道德哲学的重要贡献不在于对经验世界的"规范"，而在于他提出的先天道德法则为责任的普遍性提供了主体建立在自由基础上的理性依据。道德上的普遍性和善是建立在主体理性自由的基础上的，自由是道德上的善的内核。康德道德伦理思想的内容无疑是现实性的、深刻的，但是在形式上又是抽象的、形而上的。

马克思开辟了一条完全不同于康德先验自由之路的现实之路，他通过现实视角来考察"自由"。马克思对自由精神及自然因果的有关精神的关注不能不说和康德无关，但是他超越了康德的思辨逻辑，从资本主义雇佣劳动的现实出发研究工人的现实自由及其被剥夺问题，深度揭示了资本主义世界中表面的自由和实际上的不自由的悖论，也正是现实资本主义社会中存在不"自由"，所以马克思才立足于现实视角对资本主义的政治经济进行批判，并希望通过无产阶级的现实力量来实现人自由而全面的发展。

（二）黑格尔唯心辩证的劳动伦理思想

古典经济学的劳动伦理还只是经济意义上的劳动伦理，康德对劳动的把握淹没在技术实践与道德实践之中，黑格尔则是把劳动从经济范畴中解放出来赋予其伦理内涵。黑格尔通过在《精神现象学》《法哲学原理》等著作中对劳动进行相关论述，对劳动的地位和深刻的内涵在唯心思辨的形式下进行了鞭辟入里的分析。

黑格尔对劳动普遍性的辩证揭示是其思想中最有价值的内容之一。在耶拿时期，黑格尔将劳动看作对自然具有塑造性和肯定性的否定性行动，是人对外部世界的行为的否定，这是黑格尔对人的存在的一种独特认识。黑格尔把劳动看作对象的消灭，是有目的地消灭客体。黑格尔还将劳动看作需要和满足的中介。动物和欲望的关系是单纯的直接性关系，动物单纯满足欲望的方式就是消灭对象。人的劳动是满足需要的中介环节和工具，人的劳动是个别性的，但是劳动同时又有普遍性。黑格尔更进一步指出："每个人的工作按其内容来说是普遍劳动，既看到一切人的需要，也能去满足一个个人的需要。"① 每个人虽然是具有需要的个人，却成为一个普遍的东西。劳动普遍化为劳动体系，其辩证的另一面就是其专门化。贺麟先生认为，黑格尔的劳动辩证法在这一时期体现为：一是劳动在客体中的辩证法，劳动者通过劳动获得本身占有产品的过程；二是劳动在主体中的辩证法，即体现在人的需要的满足方面。在这一辩证过程中，劳动的可靠性和确实性消失，普遍性、一般性显现。黑格尔认为："对于任何一个人来说，他的个人劳动直接符合于他的需要的一切可靠性与确实性都消失不见了。"②

黑格尔对精神劳动的相关论述也体现了对抽象劳动、劳动普遍性的有启发性的思考。在黑格尔看来，货币可以作为普遍的精神劳动或抽象劳动的代名词。黑格尔从货币指认抽象的精神劳动。他认为，货币拥有一切需要的意义，它是所有特殊性的一种抽象，因为它借助自己的精神统一性和普遍性绝对造成了平均化。黑格尔认为农民的劳动沉浸在具体事物之中；手工业的劳动是具体劳动和抽象劳动的过渡。和物离得最远的是商人，商人不塑造任何东西，因此商人通过抽象的货币和商品的交换，将劳动的精神性的东西最为纯粹地表达了出来。黑格尔在这里没有离开物来谈抽象劳动，没有进入资本主义生产关系和生产机制中去理解抽象劳动（在马克思那里抽象劳动其实就是价值，就是资本的代名词）。我们还看到，黑格尔关于劳动的精神性特征的表述是经过了由具体到过渡再到纯粹抽象的一个发展过程。

---

① 〔德〕黑格尔：《哲学史讲演录》，贺麟、王太庆等译，上海人民出版社，1986，第39页。
② 〔德〕黑格尔：《黑格尔全集》第6卷，郭大为、梁志学译，商务印书馆，2017，第261页。

对机器造成的劳动异化的分析和批判是黑格尔早期思想中最为精彩和耀眼的内容。黑格尔认为由于劳动的个别化，任何个人的单一劳动的技能直接增大了，劳动的个别化增加了产量。黑格尔还认识到了劳动的价值随着劳动生产率的提高而下降的规律性。黑格尔认为，随着机器的使用，人的劳动越来越僵化，它成为机器劳动，个人本身的技能受到了极大的限制，而工厂工人的意识则下降到极端愚钝的地步。由于劳动的抽象化，工人变得更加机械、更加呆板和缺乏灵活性……他能把某些劳动交付给机器，他自己的动作就趋向形式化[①]。黑格尔是看到劳动异化，并对异化进行批判的第一个哲学家。黑格尔看到了机器的广泛使用剥夺人通过劳动学习普遍的东西进而提高个人真正能力的机会，机器的使用使人得到片面的发展，而不是全面的发展。黑格尔认识到了劳动机器化消极的一面，但是对于机器使用中产生的消极性原因并未从现实进行进一步分析。事实上，在资本主义生产条件下，大机器生产是把人从汗流浃背的劳动中解放出来的手段，在雇佣劳动的生产关系中，在社会化的发展中、私有制条件下，人变成"机器"，成为劳动机器的奴隶。黑格尔的重大贡献不仅在于认识到劳动是人的自我创造，更在于他认识到当人为了满足一般抽象的需求而劳动时，劳动愈加抽象化。黑格尔认识到随着机器在劳动过程中的充分使用，充满活力的劳动变得更加像机器一样机械化，劳动机器化在解放劳动的同时也使劳动片面化。尽管黑格尔把资本主义社会中劳动的抽象化和片面化与现实中的劳动客观化混在一起，但黑格尔在古典经济学的基础上把劳动的辩证法提高到自觉的哲学水平，这是一个超越时代的巨大进步。在其思想中，黑格尔还对劳动的抽象化进行了深入的哲学分析，这些都是值得称道的。黑格尔提出的劳动的抽象化包含自由、平等、普遍三个原则，并且黑格尔从劳动的抽象化程度出发，把社会分为不同的等级：提醒或者直接性的农业等级、作为反思或形式的产业等级以及代表普遍利益的公职等级。

对劳动和自由、劳动与解放在抽象思辨形式下的探索是黑格尔劳动思想中深刻的内容。1807年黑格尔发表《精神现象学》，它被马克思称为黑格尔哲学的真正诞生地、黑格尔的秘密开始。在这本书中黑格尔在

[①] 宋祖良：《青年黑格尔的哲学思想》，湖南教育出版社，1989，第177页。

自我意识部分，在理性的自我意识通过其自身的活动而实现部分阐述了劳动，阐述了主奴关系中的劳动辩证法思想及其内在机理。黑格尔认为主奴关系是历史形成的，没有天生的主人和天生的奴隶。黑格尔认为历史是主奴进行斗争的历史。《精神现象学》包含五个环节，即意识、自我意识、理性、精神、宗教，最后走向绝对知识。主奴关系属于自我意识环节。在黑格尔看来，自我意识是历史的主体，在自我意识看来，没有什么东西不是即将消失的环节，唯有自我意识才是永恒的，自由才是永恒。主奴关系的发展有三个阶段，主人对奴隶的统治、奴隶对主人的恐惧以及奴隶的劳动（陶冶事物）。在统治阶段，奴隶作为主人的物性而存在。主人对物的欲望通过奴隶来满足，奴隶对主人来说在本质上是为满足主人欲望的工具的物性。黑格尔认为，奴隶是独立的自为的存在，但是他的存在包含纯粹的否定性和真理，他对整个存在怀着恐惧，恐惧死亡，恐惧规章命令。在黑格尔的思想中，自我意识是主奴关系的重要环节。黑格尔认为，通过劳动，扭转了主人与奴隶之间的权力关系，奴隶成为真正意义上人的存在。奴隶在恐惧中意识到自身的存在并不意味着他所意识到的是"自为的存在"，通过劳动，奴隶的意识回到他自身，奴隶直接和物打交道，"劳动是受到限制或节制的欲望，亦即延迟了满足的消失，换句话，劳动陶冶事物"[1]。劳动陶冶事物，劳动使服役意识在劳动过程中成为存在着的纯粹的自为存在。劳动改造了世界，解决了人与自然的关系。奴隶在劳动中的目的不是满足自然本能的需要，而是实现一个超越性的目标。在劳动过程中，奴隶获得了对自身的直观的自我意识，实现了超越性的目标。劳动产品是人与自然统一的结果。劳动获得了普遍的形式，造就了个人与社会的统一。奴隶的劳动在黑格尔那里仍然不是抽象的一般劳动，人与社会的矛盾在黑格尔那里并没有得到真正的解决。因此，在黑格尔那里，主奴在自我意识中的对立仍然是一种抽象的对立，当自我意识发展到理性环节，社会关系是具体的人与人之间的关系，达到了社会意义上的统一性。劳动开辟了人类自由和自我解放的道路。奴隶的生命活动中蕴含一种超越物质和承认欲望的价值与力量，这就是"自由"。奴隶拥有自由观念而没有人身自由。黑格尔

---

[1] 宋祖良：《青年黑格尔的哲学思想》，湖南教育出版社，1989，第189页。

揭示了时代的社会化发展的内涵,虽然是以抽象的思辨的形式进行的揭示。黑格尔看到,随着需求的增加和生产力的发展,一个人只有作为总体生产劳动中的一员才能进行劳动;生产劳动的目的不是满足个体的特殊需求,而是为了满足一切人,这时劳动才成为真实的、具体的社会劳动。更为可贵的是,在其思想中,一定意义上黑格尔看到了人类获得解放的过程,只有通过劳动才能实现,因此他主张"通过劳动的实践教育首先在于使做事的需要和一般的勤劳习惯自然地产生"①。

劳动辩证法是黑格尔劳动思想中积极、有活力的因素,只是这种辩证法在黑格尔的思想体系中以主奴关系的形式体现出来。黑格尔劳动辩证法在《法哲学原理》中得到了具体的体现。黑格尔法哲学中,黑格尔认为伦理高于抽象法与道德环节。伦理包含家庭、市民社会、国家三个阶段。市民社会的首要原则是以个人利益为目的,这是市民社会的起点。市民社会的第二个原则是每个人都以自身为目的,其他一切在他看来都是虚无。潜藏于市民社会的矛盾,即个人的特殊利益与普遍性的社会形式之间的矛盾。这种矛盾会导致荒淫和贫困现象,出现生理与伦理上的蜕化现象。黑格尔认为这种没有节制和尺度的特殊性只能导致贫困和匮乏,这些只有通过国家才能达到调和。

劳动在黑格尔法哲学中仍然不仅是满足个人需要的工具和手段,还是主观性与客观性、特殊利益与普遍利益、个人与社会的中介。黑格尔认为市民社会这种以特殊利益为起点和终点的劳动分工体系会导致需要的无限性,这种需要体系是虚假的,它是由追求利润的商人创造出来的。在黑格尔看来,人的需要有自然需要和精神需要。精神需要是高于自然物质需要的文化观念需要。他认为劳动包含解放的环节,自然需要是粗野和不自由的。一方面,劳动的细致化和精炼化使人堕入贪婪和奢侈的无限恶之中;另一方面,劳动在抽象过程中又带来了技能和生产量的提高。在黑格尔的劳动辩证法中,市民社会、家庭与国家之间的伦理等思想是深刻的,这种深刻是隐藏在绝对精神的演化体系之中的,这种深刻又是以思辨的形式体现的。

黑格尔有关劳动伦理的思想是马克思劳动伦理学的直接来源。虽然黑

---

① 〔德〕黑格尔:《法哲学原理》,范扬、张企泰译,商务印书馆,1961,第238页。

格尔唯一知道并承认的劳动就其实质来说是抽象的精神的劳动,在他看来,要扬弃劳动的片面化,只有通过自我意识、精神的发展来实现,但是黑格尔在看到劳动片面化的同时,在其精神抽象思辨的外表下,也内在地蕴藏着对客观世界、现实的人和现存事物秩序的革命的否定。在现实中,社会的生产关系产生在劳动中,它的改变所依靠的是现实的革命力量,而这种力量也是在现实的劳动中酝酿的。因此,黑格尔的劳动思想,"尽管已有一个完全否定的和批判的外表"①,却成为一朵无果之花。辩证法的革命性、批判性,最终是在唯心思辨体系的窒息中困顿,被淹没在这一思辨的体系中。而继承和发展黑格尔劳动思想的马克思,恰恰是在现实性上完成对黑格尔的批判性超越——在劳动中找到解放劳动的革命力量。

(三) 费尔巴哈伦理道德

马克思的劳动伦理思想也是在批判包括费尔巴哈在内的思想家的抽象的唯心的伦理道德思想基础上产生的。

费尔巴哈的道德伦理思想偶尔会有唯物主义的闪光,如他指出:"如果你因为饥饿、贫困而身体内没有养料,那么你的头脑中、你的感觉中以及你的心中便没有供道德用的养料了。"② 也就是说,他感性地认识到道德是需要物质利益的滋养的,但是这样的思想光辉在他的整体思想中只是火花,没有形成系统的认知,他是一个唯物主义者,但是在伦理道德思想方面,就整体而言,从实质上看是一个唯心主义者。

恩格斯对费尔巴哈的伦理道德思想本质的唯心性、抽象性有明确的论断。恩格斯指出:"主张靠'爱'来实现人类的解放,而不主张用经济上改革生产的办法来实现无产阶级的解放,一句话,它沉溺在令人厌恶的美文学和泛爱的空谈中了。"③ "我们一接触到费尔巴哈的宗教哲学和伦理学,他的真正的唯心主义就显露出来了。"④ 那么恩格斯为什么说费尔巴哈的伦理道德学说是唯心主义的?从上面的资料我们可以看出的信息是,费尔巴哈主张通过抽象的爱来实现人类的解放,而不是依靠现实的手段——经济上改革生产的办法等来实现人类的解放。

---

① 《马克思恩格斯文集》第1卷,人民出版社,2009,第204页。
② 《马克思恩格斯文集》第4卷,人民出版社,2009,第292页。
③ 《马克思恩格斯文集》第4卷,人民出版社,2009,第276页。
④ 《马克思恩格斯文集》第4卷,人民出版社,2009,第287页。

进一步分析费尔巴哈的道德伦理思想，我们会发现，他的唯心主义本质还表现在把道德等和宗教密切结合，不是从现实意义上，而是从宗教的神圣性上来看待道德情感与道德关系。恩格斯指出："直截了当地按照本来面貌看待人们彼此间以相互倾慕为基础的关系，即性爱、友谊、同情、舍己精神等等，而是断言这些关系只有在用宗教名义使之神圣化以后才会获得自己的完整的意义。"① 日常情感与关系只有在宗教名义下才具有神圣性，才具有完整意义，这一方面说明了费尔巴哈想把日常情感与关系进行升华，另一方面又存在将日常情感与关系神秘化的意味。

费尔巴哈的道德伦理思想又是抽象的。费尔巴哈认为追求幸福的权利是平等的。② 恩格斯从历史、阶级性上对费尔巴哈的思想做了批判。费尔巴哈无条件地提出人都有追求幸福的平等权利这种要求，认为这种要求是适合于任何时代和任何情况的。恩格斯通过现实历史发展中的实际不平等揭示了费尔巴哈思想的抽象性、虚幻性。在中世纪的农奴和农奴主之间也谈不上追求幸福的平等权利。资产阶级在反对封建主义的过程中，打出的旗帜和口号就是自由平等，废除一切等级特权，资本主义生产方式取得统治权后，在法律上、表面上、形式上人与人是平等自由的。但是在实质上平等自由也只是口头上的，因为在现实意义上的平等自由的权利是要"靠物质的手段来实现"的。"资本主义生产所关心的，是使绝大多数权利平等的人仅有最必需的东西来勉强维持生活。"③ 正因为费尔巴哈伦理道德的抽象性，恩格斯指出："费尔巴哈的道德论是和它的一切前驱者一样的。它是为一切时代、一切民族、一切情况而设计出来的；正因为如此，它在任何时候和任何地方都是不适用的，而在现实世界面前，是和康德的绝对命令一样软弱无力的。"④

费尔巴哈的思想出发点是人，但是这种人不是现实中的人，而是抽象的一般意义上的人。恩格斯指出，费尔巴哈"关于这个人生活的世界却根本没有讲到，因而这个人始终是在宗教哲学中出现的那种抽象的人。

---

① 《马克思恩格斯文集》第 4 卷，人民出版社，2009，第 288 页。
② 〔德〕路德维希·费尔巴哈：《费尔巴哈哲学著作选集》（上），荣震华、李金山等译，商务印书馆，1984，第 544 页。
③ 《马克思恩格斯文集》第 4 卷，人民出版社，2009，第 293 页。
④ 《马克思恩格斯文集》第 4 卷，人民出版社，2009，第 294 页。

这个人不是从娘胎里生出来的，他是从一神教的神羽化而来的，所以他也不是生活在现实的、历史地发生和历史地确定了的世界里面；虽然他同其他的人来往，但是任何一个其他的人也和他本人一样是抽象的"①。费尔巴哈作为逻辑出发点的人因为既没有现实的社会关系，也没有历史的发展变化，没有了纵向的历史和横向的现实内涵的人，实质上只能是抽象的人。所以当费尔巴哈说到"一个完善的人，必须具备思维力、意志力和心力"②的时候，他所说的是一般人，这个一般人在他的思想上是抽象的，是非历史时空、非特定社会关系中的人。

费尔巴哈阐述了他认同的道德原则。费尔巴哈认为，追求幸福的欲望是人生来就有的，因而应当是一切道德的基础。他认为"人追求幸福的欲望受到双重的矫正。第一，受到我们行为的自然后果的矫正：酒醉之后，必定头痛；放荡成习，必生疾病。第二，受到我们行为的社会后果的矫正：要是我们不尊重他人追求幸福的欲望，那么他们就会反抗，妨碍我们自己追求幸福的欲望。由此可见：我们要满足我们的这种欲望，就必须能够正确地估量我们行为的后果，同时还必须承认他人相应的欲望的平等权利。因此，对己以合理的自我节制，对人以爱（永远是爱！）"③。费尔巴哈的这一道德基本原则，其浅显的论述受到了一些人热烈的赞美，但是恩格斯认为，费尔巴哈的道德伦理思想和黑格尔相比，是"贫瘠和空泛"的。④黑格尔是著名的辩证法大师，他谈论的问题在形式上是晦涩的、唯心的，但是在内容上是深刻的、辩证的，是现实关系的思辨性的体现，而在思维的深度、在思维的辩证法方面，费尔巴哈就相形见绌了。例如，关于幸福问题。费尔巴哈认为，"人的意志就是追求幸福并避免痛苦，而善就是与人对于幸福的追求相适应的东西，恶就是显然和这种追求反对的东西"⑤。费尔巴哈没有看到道德上的恶在历史上所起的作用。他对善与恶这样直白、简单的定义是恩格斯说他的思想

---

① 《马克思恩格斯文集》第4卷，人民出版社，2009，第290页。
② 〔德〕费尔巴哈：《基督教的本质》，荣震华译，商务印书馆，2017，第5页。
③ 〔德〕恩格斯：《路德维希·费尔巴哈和德国古典哲学的终结》，中共中央马克思恩格斯列宁斯大林著作编译局编译，人民出版社，2018，第33页。
④ 《马克思恩格斯文集》第4卷，人民出版社，2009，第292页。
⑤ 〔德〕路德维希·费尔巴哈：《费尔巴哈哲学著作选集》（上），荣震华、李金山译，商务印书馆，1984，第577页。

贫瘠与空泛的一个重要体现。

　　费尔巴哈在哲学上是一个唯物主义者，因为他揭示了宗教只不过是对现实社会关系在思想上的虚幻的反映，马克思恩格斯的思想汲取了费尔巴哈唯物主义思想的基本路线，但是在伦理道德领域费尔巴哈是一个唯心主义者，他关于善恶的论述、关于幸福的一些看法只是经验层面的直观，缺乏辩证的深度。马克思的劳动伦理道德是对费尔巴哈抽象的建立在宗教和经验基础上的心理道德之爱的超越。费尔巴哈的道德伦理思想是建立在他对人的本质的认识基础上的。他说："空气是感觉和生命的第一需要；我们靠空气生活，但不是单靠空气生活，还靠无数其他物和物质；我们不仅呼吸，我们也吃和喝。我们所喝和所吃的东西，我们必须看到、听到、嗅到和尝到……"① 在费尔巴哈看来，人作为一个"类"，其具体特性主要表现在理性、意志和心三方面，人虽然来自自然界，但直接从自然界产生的人，只是纯粹的自然本质，而不是人。人是人的作品，"是文化、历史的产物"②。费尔巴哈的视野中人有更多的自然生物特性。马克思是在对人的劳动实践的基础上认识人，认识人类社会以及人与自然的关系的。也正因为如此，马克思批判了费尔巴哈的道德思想并超越了费尔巴哈。

四　空想社会主义的伦理思想

　　空想社会主义又称乌托邦社会主义，是指从16世纪开始，到19世纪，主张批判资本主义，主张建立没有剥削、压迫的公平正义平等的和谐社会的思想流派。其主要代表人物有早期的托马斯·莫尔、康帕内拉等，也有19世纪著名的空想社会主义代表人物圣西门、傅立叶、欧文等。空想社会主义者对私有制引起的经济、政治不平等，对资本主义道德等进行了揭露和批判，试图建立人人平等、个个幸福的新社会。空想社会主义者的社会理性虽然带有虚幻的性质，但是他们对资本主义道德的批判，他们有关劳动、道德的理想等也成为马克思劳动伦理思想的重要来源。

---

① 〔德〕路德维希·费尔巴哈：《费尔巴哈哲学著作选集》（上），荣震华、李金山等译，商务印书馆，1984，第529页。
② 〔德〕路德维希·费尔巴哈：《费尔巴哈哲学著作选集》（下），荣震华、王太庆、刘磊等译，商务印书馆，1984，第223页。

（一）共同体视野下的劳动协作伦理

空想社会主义者的伦理思想，包括他们对劳动的作用及方式的探索都是建立在他们共同体思想的基础之上的。从 16 世纪到 19 世纪，空想社会主义者的共同体，也就是他们心目中的社会整体组织，无论是从内容上，还是从性质上都各不相同。如欧文等主张全世界形成一个共和国，全人类构成一个共同体。赫斯是对马克思思想产生巨大影响的一位空想社会主义者。他的思想经历了宗教社会主义、哲学社会主义之后，迈入伦理社会主义。赫斯在他的处女作《人类的圣史》中论及关于社会主义的本质。他理解其由这样几个关键词构成，即"和谐""统一""平等"的"财富共同体"。

19 世纪以前法国空想社会主义最后一位代表弗朗斯瓦·诺埃尔·巴贝夫（1760~1797）主张形成一个新的共同体，他称之为国民公社。这是一个生产和消费的共同体，其也是一个平等的共同体，在共同体中人们平等享有基本的衣、食、住、行、医疗、教育等。在这个共同体之中，人们义务劳动，有劳动能力的人要掌握一门专门的劳动技术。艰苦繁重的劳动，由居民轮流承担。

空想社会主义尊重劳动，鄙视不劳而获，圣西门设想如果法国贵族、教士、官吏都在一场海难中死去，损失是微不足道的，如果失去了博学的知识分子、有才干的银行家、商人、技术工人、农业生产者将是灾难性的。

竞争在商品经济的发展中促进了企业能动性的发挥，促进了企业提高产品质量，开发产品，拓展产品的销售渠道，等等。竞争促进了社会产品的丰富化多样化。从个体角度看，竞争也极大地激发了人的潜能，成为现代社会发展的重要动力。英国的约翰·穆勒认为："在现代政治经济学家们看来，只有通过竞争原则政治经济学才配得上称为科学，而且只有明确地租、利润、工资和价格是由竞争决定的，才能确定政治经济学其他法则。"[1] 但是竞争在早期资本主义的自由发展中带来了屠戮，带来了资源的浪费，带来了不平等和贫困。竞争成为一切人反对一切人的

---

[1] 〔英〕约翰·穆勒：《政治经济学原理及其在社会哲学上的若干应用》，赵荣潜、桑炳彦、朱泱、胡企林译，商务印书馆，1991，第 270 页。

斗争，同时也是一切人以一切人为代价的斗争。恶性竞争甚至渗透到一切日常生活领域，出现了将他者视为潜在的对手与假想的敌人、社会冲突与人群撕裂、个体孤独感出现和归属感丧失等。法国空想社会主义者路易·勃朗指出："竞争使工人过分贫困，于是工人不得不把小孩领到工厂去工作，以补充工资的收入。同样，无论在什么地方，只要竞争统治着，在工厂中使用童工就成为必然的事。"①

面对自由经济贸易条件下激烈竞争带来的社会问题、带来的贫富分化、带来的人的存在的种种问题，空想社会主义者推出了共同体协作方案对此进行矫正。在空想社会主义者托马斯·莫尔的代表作《乌托邦》中，我们看到了劳动协调的场景，"将近收获时，农业飞拉哈通知城市官员应派遣下乡的人数。这批收获大军迅速按指定时间达到后，几乎在一个晴天飞快地全面收割完毕。"②

共同体的协作没有了竞争，如何调动劳动者的积极性？空想社会主义者提出了劳动竞赛的方案。德国空想社会主义者安德里亚在《基督城》中明确地提出了劳动竞赛的理念。劳动竞赛的初心首先和商品经济、市场贸易中的功利主义倾向不同，在基督城共同体中劳动竞赛的目的是要通过劳动竞赛提升人类改造自然的能力和展现人性之光，而不是如商业贸易下的生产——最大限度地生产产品，满足人们的需要。"既然我们已经提到了从事各种行业的人，我们可以说，补戳、缝纫和刺绣这些行业都是由妇女来做的。所有这一切并不总是为着需要才去做的，而是为在技工中促进互相竞赛，其目的在于使人拥有某种手段，并且利用这种手段，使人们和他们思想上最显著的优点能够通过各种不同的机器展现出来，或者毋宁说，仍然留在我们身上的一点神力之光能够把呈现在面前的任何东西照耀得光辉夺目。"③

空想社会主义代表人物傅立叶认为，理想社会既符合物质情欲和依恋情欲，又满足分配情欲。而为了达到满足各种物质的精神的情欲的目的，就必须建立一定的劳动制度。物质情欲要在物质福利和舒适度达到一定水平方能满足，满足依恋情欲则必须使人们在劳动生产中根据好恶

---

① 〔法〕路易·勃朗：《劳动组织》，何钦译，商务印书馆，1962，第102页。
② 〔英〕托马斯·莫尔：《乌托邦》（第2版），戴镏龄译，商务印书馆，1982，第52页。
③ 〔德〕约翰·凡·安德里亚：《基督城》，黄宗汉译，商务印书馆，1991，第27~28页。

自由组合,而要满足分配情欲,就必须有这样的一种制度,在这种制度下,"劳动过程要符合人的天然的情欲,使劳动得到肉体和精神上的满足,引起他们的热忱;在这种制度下,人不被束缚于一种劳动,而且能够在工作时间内从一种劳动转到另一种劳动;在这种制度下,各种类型的劳动者能够进行劳动竞赛"①。傅立叶将满足分配情欲的基本社会组织设定为协作制度的法郎吉共同体,其劳动组织基本单位叫作谢利叶,每个谢利叶又可分若干小组。在谢利叶之间尤其是在谢利叶小组之间展开激烈的劳动竞赛,这些法郎吉共同体成员努力工作、相互比赛,都力图在劳动竞赛中战胜对方、赢取胜利、获得赞美,消除社会对抗,促进成员的团结。这样一来,劳动才能够有吸引力,成为一种享乐。到那时,社会中的对抗就会消失,将没有寄生虫,劳动的生产率就会增长两倍、三倍甚至十倍,产品数量将大量增加。傅立叶还主张通过赞美等形式推进劳动竞赛。他认为经常的赞美或每天的表扬,是和谐制度下吸引人们劳动以及推动劳动竞赛的主要动力之一。这种表扬基于两个方面:要么是被赞美者对各部分工作所表现出来的干练和出色,要么是他在劳动竞赛中对自己的谢利叶生产所做的贡献。

(二) 对资本主义道德的批判

在空想社会主义者对资本主义道德的批判思想中,欧文的道德批判比较有代表性。罗伯特·欧文看到在工业革命发展过程中,生产力的飞速增长、财富的迅速增值的另一方面是社会的贫困、犯罪、不公的增加,是人性冷漠、虚伪、欺诈的凸显。欧文说:"我从事工商业将近半个世纪,从周围看到的形形色色的事情很多,完全足以证明做买卖是多么虚伪、多么腐败,它对产生败坏的道德的影响是多么的严重;我也看到工厂老板鼠目寸光、专横暴虐,他们把工人当作奴隶使用,这种情况在大的工厂里尤其突出。"②欧文看到在当时社会道德、政治、商业的观念下,生产力的发展越来越压迫生产者阶级,生产的发展并不能改变生产者阶级的生活状况,让他们生活得更幸福。

欧文批判了商业发展中利己主义的蔓延对人性的侵害。他指出:"商

---

① 〔法〕傅立叶:《傅立叶选集》(第2卷),赵俊欣等译,商务印书馆,1981,第95~96页。
② 〔英〕欧文:《欧文选集》第3卷,马清槐等译,商务印书馆,1984,第24页。

品经济的发展，使人们产生了一种强烈的癖好，迫使他们热衷于财富的积累，牺牲人性中最优良的感性。"① 从人性出发，欧文谴责工场制度是不良性格的制造者，并指出竞争助长了人性的贪婪。

欧文认为可以通过道德教育培养具有理性知识和道德修养的人。欧文提出："任何性格，从最坏的到最好的性格，都像顺应自然规律那样万无一失地可以由社会赋予所有的人——并且根据这种认识，可以使每个人看到成年时期变得善良、明智和幸福。"② 欧文的这番话一方面让我们看到，他对人性格的变化、向善性格的形成充满了信心，另一方面我们也注意到，他在这里谈到"自由由社会赋予所有人"，这里的"自由由社会赋予"，从字面意思上理解好像是随着人的成长，人自己会做出向善的选择，综合欧文语境的前后话语，我们不排除这种内涵。但是我们同时看到，在强调社会赋予时，欧文也强调了道德教育对于向善性格形成的作用。

欧文还对当时包括社会道德在内的危机形成的根源进行了探索，他发现："工业革命时期的社会危机，源于社会结构本身，个人处在制造商贪求利润的狂潮里，变成次等的奴隶，无知于幸福的真谛，财富的累积，如能佐以'爱心、分享及关怀'，则社会福利国家必已实现……孩子从小就呼吸爱的气息，摒除仇恨，这才是整体社会及教育制度的根本。"③ 欧文能够从社会结构分析社会道德等问题和危机的根源。不仅如此，欧文还进一步提出，私有财产是产生贫困以及由此而在全世界造成无数罪恶和灾难的唯一原因。

欧文对资本主义道德的批判总体而言是建立在理性主义所渴望的社会和谐秩序、期盼的幸福美满的基础上。他对人性的分析、对道德的分析有现实的因素，但是其对人性的社会环境因素的认识还不够，抽象性的分析特征十分突出。但是欧文等空想社会主义思想家不满足于功利主义的利益追随，对社会的不公平不平等的批判，期盼人的幸福，满足人的才能、力量、志趣的追求是十分值得肯定的。而且欧文在实践中勇于探索的精神也十分难得。他进行的新村实验、设立的性格训练馆等，对

---

① 〔英〕欧文：《欧文选集》第1卷，柯象峰等译，商务印书馆，1979，第135页。
② 〔英〕欧文：《欧文选集》第3卷，马清槐等译，商务印书馆，1984，第5~6页。
③ 林玉体：《西方教育思想史》，九州出版社，2006，第517~518页。

于培养全面发展的人都做了积极的探索。

空想社会主义伦理思想的产生是对特定社会发展状况的反映，空想社会主义者的思想局限性除了他们自身主观的原因，一定意义上是社会的局限性。马克思认为："不成熟的理论，是同不成熟的资本主义生产状况、不成熟的阶级状况相适应的。解决社会问题的办法还隐藏在不发达的经济关系中，所以只有从头脑中产生出来。社会所表现出来的只是弊病；消除这些弊病是思维着的理性的任务。"① 空想社会主义者对资本主义伦理进行了批判，但是他们没有找到重新构建新型伦理关系的现实途径。

总之，马克思的劳动伦理思想是在对资本主义伦理秩序的反思批判基础上，立足无产阶级立场的构建，对古典经济学的劳动伦理以及德国古典哲学的实践、劳动伦理等思想的批判继承，是在空想社会主义对资本主义道德的批判、对共同体协作劳动的构想基础上，立足社会化发展的现实，探索劳动者——无产阶级的生存和命运、劳动者异化的克服、劳动解放的过程中产生的。

第三节 马克思劳动伦理思想的形成与精神实质

马克思劳动伦理的形成过程是对包括德国古典哲学在内的前人的劳动观的继承和发展，同时也是对工业革命后现代社会发展的时代精神的反映。马克思的劳动伦理精神是站在无产阶级立场对人类幸福、社会公平、人的自由与发展的伦理精神追求的产物。

一 马克思劳动伦理思想形成的内在逻辑

马克思的劳动伦理思想是在对人的本质及社会发展规律的探寻过程中，认识伦理本质及规律，对资本主义生产方式下人的生存境遇的观照下，对雇佣劳动展开了深刻的分析和批判，在超越自由劳动的基础上对共产主义伦理进行了科学的展望。

---

① 《马克思恩格斯选集》第 3 卷，人民出版社，1995，第 724 页。

（一）伦理本质及规律的探索

19世纪四五十年代，随着马克思的思想由革命民主主义向共产主义、由唯心主义向辩证唯物主义的转变，马克思的劳动伦理思想也由主观伦理向现实伦理转变，在历史唯物主义方法论的基础上深刻地阐明了劳动伦理的本质及其规律。

学生时代的马克思追求真理，向往自由，反对超伦理、超自然的权威。在《青年在选择职业时的考虑》中马克思的理想是为"人类幸福而劳动"。这一时期在马克思的思想中，劳动是和人生理想结合在一起的，劳动还没有成为马克思伦理思想的支点。

马克思在《莱茵报》工作时期，在处理林木盗窃以及摩塞尔地区农民利益等现实问题的过程中，对劳动人民的生存问题有了切身的感受。这一时期，现实的物质利益问题促使马克思把目光转向市民社会的财产和劳动。在黑格尔的伦理体系中国家代表着普遍利益，是普遍精神的代表，因此在伦理体系中具有决定性的意义。《德法年鉴》时期，马克思批判了黑格尔以国家为主体的伦理，在国家、市民社会、家庭的伦理中注重家庭、市民社会对国家的决定作用。在对市民社会的进一步认识中，劳动、分工以及需求成为马克思关注的重要问题。

巴黎手稿时期，马克思基于费尔巴哈的人本主义逻辑，认为自由自觉的活动的劳动是人的类本性，同时辨析了黑格尔劳动观的合理内核与理论缺陷。在此基础上马克思考察了资本主义生产条件下的异化劳动，指出了异化劳动的私有制度根源，指出通过革命实现异化劳动的扬弃，这一理想状态是在共产主义社会实现的。费尔巴哈把人看作"感性的对象"，在马克思的视域中，人是"感性的活动"。由认识论视野下的人向伦理学视野下的人转化是马克思超越费尔巴哈的重要特点。马克思指出："意识在任何时候都只能是被意识到了的存在，而人们的存在就是他们的实际生活过程。"① 在费尔巴哈认识论的视野中自然和人类社会历史是分离的，而在马克思的视野中二者在个人现实生活的过程中是一个统一的整体。这一统一性是通过人类生活实践中生产力与生产关系的矛盾运动实现的。

---

① 《马克思恩格斯全集》第3卷，人民出版社，1960，第29页。

第一章　马克思劳动伦理思想的产生

在《1844年经济学哲学手稿》中马克思对资本主义条件下的异化劳动的认识的基础是费尔巴哈式的类本质与对象化的活动，而在《德意志意识形态》中马克思从现实历史活动层面对劳动伦理的本质及其规律进行了历史唯物主义的探讨。工业革命带来了劳动生产效率的提高，也带来了劳动分工的发展。在劳动分工的历史现实中蕴含物质与精神、享受和劳动、生产和消费的分离与矛盾，这种分离和矛盾是所有制在劳动过程中的体现。与此同时，资本主义社会的分工体系使得劳动基础上形成的分离与矛盾又构成了一种相互依存的有机体，形成了超越个体和集团利益的共同体，这一共同体表面上是公共利益的代表，实际上是社会占统治地位的利益集团，是统治阶级利益的体现。马克思认为道德、哲学、宗教等是在劳动分工活动基础上产生的，是对一定的生产方式，包括生产力、生产关系的反映，是随着其发展而发展的，它们无法超越现实的关系而抽象地存在。马克思认为伦理与道德是在一定的社会生活条件下形成的，是一定的生产方式、一定的生产力与生产关系的产物，同时伦理和道德又对其赖以产生的社会环境具有反作用。

在上述思想的基础上，马克思构筑了他的劳动伦理世界。首先，劳动创造了人的生活世界。通过劳动活动，人的世界与动物的世界有了质的区别。在劳动活动的基础上构建了人的世界的物质和精神生活的面貌。劳动活动的样态决定了人的生活世界的样态。人的生活世界的发展变化也随着劳动活动的发展而发展。

其次，劳动是构建人的社会关系与自然关系的基础，是伦理关系形成的关键环节。劳动作为对象性的活动，通过人与自然、人与人、人与自我、人与社会的关系体现出来。在人与自然的关系上，"劳动首先是人和自然之间的过程，是人以自身的活动来中介、调整和控制人和自然之间的物质变换的过程"[①]。劳动是形成人与自然之间的物质交换关系的过程，在这一过程中实现自然的人化和人化的自然，而人与自然关系的发生、发展又是在一定的社会关系中进行的。因此，人与自然之间的伦理发生、发展，既是一个自然过程，又是一个社会历史过程。劳动过程也促成了人的生产关系、社会关系，而在全部的社会关系中以所有制为基

[①]《马克思恩格斯全集》第42卷，人民出版社，2016，第168页。

础的社会关系是其他社会关系形成和发展的基础,对于整体的社会关系有决定意义。

最后,劳动是人的生活世界,是伦理世界发展的根本动力。伦理世界的内涵随着社会历史的发展而发展。推动伦理世界发展的动力是什么,这是思想家、哲学家们孜孜不倦探索的问题。黑格尔将伦理发展的动力看作绝对精神。费尔巴哈将伦理世界的动力看作人的爱与友谊等情感。马克思则认为伦理世界的动力要到物质生产领域去寻找。在《德意志意识形态》中,马克思考察了人类社会的生产方式,研究了分工和所有制的历史,指出建立在劳动基础上的生产力与生产关系、经济基础与上层建筑的矛盾运动规律是社会发展的基本规律。人通过劳动在改造外部自然的同时,满足人自身的需要,同时也产生新的需要,人类社会发展过程就是劳动的发展过程。劳动推动社会基本矛盾的运动,推动社会形态的更替、发展,也推动伦理世界的变革。

(二) 批判雇佣劳动对人的宰制和异化

对资本主义条件下的雇佣劳动的批判是马克思劳动伦理的核心内容。费尔巴哈用观照的方式,从外在去认识人的本质,因此,对现实人的生存境遇的理解是外在于生活的。马克思以历史唯物主义方法,走近现实生活,从对劳动伦理的一般认知进入对现实雇佣劳动伦理的批判。

异化劳动是马克思对雇佣劳动伦理批判的前奏。对异化劳动的认知为雇佣劳动的批判奠定了理论基础。异化劳动是针对劳动创造了财富,而从事劳动的主体——劳动者却陷入贫困的悖论,是这一悖论的一种破解。异化劳动现象被古典经济学家视为一种客观的事实,没有深究其深层原因。马克思在《1844年经济学哲学手稿》中概括了异化劳动的四种体现:人与劳动产品相异化、人与劳动相异化、人与类本质相异化、人与人相异化。其认为形成异化劳动现象的根源在于私有制。马克思认为只有在理想的共产主义社会中人才能摆脱异化的命运,人的自由自觉活动的类本质才能实现,获得真正的自由。异化劳动的思想是马克思立足人类生存困境对工人生存状况的人道关怀,这一时期马克思还没有从现实历史社会性的层面对工人的生存境遇进行研究。

马克思从现实的社会历史维度关注工人阶级的生存生活,关注他们的命运时,雇佣劳动成为马克思研究的重要对象。雇佣劳动概念在马克思的视野中一开始就具有强烈的伦理意味。在雇佣劳动中,"无产阶级执行着雇佣劳动因替别人生产财富、替自己生产贫困而给自己做出的判决,同样地,它也执行着私有制因产生无产阶级而给自己做出的判决。"① 雇佣劳动是无产阶级生活、生存状态的映照,同样是对人格化的资本——资本家生活、生存状况的反映。雇佣劳动蕴含工人阶级及其对立者的生活与生存,蕴含二者作为现代生活的重要主体的奴役与被奴役、自由和解放、公平与公正等伦理内涵。在雇佣劳动中自由是一个表面的、虚假的范畴。"的确,所谓的自由工人有一种感觉,感到他是一个自由的工人,但是事实上他却处于资本的权力之下,因为他不得不出卖自己的劳动,好赚得一点可怜的工资以满足自己最迫切的生活需要。在大多数的场合下,自由工人的物质状况比奴隶和农奴还差。"②

马克思对雇佣劳动的伦理关注充满了现实性。他认为:"财产、资本、金钱、雇佣劳动以及诸如此类的东西决不是想象中的幻影,而是工人自我异化的十分实际、十分具体的产物,因此,也必须用实际的和具体的方式来消灭它们,以便使人不仅能在思维中、在意识中,而且也能在群众的存在中、在生活中真正成其为人。"③ 雇佣劳动绝不是存在于幻影中的,而是现实的产物,是现实的人的存在、对现实的人的生活的反映。因此,马克思对雇佣劳动的伦理批判也是从现实角度进行的批判,在他对傅立叶、普鲁东等的批判中我们就能够深刻地认识这一特点。他认为:"傅立叶所坚持的关于资本、天才和劳动之间的区分,为卖弄聪明者提供了最丰富的材料,在这里可以无止境地空谈关于这种区分的不可能性和不公正性、关于雇佣劳动的发生等问题,而完全不根据劳动和资本之间的现实关系来批判这种区分。"④

马克思在分析雇佣劳动的伦理本质的同时,也为我们揭示了雇佣劳动所引起的社会伦理的未来发展趋势。雇佣劳动的本质在于劳动过程和劳动关系为资本所支配。资产阶级也就是现代资本家阶级,依靠资本占有社会的生产资料、使用雇佣劳动。无产阶级,也就是现代的雇佣工人

---

① 《列宁全集》第38卷,人民出版社,1959,第10页。
② 《马克思恩格斯全集》第16卷,人民出版社,1964,第604页。
③ 《马克思恩格斯文集》第1卷,人民出版社,2009,第273页。
④ 《马克思恩格斯全集》第3卷,人民出版社,1960,第605页。

阶级，他们没有自己的生产资料，不得不依靠出卖自己的劳动力来维持生存和生活。无产者的雇佣劳动并没有给无产者带来财产，雇佣劳动所创造的是资本，是剥削雇佣劳动的资本。无产者在雇佣劳动中只有不断生产出新的剥削条件才能增加整体的财产。在资本与雇佣劳动的对立中促进社会的发展。雇佣关系的基础和根本是资本的存在，资本的本质是增值，它不是物而是物掩盖下的人与人的社会关系的体现。值得重视的是马克思强调资本是集体的产物，是社会的产物的思想。要消除资本家与雇佣工人之间的对抗关系，在资本和雇佣劳动关系存在的前提下是不可能的，只要这一关系存在，剥削和被剥削就不会自动消除。从发展的角度看，代替雇佣劳动的是社会共同劳动，在社会性的共同劳动中，雇佣劳动的异己性质才能被消除。一方面自由竞争产生了雇佣劳动，另一方面雇佣劳动也使得工人阶级能够团结起来，成为团结的革命团体。与历史上的其他阶级相比较，无产阶级更具有团结性，这种团结性蕴含新的伦理产生的条件和契机。在共产主义社会中，积累的劳动将是扩大、丰富以及促进工人生活过程的手段，届时资本的独立性、个性的统治地位将会被剥夺，劳动个体在资本主义条件下被剥夺的独立性和个性将得到更高层次的恢复。

雇佣劳动中的分工和科技的发展使得人的发展面临着发展中的难题，也蕴含人进一步发展的端倪。马克思认为："现代社会内部分工的特点，在于它产生了特长和专业，同时也产生职业的痴呆……工厂中分工的特点，是劳动在这里已完全丧失专业的性质。但是，当一切专门发展一旦停止，个人对普遍性的要求以及全面发展的趋势就开始显露出来。工厂消除着专业和职业的痴呆。"[①]

（三）超越自由劳动的共产主义伦理构想

在对资本主义的雇佣劳动深刻认知的基础上形成了马克思劳动伦理思想对未来理想社会劳动伦理的畅想。这一部分的内容虽然不多，但是这是建立在对人类社会发展规律和资本主义社会发展规律及其趋势的认知基础上的科学判断，揭示了未来社会发展的趋势和基本特征。

资本主义社会的雇佣劳动就是自由劳动，这是马克思对资本主义生

---

① 《马克思恩格斯文集》第 1 卷，人民出版社，2009，第 629~630 页。

产方式下雇佣劳动的一个基本判断。马克思在许多语境中都把资本主义的雇佣劳动称为自由劳动，提出："劳动并不向来就是商品，劳动并不向来就是雇佣劳动、即自由劳动。"① 在资本主义社会里雇佣劳动也即自由劳动是主体，但是同时也存在强迫劳动，比如对罪犯的强迫劳动等。强迫劳动与自由劳动之间也存在竞争，这种竞争的结果是在劳动力市场上一定意义上形成了人为的剩余。马克思主义认为，在奴隶社会中，奴隶自身包括他的劳动都是属于奴隶主的，奴隶是没有自由支配权的。封建社会的农奴是土地的附属品，其出卖的是自己的部分劳动，替土地所有者生产果实。在封建社会里，农民要承担徭役，徭役对农民来说有强制的性质。对农民来说徭役不仅体现在经济方面对农民的剥削，还体现在伦理上，由于其强制性，农民处于不自由的状态。雇佣劳动是自由劳动，主要表现在：首先，工人本身是自由的，他不属于土地，也不属于任何人，因此在形式上他是自由的；其次，工人可以选择自由地支配生命中的时间，把自由时间拍卖给资本家；最后，工人可以自由选择离开雇用他的资本所有者，资本家也可以自由选择辞退工人。

雇佣劳动被称为自由劳动，但是其中又包含不自由，这是马克思对雇佣劳动，也就是自由劳动的辩证认识。工资是工人的收入来源，如果工人不想饿死，他就必须出卖自己的劳动给资本家阶级，至于选择哪一个资本家则是他自己的自由，也是资本家的自由。这就是工人选择中的自由和不自由的辩证法。

共产主义伦理是对雇佣劳动伦理的超越。马克思提出："逃亡农奴仅仅是力求自由地发展和巩固他们现有的生存条件，因而归根结底只是力求达到自由劳动；而无产者，为了保住自己的个性，就应当消灭他们至今所面临的生存条件，消灭这个同时也是整个旧社会生存的条件，即消灭劳动。因此，他们也就和国家这种形式（在这种形式下组成社会的各个个人迄今都表现为某种整体）处于直接的对立中，他们应当推翻国家，使自己作为个性的个人确立下来。"② 共产主义伦理是对资本主义条件下的雇佣劳动即自由劳动伦理的超越。这种超越实现了劳动者个性的保留，

---

① 马克思：《雇佣劳动与资本》，人民出版社，2018，第18页。
② 《马克思恩格斯全集》第3卷，人民出版社，1960，第87页。

超越了雇佣劳动条件下个性被机器化、被社会化所淹没的特性。共产主义伦理对自由劳动的超越又是建立在雇佣劳动发展中自由劳动者协作的基础上。因为"这是否定的否定。这种否定重新建立个人所有制，但这是以资本主义时代的成就，即以自由劳动者的协作以及他们对土地和靠劳动本身生产的生产资料的共同占有为基础的。以自己劳动为基础的分散的个人私有制转变为资本主义私有制，同事实上已经以社会化生产为基础的资本主义私有制转变为公有制比较起来，自然是一个长久得多、艰苦得多、困难得多的过程"①。

共产主义伦理对自由劳动伦理的超越是建立在对资本和劳动力占有的基础上的。在机器主动的资本主义生产方式下，妇女劳动和儿童劳动成为代替一般工人劳动的手段，资本的统治延伸到了工人家庭成员，包括男女老少在内的成员。在资本的威压下，雇佣劳动成为一种强制劳动，它"不仅夺去了儿童游戏的时间，而且夺去了家庭本身惯常需要的、在家庭范围内从事的自由劳动的时间"②。

共产主义伦理对自由劳动伦理的超越是作为现代主体的工人自身价值的恢复。在自由劳动中，工人本身是没有价值的，他只有使用价值，马克思认为："工人没有价值和丧失价值，是资本的前提和自由劳动的条件。"③ 价值是凝结在劳动对象中的无差别的人的劳动。工人作为劳动主体，其劳动不是凝结于自身的意愿对象，也就是真实自我之中，而是被迫凝结在资本家为他们提供的对象中，以换取生存必需品。在雇佣劳动伦理体系中工人不是作为有生命力、有创造力的人而存在，更多的是作为资本增值的工具而存在，他丧失了其存在的价值就是在这个意义上而言的。可以说，资本在雇佣劳动中剥夺了工人的价值，工人在此剥夺中丧失了自身的价值。共产主义社会将会挽救这种丧失，使工人真正拥有自身的价值。

共产主义伦理对自由劳动伦理的超越是生产者和生产资料脱离之后在更高层次上的结合。资本主义的产生、发展史就是生产资料和生活资料与工人的自由劳动的分离史。马克思说，雇佣劳动中的自由劳动者

---

① 《马克思恩格斯全集》第20卷，人民出版社，1971，第143页。
② 《马克思恩格斯文集》第5卷，人民出版社，2009，第454页。
③ 《马克思恩格斯全集》第30卷，人民出版社，1995，第249页。

"有双重意义：他们本身既不像奴隶、农奴等等那样，直接属于生产资料之列，也不像自耕农等等那样，有生产资料属于他们，相反地，他们脱离生产资料而自由了，同生产资料分离了，失去了生产资料。商品市场的这种两极分化，造成了资本主义生产的基本条件。资本关系以劳动者和劳动实现条件的所有权之间的分离为前提。资本主义生产一旦站稳脚跟，它就不仅保持这种分离，而且以不断扩大的规模再生产这种分离。"① 劳动者和劳动所需的所有权之分离是资本主义生产的前提也是资本主义生产过程，是资本的增值过程，在这一过程中生活、生产资料转化为资本，劳动者转为雇佣工，扩大再生产使得这一分离更加稳固。共产主义伦理要超越这种分离，使得劳动者和劳动条件不再分离。"在以自由劳动为基础的条件下，这种情况只有在工人是自己的生产条件的所有者时才有可能。自由劳动在资本主义生产的范围内发展为社会劳动。因此，说工人是生产条件的所有者，就是说生产条件属于社会化的工人，工人作为社会化的工人进行生产，并把他们自己的生产作为社会化的生产从属于自己。"② 马克思在这里所说的自由劳动指的不是雇佣劳动，而是超越雇佣劳动的自由劳动。因此，对于马克思的自由劳动概念，我们一定要结合原著的语境来具体分析、判别。

从对劳动伦理的本质和规律的探索，到对雇佣劳动的深刻批判，再到依靠历史唯物主义对社会发展规律的认知，马克思完成了对于劳动伦理的系统的认知。劳动伦理思想是马克思思想体系的重要内容，在马克思思想体系中占有非常重要的地位。劳动伦理思想蕴含马克思深刻的精神价值追求。

二　马克思劳动概念中的伦理精神意蕴

马克思劳动概念中的伦理精神从生存、生活的意义而言是为了大多数人的幸福的伦理；从生存、生活的过程而言是为了社会的公平、公正的伦理；从生存、生活的追求而言是理想意义上的自由和发展的伦理。劳动概念抓住了人与动物活动的区别，既看到了劳动的自然属性更充分

---

① 《马克思恩格斯文集》第5卷，人民出版社，2009，第821~822页。
② 《马克思恩格斯全集》第26卷（第3册），人民出版社，1974，第583页。

认识到了劳动的社会属性，构建了马克思的伦理世界。人的本质是什么？这是一个自文明创世开始，身处不同类型文明中的人们就锲而不舍地探索的问题。在中华文明中，儒家认为人之所以为人就是因为人和动物不同，人具有分辨是非善恶、礼义廉耻的能力，为人的关键是人要做合乎人道之事，合乎人道的事情就是道德的，否则就是非道德的。儒家的道德范畴中最为突出的是"仁"，在社会生活中"仁"是通过外在的"礼"文化、礼的制度、礼的仪式等体现出来的。马克思则从劳动这一视角看待人与动物的区别、人与自然的联系，找到了社会伦理、自然伦理得以存在的基础和根源。

（一）为大多数人带来幸福

伦理和人的生存同人的生活密切联系。人的生存和动物的生存的差异是什么，人之为人的存在方式是什么？人按照人的生存、生活方式追求幸福生活，劳动是人的幸福源泉。人的幸福生活首先是和动物的生活不同的。在马克思主义的视域中，劳动，或者说劳动生产，是人的本质，是人与动物本质上的不同。人与动物都是自然世界的组成部分，自然是人的无机身体，自然构成了人与动物的生命前提。自然与人的关系不是简单的作用与反作用关系，二者之间的内涵是在社会历史的发展中不断地充实和发展、不断地调整的关系。在这种关系中自然性和社会性交织博弈，构成了生动的人的世界。

自然是人的对象。正如马克思所言："人和动物相比越有普遍性，人赖以生活的无机界的范围就越广阔。"[1]

劳动区别了人和动物，区别了生活与生存。动物直接统一于生命活动、需求与本能。[2] 如果仅从自然的眼光来看，动物中也存在接近于生产的活动，如蜜蜂为自身筑巢，蚂蚁则能够储存食物，猿猴类动物可以有限地改造和运用工具。但马克思敏锐地指出，动物的"生产实践"（如果存在）不外乎其本能，动物的本能也就是维持生命的存续，因而动物的生产只是其纯然感性的自我表现。而人的生产则在受本能的影响下，可以超出本能进行，人进行长远的生产计划安排，进行长期的生命

---

[1] 《马克思恩格斯文集》第1卷，人民出版社，2009，第161页。
[2] 参见《马克思恩格斯文集》第1卷，人民出版社，2009，第202页。

规划，追求终极的价值意义，并为之努力奋斗，因此，包括人的生产、再生产包含动物，以及动物自己生产延续在内的整个自然界，也就奠定了人的自由。

劳动是人连接人与自然的中介，劳动既把人与自然界区别开来，同时劳动又把人与自然联系起来。在具体的劳动创造的结构和机制上，马克思指出："正是在改造对象世界的过程中，人才真正地证明自己是类存在物。"① 人超越了自己的本能，赢得了自身的自由，因而将自身的尺度，即人独有的追求方向、目的规则，运用于自然事物。人自身通过活动，将自己的尺度运用于事物的规则，因而达到自身与对象、主体与客体、精神与物质、美的追求与真的现实的结合。马克思在这里是要说明，创世的崇高叙事，实际上是对劳动创造、社会创造这一基本事实的意识的时代反映。

马克思在《青年在选择职业时的考虑》中对人的生存、生活进行思考，从而对选择职业进行考虑，得出的结论是为大多数人带来幸福的劳动才是值得过的生活。也就是说，早期马克思所说的劳动伦理的基本精神是大多数人的幸福。马克思认为："如果一个人只为自己劳动，他也许能够成为著名的学者、伟大的哲人、卓越的诗人，然而他永远不能成为完美的、真正伟大的人物。"② 在人类历史的长河中，"伟大人物"都是那些为了"共同目标"劳动的人，这些人在为共同目标劳动的过程中自己也变得高尚，获得了赞美，获得了至高的幸福，成为受人敬仰的人。马克思认为："如果我们选择了最能为人类福利而劳动的职业，那么，重担就不能把我们压倒，因为这是为大家而献身；那时我们所感到的就不是可怜的、有限的、自私的乐趣，我们的幸福将属于千百万人，我们的事业将默默地、但是永恒发挥作用地存在下去，而面对我们的骨灰，高尚的人们将洒下热泪。"③

马克思所说的为大多数人的幸福而劳动是超越主体的幻想。从主体的情感状态说，他追求的是人的存在的高尚和伟大。这样的高尚和伟大是来自人内心的同意，是受到鼓舞的生活。这样的生活是来自现实的，

---

① 参见《马克思恩格斯文集》第 1 卷，人民出版社，2009，第 163 页。
② 《马克思恩格斯全集》第 1 卷，人民出版社，1995，第 459 页。
③ 《马克思恩格斯全集》第 40 卷，人民出版社，1982，第 7 页。

但是又是对现实名利的超越。人的生活只是沉湎于名利,理智无法支配欲念,人就会变得鬼迷心窍。

为大多数人的幸福劳动是有尊严的劳动、是高尚的劳动。这种尊严和高尚不是因为人在社会上所居的地位而获得的尊严和高尚,不是因为地位感受到的行为的尊严和高尚,这种劳动幸福是为了人类共同的目标,为了"人类的幸福和我们自身的完美"而获得的幸福。马克思很早就关注人类的幸福问题。而且追求的是人类的幸福,追求的是个体的幸福融于人类共同的事业而获得的幸福。人类的幸福与自身的完美是马克思伦理学的起点。这个目标具体到自己的时代,就是选择为同时代的人的完美、幸福而奋斗。而支撑目标实现的就是选择最能为人类福利而劳动的职业,是劳动职业的选择。

总之,马克思的伦理追求更注重人类的幸福,这种幸福立足类特征,对人类的活动和动物的活动进行区别,强调人类幸福的获得要通过人的劳动。这种对人类幸福的观照和追求,超越了个体自私的情感,注重的是为人类事业的长久的永恒性考虑,强调了人类幸福的崇高。

(二) 为了社会的公平正义

劳动是社会关系形成的基础,马克思以劳动为基础的社会伦理蕴含追求社会公平正义的基本精神。社会的物质财富和精神财富是在社会性的劳动中产生的,劳动是公平正义问题产生的基础,在劳动的过程中形成了不同的社会关系,形成了基本的伦理关系。马克思站在无产阶级立场,对资本主义雇佣劳动状态下的伦理进行了深刻的批判,以公平正义构建了马克思劳动伦理的基本精神。

劳动是公平正义问题产生的基础。在对公平正义问题的论述中,罗尔斯十分突出。但是罗尔斯的公平正义论首先是建立在"无知之幕"营造的理想环境下的契约正义,这种正义论有浓厚的理性假设成分。而马克思的公平正义论是建立在现实社会生活基础上的正义,这一现实生活是历史和逻辑的统一。从现实性上说,在马克思的视域中,公平正义作为一种理性的形式,在社会意义上,它以一种法的形式体现,而法的形式是国家形式的具体体现。马克思主义认为,公平正义不是抽象的人类理性形式,从其本质而言,公平正义的存在目的是维护特定的生产方式、特定的社会秩序,公平正义是一定的生产方式和社会秩序的产物,因而,不存在一般意义上的抽象的公平正义。

劳动的公平正义是一定的社会关系中的公平正义。劳动是标志人与自然关系的活动，同时，更为重要的是劳动也是处于一定社会关系的劳动，离开现实的社会关系，劳动就成为无内容的躯壳。劳动处于一定的社会历史发展过程中，首先表现为一定生产关系中的劳动。劳动承载着现实的社会历史内容。在不同生产关系主导下的劳动过程，劳动者的劳动状态是不同的。马克思重点关注的是资本主义生产关系中的劳动。透过劳动的自然形态关注劳动的社会形态。关注资本主义制度下的雇佣劳动，关注在资本的支配下货币转化为资本，关注物的现象背后的所有制关系，并把它作为不公平、非正义产生的基础和渊源。马克思也正是在对资本主义剥削批判的基础上，提出了实现公平正义的现实途径，指出无产阶级是实现社会公平正义的主力军，是社会发展必然趋势的承担者。

资本主义社会中公平正义问题的体现是通过生产领域，经由流通领域体现出来的。"以商品生产和商品流通为基础的占有规律或私有权规律通过它本身的内在的、不可避免的辩证法转变为自己的对立物……最初在我们看来，所有权似乎是以自己的劳动为基础的……现在所有权对资本家来说表现为占有别人无酬劳动或产品的权利。"[①] 在商品生产和流通中，因为资本的所有权、占有权，资本的所有者能够堂而皇之地占有他人的劳动成果。而这一切的实现又是在自由、自觉自愿的掩盖下实现的。私有制基础上的私有权和占有权是不公平和非正义产生的渊源，而其具体实现是通过商品生产和流通实现的。在商品生产中，商品流通中主动与被动，所有者对无产者时间的占有、生命的消耗，以及由此导致的生活的局限、被剥夺等都是这种不公平、非正义的体现。

劳动产品分配的公平正义问题就其本质来说是所有制在分配中的具体体现。商品的生产和流通是自由、平等的，但是这一自由平等的现象也只是体现在商品的生产和买卖方面，当我们的视野扩展到前商品阶段，或者是我们不局限于从商品的生产和贸易表面来看待问题，我们会发现，事实并非如此。"实现劳动力的买卖的商品流通领域确实是天赋人权的真

[①] 《马克思恩格斯全集》第23卷，人民出版社，1972，第640页。

正乐园。那里占统治地位的只是自由、平等、所有权和边沁……一离开这个简单流通领域……就会看到,我们的剧中人的面貌已经起了某些变化。原来的货币所有者成了资本家,昂首前行;劳动力所有者成了他的工人……一个战战兢兢,畏缩不前,象在市场上出卖了自己的皮一样,只有一个前途——让人家来鞣。"①

劳动的公平正义伦理精神追求是基于对两个必然的认识,是建立在对人类社会发展规律认识的基础之上的。资本主义必然灭亡,社会主义必然胜利,这是马克思从工业革命后社会化大生产发展的必然趋势和私有制主导下的社会化与私人占有之间的基本矛盾出发得出的必然认知结论。劳动蕴含的公平正义伦理精神同时也是实现理想社会的内在动力。这一伦理精神追求是现实性和必然性有机结合的产物。也正是在这一基础上,马克思反复强调无产阶级的解放事业不是从某种正义观的实现出发的主观产物,无产阶级解放事业深厚的基础是资本主义社会发展的必然趋势。无产阶级"应当摒弃'做一天公平的工作,得一天公平的工资'这种保守的格言,要在自己的旗帜上写上革命的口号:'消灭雇佣劳动制度!'"②只有从根本上消灭雇佣劳动制度,才能实现真正意义上的公平正义。

(三) 自由与发展

自由与发展是马克思劳动伦理基本精神的重要内容,是马克思劳动伦理精神一以贯之的追求。在封建社会中,劳动更多地与自然结合在一起,在资本主义条件下,劳动与资本结合,在商品的交换中,劳动成为一般意义上的抽象的劳动,在社会发展中劳动呈现异化的特征。到了共产主义社会,劳动扬弃了异化的形式,劳动成为自由自觉的活动,成为人的全面本质的占有活动。也就是说,在共产主义社会中的劳动才成为真正意义上的人的劳动。总而言之,和西方伦理的理性主义传统不同,马克思的劳动伦理从追问何为人类的幸福和自我的完善开始,以劳动而不是抽象的理性,通过对现实的公平、平等、正义等的探讨,追求共产主义共同体下的人的自由与全面发展的新伦理。

---

① 《马克思恩格斯全集》第 23 卷,人民出版社,1972,第 199~200 页。
② 《马克思恩格斯选集》第 2 卷,人民出版社,2012,第 69 页。

人的自由全面发展是马克思劳动伦理的价值追求。马克思恩格斯在《共产党宣言》中说："每个人的自由发展是一切人的自由发展的条件。"① 这一论断包含两层基本含义。

其一，人的自由全面发展是在人的自由的联合体中实现的。马克思强调人的自由全面发展的实现是在联合体中实现的，而且要在理想的联合体中才能实现。《共产党宣言》明确提出："只有在共同体中，个人才能获得全面发展其才能的手段。"② 也就是说，只有在共同体中，个人的自由全面发展才能现实实现。

其二，那些使一切人，即对于任何人而言都有效的发展，也是每个人发展自身的必需。个人和群体、个体和团体的关系是一个很现实的关系。在西方传统的伦理思考中更多地考虑的是个体自由。马克思的伦理追求不同，他在对人的自由全面发展的思考中把个体和群体、个体和团体等有机结合，在关系中实现人的自由全面发展。

在人的依赖性社会中，劳动蕴含的自由与发展精神受到了诸多的局限。在人的依赖性社会中，个体的劳动能力十分有限，人的需要相对简单，以劳动与维持和发展共同体及其成员的基本生存需要为主。以使用价值为主导的劳动占主导地位。在人的依赖性社会中，财富和使用价值是密切结合在一起的。正如马克思所说："在使用价值占支配地位的一切社会情况下，劳动时间在某种程度上是无关紧要的，因为延长劳动时间只是为了在劳动者自身的生活资料以外，给统治者提供一种宗法式的财富，即一定量的使用价值。"③ 在这样的劳动状态下，劳动的自由和发展受限于个体劳动能力、受限于个体和共同体的关系、受限于使用价值的支配地位等。

物的依赖性社会，劳动的自由和发展异化和物化并存，资本的逻辑处于支配地位，劳动者处于自由地被剥削的二律背反中。在物的依赖性社会中，一方面个人是自由的，可以自由地选择雇主，自由地被雇用；另一方面，在雇佣劳动中，雇佣工人生产的劳动产品只有通过交换活动，才能实现个体劳动向社会劳动的转化，劳动的价值才能实现。在这一过程

---

① 《马克思恩格斯选集》第1卷，人民出版社，1995，第294页。
② 《马克思恩格斯选集》第1卷，人民出版社，1995，第119页。
③ 《马克思恩格斯全集》第47卷，人民出版社，1979，第257页。

中，劳动力的商品化，劳动产品的商品化，劳动成果的分配商品化、市场化等是其显著特点，而支配这种种环节和过程的是人格化的资本——资本家，是建立在私有制基础上的所有权和现实中的占有权。在这一机制中，以交换价值为中介构建了资本主义的社会结构。由于对作为物的依赖性社会的动力——资本增值的需求，资本家对于剩余价值的渴望远远超越了对商品使用价值的关注。为了追求剩余价值，资本家尽量缩短必要劳动时间，增加剩余劳动时间，这种现实的操作，一方面带来了物质文明的极大进步，另一方面也带来了劳动者的相对贫困化。同时在这一过程中，劳动者也淹没在物的需求、人对物的欲望以及由此形成的物的关系对真正人的关系的遮蔽之中。

马克思的追寻劳动的自由和发展这一理想在人的全面发展的社会形态中得以实现。马克思所说的第三大社会形态，也被称为"人的自由个性社会"。在这一理想社会形态中，生产资料被个人和共同体共同占有和控制。个体的生产同时也是社会性的。在理想的社会形态中，劳动者可以真正地占有自身的劳动时间，劳动不是为了外在的目的，而是真正从人的本质出发，为了实现人的自由自觉的本质的劳动。劳动在理想社会中是人的第一需要，由于生产力的高度发展，物质产品的极大丰富，人摆脱了为了生存需求而进行劳动的状态。而且劳动的社会关系是一种自由的关系，而不是在资本支配下，在私有制下的剥夺与被剥夺、奴役与被奴役的关系。在理想社会形态中，劳动者真正占有劳动时间，劳动时间真正成为人自己的时间，成为人自身发展的空间。人的劳动在理想社会状态中摆脱了外在的目的规定，摆脱了必需的规定，成为人自身的内在需求，人的劳动是人从自在的必然王国走向自由王国的体现，是人成为人本身能力发展的体现。如《哥达纲领批判》中所说的，劳动不仅仅是谋生的手段，而且是生活的第一需要。也就是恩格斯在《反杜林论》中所说的，在共产主义社会"生产劳动给每一个人提供全面发展和表现自己全部的即体力的和脑力的能力的机会，这样，生产劳动就不再是奴役人的手段，而成了解放人的手段，因此，生产劳动就从一种负担变成一种快乐"[①]。

总之，自由和发展是马克思劳动伦理精神的体现。劳动伦理中蕴含的

---

① 《马克思恩格斯选集》第3卷，人民出版社，1995，第644页。

自由和发展精神是在劳动实践中，在社会的发展中不断实现的过程，也是人类文明发展演变过程中的基本追求。从人自身的存在和发展意义上看，劳动的自由和发展是人成为真正意义上的人，是人摆脱奴役和束缚实现人的全面本质的过程。

第二章　马克思劳动伦理思想实现了伦理学革命

伦理学的问题，用英国学者威廉斯的话说，就是回答苏格拉底之问，"人应该怎样生活？"① 综观西方伦理思想史，尽管存在各种不同的伦理理论，其具体见解也是见仁见智，并且不同的时代伦理思想也相差悬殊，但是整体来说，西方伦理理论一般来说可以被视为有关人类自我实现的理论，而马克思的伦理学则是从共同体、人类整体的角度思考人的生活的伦理，这种伦理是以劳动为核心建立在历史唯物主义基础上的理论。

马克思伦理学和西方历史上的伦理学比较内在的质的区别是什么？要回答这一问题还需要回到伦理学的基本问题。伦理学是追求善的学问。伦理学要回答什么是真正的善，善的品德是什么，如何做到行为上的善。而这些又和对人之为人的本质的理解分不开。西方思想的基本传统是人是理性的，马克思则从社会实践、现实的人出发去理解人的本质。马克思伦理学的基本原则是建立在劳动基础上的伦理，这和建立在理性原则上的西方伦理思想家们的伦理有质的区别。

第一节　现实的人基础上的伦理超越

西方伦理传统以理性主义为基调，这种理性主义传统造就了西方文化中的基本伦理关系是契约关系，其伦理精神是契约精神。这种伦理传统和中国以血缘关系为基础，崇尚高尚的道德追求的伦理精神截然不同。马克思的伦理思想的出发点是现实的人，从现实的人的社会关系出发，构建了以劳动为基础的新伦理，突破了西方伦理传统，开启了伦理思想的新视野、新境界。

---

① 〔英〕B. 威廉斯：《伦理学与哲学的限度》，陈嘉映译，商务印书馆，2017，第5页。

一 西方伦理中的理性主义基础

西方传统伦理是建立在理性主义基础上的伦理，在这种理性主义文化基础上，西方人追求个性、自由及其解放。这种理性主义在西方伦理思想家那里往往又会演化为抽象的原则，脱离现实的思辨。

（一）追求真理和知识本身是人生的最高追求

苏格拉底主张美德就是知识。在苏格拉底的时代，美德是城邦公民谈论的一个重要话题。但是究竟"美德是什么？"在《美诺篇》中，我们看到许多人认为美德是不言自明的。苏格拉底层层推理告诉我们那些在城邦中被尊崇为有德的人实际上是因为他们拥有的"正确的意见"。在《普罗泰戈拉篇》中，普罗泰戈拉认为品德是塑造的结果。法律、习俗、美德的教育构成了公民成长的过程。美德是不言而喻的，是常识。

苏格拉底经过探寻得出：美德即知识。"知识"不同于"意见"。"知识"是公共的、普遍的、稳固的、确定的。"知识"首先是关于善恶的知识，包括对善恶的定义，还包括如何实现善的知识。其他的一切知识统摄于善恶的知识中。善又包含身体的善、外在的善、精神的善等内容，为了实现善，也需要相应的手段。善的知识在这里成为一种作用于人的行为与意志的指导规范。

亚里士多德也十分重视理性的生活，但是与苏格拉底所说的知识即道德不同，亚里士多德认为知识就是道德过分抬高了知识分子。当然亚里士多德也接受了唯智派提出的理智道德。在理性之外，亚里士多德看到了伦理学中的自愿或意愿，强调了意志或意愿的重要。这为中世纪之后自由意志的讨论开了先河。

地理大发现后，随着世界贸易的扩张，工业革命带来的巨大的技术进步使理性伦理得到进一步的张扬。斯宾诺莎认为："人的最高快乐或幸福即在于知识或理性之完善中。"[1] 他把理性和人的最高快乐或幸福密切地结合在一起。

在西方伦理思想中，理性主义占有重要地位，虽然理性主义在不同的思想家那里、在不同的时期表现形式有所不同，但是一般来说，传统伦理

---

[1] 〔荷〕斯宾诺莎：《伦理学》（第2版），贺麟译，商务印书馆，1983，第88页。

思想有义务为自己的观点做合乎逻辑的、有说服力的论证,这就要求在西方传统中具备形而上学的合法性。康德对形而上学的伦理要求就具有典型意义。它一方面说明抽象的理性主义原则在现实面前的无力性,理性主义不能解决现实的困惑;另一方面,理性主义原则如果只是在人的思辨中,在主观世界里寻找它的生存依据,在循环式的论证中它可能会变成某种理论体系的工具,在体系式的思辨中失去其活力和生命力。

(二)理性行为是获得自由和幸福的生活必备条件

西方理性主义传统来自对人之为人的生活的思考。人的生活与动物的生命活动有什么区别?亚里士多德认为,无生命物的活动主要是就它们对于人或生命物而言的合目的性来说的。人的生活活动在本质上与植物的、动物的活动不同,植物、动物的活动都未曾达到理性和理性活动的水平。人的目的也就是我们的实践的生命的目的。这里需要把握两层意思,一是人与动物的区别在于动物以外在的目的为目的,而人的目的性就在于人的活动本身;二是人与动物的区别是动植物的活动是功能性的,人的活动是理性的。

亚里士多德进一步指出,人格决定于他实践的生命活动中所实现的东西,"青年时期一个人应当在学习好的品质,在壮年时期治理品德,在老年时期传授智慧"[①]。"最高的善即人的好生活或幸福。"[②]

幸福是人的目的,即人的可实践的最高的善,就是幸福。亚里士多德把深思生活的幸福判定为第一好。他认为实践活动最完美,最能够持续,最令人愉悦,最为自足,既有严肃性又除自身外别无目的,且拥有闲暇。

西方伦理传统是建立在个体要过什么样的生活的追问基础上的。理性被认为是人之为人的本质特点。美好的生活最重要的是德性。德性的形成和主体的选择、主体的愿望等密切相关。选择中的欲望有主观与客观的限制,从而探讨适当是最为关键的。而适当的行为则是理性节制的产物。西方的理性主义传统充满了浓浓的思辨意味。

既然理性和人生的最高追求与人的幸福紧紧相随,那么自由和幸

---

① 〔古希腊〕亚里士多德:《尼各马可伦理学》[注释导读本],邓安庆译,人民出版社,2010,第18页。
② 〔古希腊〕亚里士多德:《尼各马可伦理学》[注释导读本],邓安庆译,人民出版社,2010,第24页。

福的生活的获得必须通过理性的行为。理性的行为也就是道德的行为。生活要服从理性首先是服从客观的"善的理念"、"自然法理"或"绝对命令"。

古希腊文化中，伦理主要是逻各斯，也就是普遍的理性——万物的法则。赫拉克利特主张："一切人类法规都由神圣的法则所滋养。"[①] 柏拉图则提出了"善"的理念，人的行为与理念的善一致，才是善的，否则便是恶的。近代的斯宾诺莎也说："我们遵从自然的法理。"[②] 德性与自由都在法则中实现。

人的行为服从理性的指引就是要在行为中避免成为欲望、情绪和贪欲的奴隶。人要获得幸福就不能任凭激情和无意识的冲动去行事。正如赫拉克利特的主张，不遵循理性的生活虽然带来情欲的满足，但是亦以牺牲人性和灵魂为代价。遵循理性的生活是困难的，却是幸福的。

二 现实的人基础上的伦理突破

马克思劳动伦理思想立足现实的人，关注人的存在和发展，而在具体的发展过程中主要体现在《德意志意识形态》关于现实的人的论述中。马克思对现实的人的探究是其劳动伦理的逻辑起点。马克思对现实的人的存在、发展及未来的探索是超越西方传统理性伦理的基础，它既抛弃了西方传统理性伦理的抽象性、思辨性，又是对传统理性伦理精神的合理内核的继承和发展。马克思立足现实的人基础上的伦理是对西方传统伦理的超越。

（一）现实的人

西方伦理传统中的理性主义一方面注重人的主体性，有它的积极意义，另一方面，这种以理性主义为基础的传统伦理在思辨中最终跌入了纯粹概念的牢笼中。马克思在《关于费尔巴哈的提纲》《德意志意识形态》等著作中给出了突破传统伦理魔障的全新线索——现实的人及其生存活动。

马克思在《关于费尔巴哈的提纲》中就指明了观念世界的根基与革

---

① 〔希〕费尔班克斯：《古希腊早期哲学》，陈宣良译，商务印书馆，2000，第23页。
② 〔荷〕斯宾诺莎：《伦理学》（第2版），贺麟译，商务印书馆，1983，第99页。

命问题。马克思说:"世俗基础使自己从自身中分离出去,并在云霄中固定为一个独立王国。"① 马克思所指的那个在云霄中的独立王国,也就是上面我们所说的观念世界,观念世界的问题、观念世界的矛盾实际上是对实际社会矛盾的反映。因此,马克思认为,观念世界应该在世俗基础、社会矛盾的实际中加以理解,并在实践中通过革命的手段加以推进解决,"人的思维是否具有客观的真理性,这不是一个理论的问题,而是一个实践的问题"②。他指出,主体应该从现实性上来理解生活世界,而不是沉湎于观念世界,在观念世界里面绞尽脑汁。这里马克思提出,一是从世俗世界的矛盾去理解观念世界的问题,二是从实践去理解观念世界的问题,三是要形成革命化的变革,绝对离不开现实的实践。

马克思认为,活生生的人的血肉、肉体生命的存在,是包括人在内的一切有生命存在的基础,反过来,是这一基础奠定了人与自然之间的关系。这一根本关联奠定了人自身的历史的基础。马克思由此推论,认为人为了维持生命而生产生活资料,由此生产出其生活本身。在这一理论基础上,马克思走出了古典哲学的观念本位倾向,指出应该先把意识看作个人的生命活动,以此作为研究和了解人的考察方法。这也意味着将人的意识看作人对自身生活、生命现实的反映。这就是马克思所主张的"把意识仅仅看作他们的意识"③ 的思想史式的方法。马克思在这里主要提出,要如其所是地考察人们的生活,即承认物质生产对于维系生命存在的首位性,承认生命存在对于精神和社会活动的首位性,从人与物互动实践的角度去理解人的精神与观念,而不是理念地去进行考察。

总之,马克思从现实的人考察人的生活和生活世界。这种现实的生活的基础是建立在实践基础也就是物质生活实践基础之上的。马克思现实的人的概念从一开始就具有伦理的内涵和意义。现实的人同时又是一个关系范畴,在现实中人与人的关系、人与社会的关系、人与自然的关系由此构建。马克思的现实的人是一个整体性的存在,关注人自身及人的社会关系。同时,现实的人又是一个开放的系统,在不同的时空中,现实的人的内涵及其特征又有其时代特点,现实的人是不断地生成、发

---

① 《马克思恩格斯选集》第1卷,人民出版社,1995,第55页。
② 《马克思恩格斯文集》第1卷,人民出版社,2009,第500页。
③ 〔德〕马克思、恩格斯:《德意志意识形态节选本》,人民出版社,2003,第11~17页。

展着的人。现实的人既关注人的现有的存在，同时也关注人的应有的存在。

（二）现实的人对理性的人的超越

在古典的理性主义哲学传统中，美好生活的规则，或者说伦理，其本质是对理念的追求，是在精神内部找到动力，进行活动，并试图建立起一个完满的世界。马克思的理论起点立足于"现实的人"，指出应以人为基础和入口，按照人的本然而对人加以考察。正因为从现实的人物关系的最初维度出发，这一思路又构成了一种对旧有伦理思想、理念论、纯粹精神的追求的一种批判和解构，进而对这些唯心伦理思想中的理论难题加以消解。

所以，在马克思现实的人基础上的伦理是伦理问题域的转移，伦理的生命力、动力来自实践，来自现实生活。在传统理性伦理视域下的伦理问题更多地关注伦理思辨中的精神层面，关注美好生活的自洽性。现实的人基础上的伦理问题建立在实践基础上，伦理的生命力、活力来源于人们鲜活、生动的实践。而此时，伦理中对实践的规约也就成为对实践的反思。因此，从马克思主义的眼光看，人要追求人格解放和生活发展，就应该在当时特定的自然、社会条件中，努力加以认识，努力进行生产劳动。而人要追求完善的伦理、道德和理想精神世界的成就，则要求人对自身进行实践、认识社会和自然环境活动的反思。伦理与实践，二者不可分离，人也正是在现实和精神、反思和实践、过去和现在的同一体中走向完满。

马克思的伦理思想是建立在科学实践观基础上的，是动态发展的。马克思的实践观认为，所谓实践，并非静止的思维对现实的投射、实现，它就是人的生活，包括社会的、自然的，等等。在实践过程中的知与行、个人与他人、历史与现实的互动，使得实践呈现纷繁复杂的面貌，每一次实践方式的大规模变革，都会造就与以往不同的精神结构、状态和取向。马克思说："随着生产方式即谋生方式的改变，人们也就会改变自己的一切社会关系。"[1] 生产方式变革带来人的社会生活方式的变化，在人追求自身生命的过程中，深刻影响了他们的行为基本模式。也就是说，特定

---

[1] 《马克思恩格斯选集》第1卷，人民出版社，1995，第142页。

的社会，才有特定的"自由"，才产生特定的精神追求与方式方法。

现实的人基础上的伦理对传统理性伦理的超越是在继承传统理性伦理精神基础上的超越。理性和幸福生活的密切联系是传统理性伦理的核心。马克思现实的人基础上的伦理摒弃了其中抽象的内涵，把理性和幸福生活的关系建立在现实的基础上。理性和现实的人的存在、和人的社会关系的结合的伦理是马克思劳动伦理对传统的继承和超越。

总之，马克思现实的人基础上的实践是马克思新伦理生成的基础，而这种实践又是以物质生产实践为基础的，也就是以物质性的劳动为基础的，这种伦理又是现实基础上的理性精神弘扬的产物。

第二节 批判基础上的建构

马克思劳动伦理思想是建立在对德国古典哲学的伦理的批判、对古典经济学劳动伦理的超越、对空想社会主义劳动伦理思想的吸收与澄明的前提下，是在现实的人，在一定生产方式下的劳动基础上的伦理的新建构。

一 德国古典哲学的伦理批判

马克思揭示了康德"善良意志"背后的现实根基，揭示了道德背后的阶级意志及状态。

（一）对康德伦理学的批判

马克思批判了康德道德哲学的主观性的实质。康德道德哲学的主观性诉诸绝对的道德法则，这一道德法则在康德那里，是人自身理性作用的结果，具有普遍有效性，因而是绝对的。马克思则与此不同，他指出："主观性在它的直接承担者身上表现为他的生活和他的实践活动，表现为这样一种形式，通过此种形式他把单独的个人从实体性的规定性引到自身中的规定；如果撇开这种实践活动，那么他的哲学内容就仅仅是善的抽象规定。"[①] 因而马克思认为，不能离开实践活动去解释道德法则。康德的善是一种抽象规定，而不是现实的善。

---

① 《马克思恩格斯全集》第40卷，人民出版社，1982，第69页。

第二章 马克思劳动伦理思想实现了伦理学革命

马克思在《评普鲁士最近的书报检查令》中说："'对道德和良好习俗的损害'变成了对'礼仪、习俗和外表礼貌'的破坏。"① 由此，马克思指出，现实的道德已经被需要服从的世俗权威、传统规则、行为习惯等不具备原则性和规范性的事物所取代。② 正如他所说："书报检查应该排斥像康德、费希特和斯宾诺莎这样一些道德领域内的思想巨人，因为他们不信仰宗教，并且要侮辱礼仪、习尚和外表礼貌。"③ 马克思在这里指出了康德等人的道德理论与现实的差距。

马克思集中批判了康德《实践理性批判》中提出来的道德思想。康德的《实践理性批判》是法国大革命之后洞悉德国资产阶级历史的一个重要环节。可以说，康德的《实践理性批判》是18世纪末德国的状况在理论中的反映。当时欧洲的情况是，法国资产阶级经过了现代史上对欧洲甚至对世界影响深远的大革命后跃居统治地位；早已掌握国家权力的英国资产阶级已经迎来了生产力的飞跃时期，开始了工业革命，在海外拓展殖民地，通过商业控制的方式，把自己的影响力扩展到世界上其他的地方。当此之时，软弱无力的德国市民则只有康德的"善良意志"。

马克思认为："康德只谈'善良意志'……他把这个善良意志的实现以及它与个人的需要和欲望之间的协调都推到彼岸世界。"④ 康德用灵魂不朽来保证"善良意志"的实现，也就是说用上帝存在来保证"至善"的实现，最终把道德本身以及道德和幸福的统一都推到彼岸世界。康德的这一观念实质上体现的是他所代表的德国市民的极端软弱，因此，他不敢也不能像法国和英国的资产阶级那样公开地、大胆地争夺本阶级的利益。马克思强调的是：利益、只有利益才是道德的真正的基础。因为软弱的德国市民不敢公开地表达本阶级的利益主张，所以才借助于灵魂不朽和上帝存在等宗教教义来隐晦曲折地表达自己的利益诉求。

马克思不仅对康德道德思想背后的阶级利益实质进行揭示，还进一步指出了德国市民利益的特点，他认为："而德国市民却没有共同利益，

---

① 《马克思恩格斯全集》第40卷，人民出版社，1982，第69页。
② 《马克思恩格斯全集》第1卷，人民出版社，1956，第15页。
③ 《马克思恩格斯全集》第1卷，人民出版社，1956，第15页。
④ 《马克思恩格斯全集》第3卷，人民出版社，1960，第211~212页。

只有分散的小眼小孔的利益。"① 问题在于，虽然是"小眼小孔"的具有褊狭性的地方利益，但是在理论上却以普遍性的、世界性的形式表现出来。这种普遍性的形式使得偏狭的地方私利具有了世界主义的意义。康德以普遍性、世界性的形式表现出来的道德法则具有了适用于所有理性存在者的外貌，这种外貌的存在使人惑于其中，坚信了其理论所具有的最大的普遍有效性。康德把纯粹实践理性的道德法则看作纯形式的法则，这种纯形式和现实的任何感性的质料，以及欲望、爱好无关，当然也与任何具体的利益没有关系。在康德的视野中，道德法则就成了与任何利益无关的纯粹形式的法则了。马克思认为，这是一种假象，是基于德国市民的现实软弱性产生的假象。② 理论和现实的矛盾关系便以这种形式表达了出来：具有自身利益特点的德国市民便通过理论的形式把自己的道德说成超越任何特殊利益的主观的纯粹理性的要求。

康德把德国市民的软弱诉求体现在彼岸世界，马克思通过对康德"善良意志"的利益基础的揭示，把"善良意志"从崇高、思辨、玄远拉回到世俗的世界，虽然残酷、直接，但是反映了问题的本质。

(二) 对黑格尔伦理学的批判

黑格尔的道德、伦理思想和他的整个哲学体系、思维方法是密切结合的。马克思对黑格尔伦理思想的批判继承首先是建立在对其哲学体系的批判继承基础上的。

在道德伦理思想方面，黑格尔在《法哲学原理》中用抽象的理论思辨的形式阐述了人的自由的实现过程及其条件。黑格尔从抽象法、道德以及伦理的关系入手，在论述三者辩证的矛盾关系的基础上，描绘出道德伦理递升的矛盾运动过程。具体表现为：在黑格尔看来，在道德领域中，"意志已经在它自身中具有单一性和普遍性的差别，从而它是被规定了的"③，抽象法体现了自由意志的外部定在，是借外物的形式确立了自身的人格自由；道德则体现了自由意志的内部定在，是自由意志由外部的人格自由回到主体自身，从外部的客观外在回到主体的主观性，主体

---

① 《马克思恩格斯全集》第3卷，人民出版社，1960，第213页。
② 《马克思恩格斯全集》第3卷，人民出版社，1960，第213页。
③ 〔德〕黑格尔：《法哲学原理》，范扬、张企泰译，商务印书馆，1961，第44页。

自身确立了自身的自由。从肯定—否定—否定之否定的规律的角度看，抽象法和道德都是整体辩证体系的环节，是未完成的，因而都具有片面性、抽象性，因此，最终都要被伦理所扬弃。在抽象法—道德—伦理的辩证系列中，伦理是否定之否定，是内在主观善的道德和外在客观的法的善的统一。也就是说，黑格尔用抽象的否定之否定的三段论的形式证明伦理是"主观的善和客观的、自在自为地存在的善的统一"①。黑格尔以抽象的形式把伦理拉向社会生活，强调了伦理的客观关系及其秩序方面的指向，伦理属于人们的现实生活世界，伦理具有实体性。黑格尔说："（抱持）固执单纯的道德观点，而不向伦理的概念过渡，就会把这种收获贬低为空虚的形式主义，把道德科学贬低为关于为义务而尽义务的修辞或演讲。"② 黑格尔超越了康德道德哲学的形式主义的方法的核心在于区分道德和伦理。道德抽象向伦理现实过渡，道德被赋予了社会、政治、经济等方面的内涵，抽象的道德演化为实体性的伦理。从抽象法—道德—伦理，黑格尔抽象的理论思辨形式背后的实质内涵是人的自由的实现过程及其条件。人的自由不是抽象的自由，人需要通过对外部物权的确认以获得生存发展的物质基础或条件，但是与此同时，人的自由意志也不能为外物所遮蔽，人的自由意志有其本身的价值，自由的现实也要凸显人之为人的自由意志，这就需要人的道德的自我确证。仅仅局限于道德的自我确证，和仅仅局限于自由意志的现实对象化，各有价值但是又各有弊端。自由意志的确认既要保持主体精神、主观在自由意志实现中的价值，同时又要使自由意志通过外物的实体确认体现其客观性。黑格尔的否定之否定的形式在这里就以思辨的状态解析了自由意志的特点及其实现要素。

首先，马克思对黑格尔的批判超越是颠倒其被颠倒的，汲取其合理的内核。马克思认为："黑格尔的思维方式不同于所有其他哲学家的地方，就是他的思维方式有巨大的历史感作基础。"③ 黑格尔的思维方式是颠倒的，但其思想发展与世界历史发展是平行的，马克思肯定了黑格尔的哲学是抽象的思辨形式下富有历史感的哲学。

---

① 〔德〕黑格尔：《法哲学原理》，范扬、张企泰译，商务印书馆，1961，第162页。
② 〔德〕黑格尔：《法哲学原理》，范扬、张企泰译，商务印书馆，1961，第137页。
③ 《马克思恩格斯全集》第13卷，人民出版社，1962，第531页。

其次，马克思对黑格尔伦理思想中辩证法的继承。马克思说："正如黑格尔所说，这种意识（高尚意识）是如何不在崇高上下功夫，而在最卑鄙的东西，即自己身上下功夫。"① 马克思理解了黑格尔所说的，高尚意识的本性是一种自我陶醉，并用典型事例阐释了黑格尔的高尚向卑鄙转化的辩证法。这是马克思对黑格尔伦理辩证法继承中的一个典型。

再次，马克思尖锐地批判了青年黑格尔派夸大道德对人的解放作用的观点。马克思指出："没有蒸汽机和珍妮走锭精纺机就不能消灭奴隶制；没有改良的农业就不能消灭农奴制；当人们还不能使自己的吃喝住穿在质和量方面得到充分保证的时候，人们就根本不能获得解放。"② 在关于道德的质和功能问题上，马克思与黑格尔的观念大相径庭。在马克思的视域中，包括道德在内的上层建筑是由经济基础来决定的，因此，不能将社会历史基底与道德问题割裂开来看待。

最后，马克思的伦理思想超越了黑格尔伦理思想的历史性。黑格尔批判了康德道德哲学，黑格尔的道德伦理思想是颠倒形式的现实性、历史性，他冲破了关于人性论肤浅、片面的认知，反对将道德视为人自然天性的衍生品，也否定永恒不变的道德的存在，主张以过程性的角度，从逻辑和历史统一的方法基础去看待道德。③

黑格尔的思想一方面体现出深邃的历史感，另一方面，我们也要看到，黑格尔所说的历史是思想史、观念史或逻辑史。因为从方法上来说，黑格尔对道德及伦理问题的思考归根结底依凭的是抽象思辨。马克思把握道德和伦理问题的方法是现实主义的方法，这种现实主义不是狭隘的经验现实，而是立足于社会生产、世界历史发展基础上的。

（三）对费尔巴哈的伦理道德基础的批判

马克思肯定了费尔巴哈在对人的探索中的贡献。马克思指出费尔巴哈，"一方面仅仅局限于对于这一世界的单纯的直观，另一方面仅仅局限于单纯的感觉。费尔巴哈设定的是'人'，而不是'现实的历史的人'"。④ 在费尔巴哈以前，关于人的问题，青年黑格尔派用自我意识来解释，法国

---

① 《马克思恩格斯全集》第9卷，人民出版社，1961，第545~546页。
② 《马克思恩格斯文集》第1卷，人民出版社，2009，第527页。
③ 〔德〕黑格尔：《法哲学原理》，范扬、张企泰译，商务印书馆，1961，第106页。
④ 《马克思恩格斯选集》第1卷，人民出版社，2012，第155页。

人通过革命性批判以达到平等性的追求。费尔巴哈和他们不同，他是从现实的人出发进行考察。费尔巴哈的这一探索摧毁了概念的辩证法，用现实的人本身代替了对人的抽象、玄远的思辨，费尔巴哈以此完成了对宗教的批判。

更进一步，马克思批判了费尔巴哈理论中的现实的人。马克思认为费尔巴哈抽象地、非历史地考察人。进而马克思提出，人实际上是一切社会关系的总和。这样，马克思就从唯物主义应用来理解人类社会了。费尔巴哈所说的人还是抽象的人，是非历史的人。因为他所说的人没有社会历史的规定性，所以这样的人只能是抽象意义上的人。这种人只是感性直观的对象中的人，不是处于现实的时间序列中的人，没有过去、现在和未来，所以他所说的现实的人又是非历史的抽象的存在。马克思指出："人的本质并不是单个人所固有的抽象物，实际上，它是一切社会关系的总和。"[1] 费尔巴哈所得悉的社会关系仅仅是在感情范围内所承认的关系，关注的人的关系是爱和友情，而且是主观化、理想化的爱和友情。因此，费尔巴哈所理解的现实的人仍然是抽象的，而不是活生生的、感性活动所构成的共同的现实。

马克思在实践的基础上超越了费尔巴哈伦理意义上对人的探索。马克思说："全部问题都在于使现存世界革命化，实际地反对和改变事物的现状。"[2] 马克思的伦理立足于人的实践活动，而在费尔巴哈视域中他所说的人强调的是主观感受、理解的人。这样的人不是实践活动的产物，也不是实践之中的人。

基于以上的认识，马克思认为，费尔巴哈的伦理因为脱离了实践，所以只能停留在主观的观念和虚幻层面，其伦理道德思想就其实质而言是唯心主义的。马克思揭露了这一点，当费尔巴哈在现实中看不到理想的人格时，代之以大量的不健康的、不发展的现实存在的人的时候，费尔巴哈只能退回唯心主义内部，显现出其软弱性，在理性、理念、理想的推论中达到其平等类的性质的认识。[3] 费尔巴哈是一个唯物主义者，但是费尔巴哈在道德领域陷入宗教道德不能自拔，在道德伦理领域里，

---

[1] 《马克思恩格斯全集》第3卷，人民出版社，1960，第5页。
[2] 《马克思恩格斯全集》第3卷，人民出版社，1960，第48页。
[3] 《马克思恩格斯全集》第3卷，人民出版社，1960，第50页。

费尔巴哈又是一个唯心主义者。费尔巴哈所说的以爱和友情为基础的伦理道德是建立在人的幻想基础之上的,只能是自我的幻想。

二 古典经济学劳动伦理的超越

马克思对古典经济学劳动伦理的继承、批判与超越主要是通过黑格尔的中介实现的。黑格尔在其思想中把劳动、劳动产品的交换关系由特殊概念变为一般性的概念,而且把劳动和市民社会概念的生成、发展结合起来。黑格尔是马克思实现对古典经济学劳动伦理超越的重要中介。

(一) 黑格尔的中介

黑格尔和古典经济学之间是有联系的。这一点我们在黑格尔的《法哲学原理》的有关话语中可以看出来。在《法哲学原理》中黑格尔将政治经济学称为"国民经济学"。① 古典经济学的一些概念、命题等间接地表现为黑格尔哲学面向现实的关键性逻辑环节。从劳动伦理的角度看,主要表现为作为经济伦理的劳动的相关概念通过黑格尔劳动与市民社会的中介,与马克思的历史唯物主义伦理产生了直接关联。

黑格尔在其思想中把古典经济学中的劳动由特殊变为一般,并且和市民社会勾连在一起。劳动在黑格尔的视野中首先是他的思辨哲学的重要内容。从劳动对外部世界的改变而言,劳动是对外界物、对外部世界的塑形。黑格尔从人的劳动对外界物的影响的角度,对产业类型进行区分:一是手工业等级,二是制造业等级,三是商业。劳动同时又是主体人的类意识的外化与异化过程。人类劳动的过程也就是人的精神外化为物质性的对象的活动,劳动产品是人类精神本质的外化的产物。劳动是人类的自我确证、自我实现、自我证成,劳动是人的精神性本体,是人的主体性的确立和提高。黑格尔不仅就劳动与外界物的关系、就劳动与主体自身的关系认识劳动,更进一步,他从社会关系、交换关系的联系中认识劳动,从而为古典经济学的劳动和马克思劳动伦理的构建搭建了桥梁。

黑格尔从分工交换中捕捉到了劳动一般概念,从而把劳动和市民社会本质的理解有效地联结为一个整体。在自然状态下,个人是属于家庭

---

① 〔德〕黑格尔:《法哲学原理》,范扬、张企泰译,商务印书馆,1961,第203页。

的。随着市民社会的诞生，它把个人从家庭的自然血缘联结中"揪出"，按照一种新的规则形成一个新的共同体。不同于家庭成员相互之间由血缘、亲情组成的共同体，市民社会是一个建立在彼此熟悉，相互联系、依赖基础上的共同体。在市民社会中，人破除了血缘的纽带，首先是独立自主的人。市民社会解散了家庭的宗族关系的纽带，把人变成独立自主的人的同时，也使人失去了自然的谋生手段，使人们从属于市场的支配，进而将人变成为市民社会的组成部分。市民社会则成为一个既不同于家庭也不同于国家的存在领域。

市民社会的规则是和市场的规则，是和商业贸易的规则、交换的规则等联系在一起的。这一规则一方面充满了不确定性；另一方面又把人的存在领域从家庭、地域，通过市场的推动，激发主体内在的欲望，使得历史由地域历史获得了世界历史的意义和倾向。市民社会是人口和工业不断向前迈进的社会，它的发展速度也超过了以家庭为基本社会组织单位下的悠闲和缓慢。黑格尔实质上揭示了工业革命中社会生活演进的内在背景逻辑。在此基础上，黑格尔搭建了古典经济学和马克思劳动伦理的桥梁。黑格尔指出："通过个人的劳动以及其他一切人的劳动与需要的满足，使需要得到中介（Vermittlung），个人得到满足——即需要的体系……需要和手段，作为实在的定在，就成为一种为他人的存在，而他人的需要和劳动就是大家彼此满足的条件。当需要和手段的性质成为一种抽象（Abstraktion）时，抽象也就成为个人之间相互联系（Beziehungder Individuenaufeinander）的规定。这种普遍性，作为被承认的东西就是一个环节，使孤立的和抽象的需要以及满足的手段都成为具体的、即作为社会的（konkreten，alsgesell-schaftlicben）。"①

这里指出了一个情况，即建立在商业贸易基础上的交换是市民社会的普遍现象。黑格尔用哲学化的、辩证逻辑的语言论述了，在工业化和市场化带来的市民社会环境下，每个人在满足自身需要的同时，又在这种满足里面内化为整个社会劳动的内容，这种内容就是作为一种普遍化劳动产生的根源，其最终的结果是建立起了一个全面的交换关系中的经济与伦理系统。立足于同质性的抽象的普遍劳动，产生出价值的交换关

---

① 〔德〕黑格尔：《法哲学原理》，范扬、张企泰译，商务印书馆，1961，第209页。

系，奠定了市民社会的基础。

（二）马克思对国民经济学伦理的超越

国民经济学伦理从实质核心上说是商业伦理。亚当·斯密把劳动分工看作人性倾向的必然结果。也就是说只有人类，而不是动物或者其他什么的生命，才能够进行交换，交换是人所特有的。对古典经济学者们而言，充分的商品生产和交换的社会才是人类社会的自然形式，也是人类社会应有的形式。马克思在对古典经济学家有关人的看法的批判分析中，超越了他们立足其上的劳动伦理。

把商品现象、交换关系等放在特定的社会关系中去分析是马克思超越国民经济学家们的基本思维逻辑。马克思从现实的人出发，把商品看作劳动产品，把商品形式作为特定社会关系下劳动产品的特殊形式进行分析。国民经济学的学者，亚当·斯密、大卫·李嘉图等从以往的经济学理论中辨认和分析出了使用价值以及交换价值两个概念，马克思则更进一步从这两者中抽象出了价值，从具体劳动中抽象出抽象劳动、一般劳动作为交换的本质。更为重要的是，马克思不仅仅在生产、交换等经济领域和范围讨论商品生产、分配、交换、消费，并且把这些要素和关系放置于一定的社会关系之中，置于私有制下的雇佣劳动关系中，放在资本主义生产方式中去探讨和研究。马克思进一步探讨了由劳动形成的产品，关系又是在劳动过程中不断变化的。他指出："资本关系的产生以劳动者同生产资料的分离为前提。"① 劳动者在这一过程中和生产资料分离，也正是这种分离，使资本主义私人所有制下的雇佣劳动成为资本主义社会的伦理关系的基础。马克思从社会关系入手，分析了劳动伦理的基础。马克思所说的社会关系不是抽象意义的社会关系，也不是如德国古典哲学家费尔巴哈所说的只是友情和爱的社会情感的社会关系，也不只是仅仅限于商品生产和交换关系的社会关系。这种社会关系的实质在于经济关系由社会的所有制关系决定，而以经济关系为基础的社会关系又是处于变动的社会结构之中的，它不是一成不变的、现成的东西，而是人的社会实践活动的产物。人本身是社会关系的生产者，人在生产社会关系的时候又是遵循特定的规律，受特定社会条件的限制和自身条件

---

① 〔德〕马克思：《资本论》，重庆出版社，2013，第142页。

的限制，不能随心所欲地生产社会关系。在上述思维的内在逻辑基础上，马克思探索了产生剩余价值的劳动，对剩余价值与工人的劳动力之间的关系做了探索性的研究，在此研究基础上进一步揭示了资本家的剥削秘密。马克思对劳动伦理的深刻揭示把我们对资本控制下的资本主义社会伦理的认识提高到新的高度，开辟了我们认知的新境界，这一认知超越了国民经济学的纯粹经济伦理。

三 空想社会主义迷雾的澄明

空想社会主义思想家主张共同体基础上的劳动协作，主张以协作代替竞争，从而实现社会的正义。为此，空想社会主义者从人性的平等出发对资本主义道德侵害人性的做法进行了批判。空想社会主义者反对资本主义制度下的社会道德，揭示了其私有根源，主张通过道德教育改善社会的道德堕落。马克思的劳动伦理思想对空想社会主义的幻想迷雾做出澄清，建立起具有科学性的劳动伦理思想。

（一）对空想社会主义道德批判的超越

马克思在对工人运动的有关论述中，对空想社会主义道德批判有过恳切的评论。马克思批判空想社会主义者的道德批判，在他看来，这些社会主义思想家虽然看到了社会道德风气的堕落与低下，但看不见这种道德的堕落自有其社会制度与经济制度作为基础，更看不见在这种社会经济制度之中，资本家的伪善自私使得他们居于更为堕落的道德境地。空想社会主义者试图通过教育和宣传挽救这种道德的沉沦，这正忽视了真正的根本途径。[1] 这里马克思主要从方法的角度对社会主义者，其实也是对空想社会主义者的道德批判进行了批判。

更进一步，马克思还从方法角度来进行考察。他指出了两点。其一，空想社会主义缺少横向比较的思维是社会主义者道德批判的一个弱点。社会主义者没有将无产阶级的道德堕落和有产阶级的堕落进行比较，从而对社会道德的进步有一个客观的看法，同时在对道德现象的评判中洞悉社会历史发展的必然性。空想社会主义者的道德比较是简单的比较，他们只是看到了无产阶级的贫困、不幸与非道德，看到了有产阶级的教

---

[1] 《马克思恩格斯全集》第 2 卷，人民出版社，1957，第 525 页。

养、道德，但是他们没有看到有产阶级在虚伪的谎言下的道德堕落的现实。

其二，空想社会主义者采取的是非历史方法。空想社会主义者是直接站在他们所想象出来的共产主义的理想基础上，用共产主义的道德标准进行道德评判的，他们没有把理想道德的实现看成一个历史发展的过程，不是用历史发展的方法、过程的方法来看问题并解决问题。这种超越历史过程的非历史方法使得其看问题难免就会脱离实际，成为虚幻。

马克思对空想社会主义道德思想的超越是建立在对道德根基的把握、建立在道德主体无产阶级先进性的把握基础之上的道德。马克思说："我们断定，一切已往的道德论归根到底都是当时的社会经济状况的产物。而社会直到现在还是在阶级对立中运动的，所以道德始终是阶级的道德。"[①] 不同阶级的道德不同，作为不断变化的范畴，对于恒久不变的道德的追求是一种虚幻，是非现实的。道德问题的根源在于现实的社会经济状况，要从现实的社会经济状况去寻找道德的根源，也就是说不能就道德而论道德，而是要深入道德现象背后的社会经济状况去看道德存在的现实社会经济状况。

马克思对空想社会主义道德的超越很重要的一点是他找到了无产阶级作为先进道德主体的思想。这并不是说在现实上，他那个时代的无产阶级在道德上就是先进的。马克思强调的作为先进的社会生产力的代表的无产阶级在未来应该承担起道德建设的主体责任。无产阶级作为道德建设的主体，在社会的发展中割除私有制基础上的道德的陈腐性的内涵，构建起建立在公有制基础上的、符合人的自由全面发展的、促使人类幸福的新道德。根据马克思恩格斯的伟大愿景，在共产主义社会，无产阶级的道德也就是全民道德，未来理想社会中人将拥有高度自觉的道德意识和道德自控能力，这种道德既是人的全面发展的体现，也是符合社会发展的。

（二）对平等共同体的澄明

马克思对空想社会主义的共同体思想进行了澄明。他着重指出空想社会主义提出共同体的合乎伦理性与合乎理性的特质，其中含有对伦理性质的普适性的肯定。这种伦理性和理性的共同体关注的是国家形式的

---

① 《马克思恩格斯全集》第20卷，人民出版社，1971，第103页。

一般，关注的是共同体的伦理性和理性的内核，而不是偏向现实的某一种具体的、特殊的国家形式。而这一伦理性和理性的内核究竟是什么——这才是问题的核心。

以劳动为基础，注重联合的方式构建未来的共同体是马克思共同体思想的核心。在看待劳动与共同体的关系方面，这一思想又立足现实的生产条件及其变化。马克思认为："凡是共同体以主体与其生产条件有着一定的客观统一为前提，或者说，主体的一定的存在以作为生产条件的共同体本身为前提的所有一切形式，必然的只和有限的而且是原则上有限的生产力的发展相适应。生产力的发展使这些形式解体，而它们的解体本身又是人类生产力的某种发展。"[①] 主体与生产条件的客观统一是共同体存在的条件，共同体的发展、演变，共同体的构建和解体等都和生产力的发展相适应，生产力是共同体发展的动力。由此看来，在马克思的视野中，劳动是共同体发展演变的核心。劳动对于共同体整体、共同体成员的每个个体来说都是必要的。

有了国家以后，共同体和自然形成的共同体不同，它的产生、消亡又必须通过革命的手段才能重建。马克思说："仍然在长时间内拥有一种表现为与个人隔离的虚幻共同体（国家、法）的传统权力，这种权力归根结底只有通过革命才能打倒。"[②] 建立在私有制基础上的共同体是虚幻的共同体，它代表的是统治阶级的利益，因此，这种共同体的变革需要通过革命的手段才能实现。到了资本主义国家阶段，马克思指出："劳动是每个人的本分，而资本是共同体的工人的普遍性和力量。"[③] 劳动是本分，资本具有普遍性和力量。劳动与资本的关系由此成为共同体矛盾中重要的矛盾。

马克思恩格斯的共同体思想又是对空想社会主义的平等共同体思想的澄明。马克思恩格斯对于空想社会主义者所设想的劳动协作的平等共同体所强调的平等性实质上是持批判态度的。这一点在《共产党宣言》中体现得十分鲜明。马克思恩格斯认为："随着这些早期的无产阶级运动而出现的革命文献，就其内容来说必然是反动的。这种文献倡导普遍的

---

① 《马克思恩格斯全集》第46卷（上），人民出版社，1979，第497页。
② 《马克思恩格斯全集》第3卷，人民出版社，1960，第81页。
③ 《马克思恩格斯全集》第42卷，人民出版社，1979，第119页。

禁欲主义和粗陋的平均主义。"① 马克思恩格斯尤其反对这种平均、禁欲。空想社会主义的平等共同体、劳动协作的平等共同体的平等,是"禁欲主义"的,是"粗陋的平均主义",马克思是反对空想社会主义的这一平等的,他追求的是人的全面自由发展意义上的平等。

第三节　历史唯物主义视域下的道德本质与作用的全新解读

马克思从人的生命、生存出发,把传统伦理立足个体"善"的道德追求的伦理转换为以劳动为基础的社会关系中"善"的实现。把传统伦理的价值指向个体的良知德行的确立转化为社会正义的秩序,实现了伦理学上的哥白尼式的革命。这种伦理学上的革命又建立在历史唯物主义的基础之上。

一　对伦理道德本质及规律的历史唯物主义的把握

马克思在一开始看待劳动的时候就把劳动看作一种伦理活动。这一点在他的《1844年经济学哲学手稿》中表现得十分突出。自由有意识的活动是人的本原性质,也就是人活动的追求与特性。离开这种特性,劳动作为一种单纯维持生命的生产,那就只能是一种单纯的肉体生存。而在人的生命实现中,肉体生存只是其中的一部分,人的生命活动要远高于此。伦理的使命是追求人理想的生活,而劳动是生产人的生命,也就是生产人的生活活动。马克思把生命活动和生活活动等同看待,昭示了劳动的伦理意义。

(一) 劳动是伦理道德形成的基础

马克思的伦理道德思想是建立在历史唯物主义基础上的劳动伦理道德,劳动是伦理关系、伦理规范、伦理原则及其道德的基础。历史唯物主义认为,现实的、活生生的人的存在,是历史、历史学的开端和基础。现实的生命,必须要与自然进行物质交换才能维系其现实性,也就是维系其存在。而对人来说,这种物质能量交换又有自身的特性,即不同于

---

① 〔德〕马克思、恩格斯:《共产党宣言》,中央编译出版社,1998,第5页。

动物，必然要采取劳动的方式。在特定的目的下发挥自身的精神和体力，改造对象以求适合于主观需求。这种特征愈发明确，则人类的生产发展程度愈高，在更高的生产发展阶段、更大的生产规模中，人们必然要结成一定的生产劳动关系，以及延伸出另外的社会关系，当下的生产力发展水平决定着这些关系的形态与特性，并非由人们的主观意志决定。在这些关系之上便是各种道德伦理关系，包括自然伦理、社会伦理、政治伦理、经济伦理等都是建立在劳动基础上，和生产力水平、劳动的社会关系组织形式等密切联系，并且由它们来决定。

马克思认为，人的包括道德在内的一切思想观念，都反映着一定的社会建制，反映的是人追求现实存在与发展中结成的组织、利益分配、地位高低、相互关系，也反映着人的基本行为模式。这些都是客观的社会存在，不可避免地渗透于人与社会发展的历史进程中。

马克思说："人们自觉地或不自觉地，归根到底总是从他们阶级地位所依据的实际关系中——从他们进行生产和交换的经济关系中，吸取自己的道德观念。"[1] 从现实的实际关系出发，也就是生产关系、交换关系为基础的经济关系出发，去考察伦理道德的基础是马克思的基本思想。因对社会伦理道德问题的考察，应当从"现实的个人"出发。要从人的现实生活的关系出发，理解道德的起源和基础。

人们生活在客观的社会关系中，应该从不以人主观意志为转移的社会基本事实的角度，去解释和认识人的性格、观念、态度、能力，等内容。

现实的经济关系、政治关系、文化关系及人与自然的关系的生成和演进是建立在劳动的现实之上的。马克思指出："物质生活的生产方式制约着整个社会生活、政治生活和精神生活的过程。"[2] 物质生活的生产方式是社会伦理发展的决定性力量，这是毋庸讳言的。物质生活的生产方式包括生产力和生产关系，而这些又都是建立在特定时空中的劳动基础上的。因此，我们可以说在马克思的视域中，劳动是伦理道德形成和发展的基础。不同的制度下，劳动的形式和社会组织方式，由此形成的劳

---

[1] 《马克思恩格斯全集》第20卷，人民出版社，1971，第102页。
[2] 《马克思恩格斯全集》第13卷，人民出版社，1962，第8页。

动关系影响着社会的伦理秩序和道德体系、规范等。

（二）伦理道德的发展演变受劳动的制约

劳动的分工状况、劳动者的状态等是社会伦理道德发展演变中的重要力量，是伦理道德演化的重要根源。马克思认为："使工人道德沦丧的另一个根源就是他们劳动的强制性。如果说自顾的生产活动是我们所知道的最高的享受，那末强制劳动就是一种最残酷最带侮辱性的痛苦。"① 工人的道德沦丧的重要根源是强制性的劳动。劳动作为人的生命的确证活动应然的状态，一是自愿，二是创造性活动带来的享受，而且是最高的享受。但是现实却是，工人在雇佣劳动关系中的劳动是一种强制性的劳动。这种强制性的劳动带给工人的是残酷，是侮辱性的，是痛苦。

劳动由强制性走向解放的过程也同时是伦理道德发展的过程。在人类文明史上，不仅资本主义雇佣劳动关系下的劳动是强制性的，在奴隶社会、封建社会下的劳动也具有强迫性。在奴隶社会的强迫性是基于暴力、肉体的强制，在封建社会的劳动则是束缚于师徒关系、束缚于土地租税的劳动。劳动的社会关系形式、劳动主体的状况、劳动的社会组织等均随着生产力与所有制形式的发展而变化，伦理道德也在此基础上不断发展变化。

马克思建立在劳动基础上的伦理思想和西方传统伦理有着质的区别。无论是西方的自然主义伦理还是快乐主义伦理、理性主义伦理、情感主义伦理、功利主义伦理等，它们或者从道德主体的感受，或者从道德情感体验，或者从道德中的理性主义逻辑、要素，或者从伦理道德的结果等看问题，而不是如马克思把伦理道德的发展建立在以劳动为基础的人类的现实实践活动的基础上，从人类生存和生命发展的视野来认识人类的伦理问题。

从根本上说，马克思伦理的基本原则是建立在对人之为人的生活的理解基础上。马克思对人的理解，即人是在人的劳动基础上构建人的世界、人的物质世界、人的精神世界、人的政治经济文化等关系。在马克思看来，理解人的本质、人性问题就不能把人理解为孤立的、抽象的个

---

① 《马克思恩格斯全集》第 2 卷，人民出版社，1957，第 404 页。

人，因为人的存在，人的生命、生存活动不是"单个人所固有的抽象物"，人是在实践活动中，在社会关系中存在，因此人是"一切社会关系的总和"，应从现实实践基础上的人的社会关系的总和去理解人的本质与人性问题。

总之，马克思的伦理学是建立在劳动基础上的，历史唯物主义是马克思主义伦理学的理论基础。在马克思伦理学看来，社会确实是一种伦理存在，但是是一种整体性的、历史发展的伦理存在。这体现为社会事实、社会存在本身先于、决定着、内含着一个社会所能出现的伦理道德形态，可以理解一种社会基础所允许，但时间和发展条件不具备的未能出现的伦理可能，却不可以肯定有一种超越了特定社会制度的决定性的伦理道德乃至思想文化。人的生存、发展以至于幸福所需要的精神资源如公平、正义、平等，都是在社会框架与社会动力中不断演进变化的。个体的伦理道德也由社会基础表达出一种伦理共同体的归属，也是时代的归属。

二 马克思劳动伦理实现伦理思想的革命

马克思指出，唯物史观是"我所得到的、并且一经得到就用于指导我的研究工作的总的结果"①。唯物史观是对传统伦理主导的思想学说进行批评的思想武器，是探索实现人的美好生存状态的现实途径的方法基础。建立在历史唯物主义基础上的马克思的劳动伦理思想实现了伦理思想上的革命。这种革命主要表现在以下三个方面。

（一）从抽象伦理到现实伦理

西方伦理学的发展经历了从古希腊伦理学到启蒙时期的伦理学再到德国古典哲学时期的伦理学，整体而言是理性主义原则占主体地位的伦理学。

古希腊时期的伦理学主要代表人物有苏格拉底、柏拉图、亚里士多德等。这一时期，伦理学讨论的主要问题是人生，人应该过什么样的生活，关注善的问题、最高的善，关注人的德性和幸福问题。为了获得至高的德性，无论是苏格拉底还是柏拉图、亚里士多德，还有德谟克里特

---

① 《马克思恩格斯选集》第 2 卷，人民出版社，1995，第 32 页。

等都主张过有节制的、自律的生活，只不过在节制的程度上，不同的人的主张有差异。这一时期，理性主义是德性和幸福的深层内核。古希腊时期伦理学上有过德性主义和快乐主义的争论，这种争论的实质是在理性和欲望之间如何把握一个度、把握一个平衡的问题。

中世纪伦理学的核心问题是上帝的决定论与人的意志自由问题，这一问题也是理性、信仰与人的意志自由之间的关系问题，这一时期的伦理学从深层次上说是在理性必然与信仰、理性必然与意志自由之间寻找一种平衡。

以英国的休谟、斯宾塞，法国的卢梭，德国的康德、黑格尔等为代表的近代伦理思想家，相信道德有其理性或精神的基础，他们肯定具有意志自由，能够进行道德的自律，也重视情感和意志等因素在道德中的作用，相信理性精神是伦理的基本精神。这一时期的伦理思想家就总体而言是理性主义者。

理性主义传统的西方伦理注重的是善的追求，即德性、幸福，这些追求从形式上看具有普遍性，但是从古希腊到德国古典哲学家们的伦理思想体现出鲜明的思辨性、抽象性特征。从古希腊到德国古典哲学，西方伦理的研究基本上是从对"抽象人性"和"超验之善"的伦理预设开始的。近代以来，这种抽象进一步延续，休谟认为，公道或正义的起源和存在主要在于人对公道和正义的遵守带来的公共效用，特定状态公道或正义的规则完全依赖于人们所处的特定的状态和状况。[①] 那么什么是休谟所说的特定状态呢？休谟举例说，比如匮乏，就是一种特定的状态。休谟说："在别人占有这个对象、我只需一伸手就可拥有价值相同的另一个时为什么称这个对象为我的呢？在那种情况下，正义就是完全无用的，它会成为一种虚设的礼仪，而绝不可能出现在德性的目录中。"[②] 当匮乏产生的时候，就需要人们节制，以保持社会的公平正义。休谟的这种看法是建立在人性贪婪的假设基础之上的。这就是我们所说的西方传统伦理的抽象性的先验预设。此外，解决伦理问题的抽象思辨的过程中也体现出了近代西方哲学伦理学思考的抽象性。伦理问题成为在抽象范围内，

---

① 〔英〕休谟：《道德原则研究》，曾晓平译，商务印书馆，2001，第39页。
② 〔英〕休谟：《道德原则研究》，曾晓平译，商务印书馆，2001，第9页。

在思维的逻辑中解决的问题。马克思的伦理思想最为突出的是突破这种抽象伦理,把传统伦理建立在现实的实践基础上。

以劳动为基础的马克思伦理学关注的是在具体的社会历史情境中人类的解放。劳动是特定社会历史环境中的劳动,人类生存的劳动既受到人对自身、对外界自然的认知和改造能力的制约,同时也受到特定的社会历史环境下社会关系的制约。这种制约在一定意义上束缚着人类社会的进步和发展,人类追求幸福、公平公正平等生活的过程也就是从这种束缚中解放出来的过程。

比如在人的解放问题上,马克思谈到人的解放,从来不是从抽象意义而是从现实性上谈人的解放。鲍威尔将犹太人的解放问题归结为纯粹的宗教和文化问题,掩盖了这一问题背后的社会、经济、政治背景和根源。与之相反,1843年马克思在他的《论犹太人问题》中,针对这一观点提出一切人包括犹太人的解放首先是从社会领域中解放出来。他提出,无产阶级只有自身从一切社会领域解放出来的情况下,同时也是解放了其他一切社会阶级的情况下,才能解放自己。马克思在这篇文章中提出了著名的论断,即物质的力量只能用物质的力量去摧毁。在《论犹太人问题》中我们也看到,马克思认为平等是具体的平等,不平等亦是如此。只有通过无产阶级的社会革命,才能消灭私有制,只有用现实的力量才能消除现实具体的不平等、不公正。

关于人的解放,马克思认为统治阶级思想家囿于个人利益的狭隘眼界,总是把追求绝对的个人自由和现实生活中的受约束现象对立起来,把个人解放看作可以脱离对现实社会的改造而独立的个体行为。马克思认为,人的解放是人类从必然王国过渡到自由王国,它是一个自然的历史过程,当生产力水平还相当低下的时候,人们与自然界的关系还是很狭隘的,这种狭隘的关系"制约着他们之间的狭隘的关系,而他们之间的狭隘的关系又制约着他们对自然界的狭隘的关系,这正是因为自然界几乎还没有被历史的进程所改变"[①]。随着社会生产力的发展,出现了社会大分工,社会分工对于个人来说表现为一种异己的力量,因为个人不

[①] 《马克思恩格斯全集》第3卷,人民出版社,1960,第35页。

仅不能驾驭这种力量,这种力量反而支配着人们的意志和行为的发展阶段。① 随着现代生产力的大幅度发展和交往与分工的普遍发展,在理想的、没有阶级、没有私有制的未来的共产主义社会里,狭隘地域性和狭隘阶级性的个人才能为世界历史性的、真正解放的个人所代替。由此,马克思得出结论:"每一个单独的个人的解放的程度都是与历史完全转变为世界历史的程度相一致的。"② 并且,个人的解放只有在共同体中才能得到实现,"没有集体,这是不可能实现的。只有在集体中,个人才能获得全面发展其才能的手段,也就是说,只有在集体中才可能有个人自由"③。

当然,马克思主义对人的解放的追求和西方理性主义传统之间不是断裂的关系,而是一种继承和超越。马克思劳动基础上的人类解放伦理是一种实践理性伦理。其是对实践理性的历史与社会的把握,它不同于康德建立在先验的定言式的命令基础上的实践理性。这种理性是现实性的,是现实的遵循人类社会发展规律、遵循生产劳动规律、遵循经济基础和上层建筑规律基础上的理性。这种理性是建立在对劳动者权利的保障和维护基础之上的,是对劳动者平等自由权利最大可能性追求基础上的实践理性。

总之,以劳动为基础的马克思伦理学追求人类的解放,这种人类的解放,是对资本主义伦理的颠覆,是实现人的真正的自由平等,实现人的真正现实意义上的而非抽象意义上的解放。

(二) 从个体伦理到社会伦理

西方的伦理传统是以个体伦理为主导的伦理。伦理思想家们关注的是个体的德性、个体的幸福、个体的意志自由、个体的情感欲望的节制,等等。西方伦理随着时代的发展变化从古希腊时期关注理念与幸福、德性,到中世纪关注上帝的命令与个体的自由意志,到近代关注绝对、普遍精神与个体的理性等。近代伦理本质上是个体主义伦理。由形而上学设定的人性和个体本体化构成了近代伦理的非历史的本质主义哲学基础。

马克思伦理思想首先关注的是类的整体性。通过对类的整体性的观

---

① 《马克思恩格斯全集》第 3 卷,人民出版社,1960,第 39 页。
② 《马克思恩格斯全集》第 3 卷,人民出版社,1960,第 42 页。
③ 《马克思恩格斯全集》第 3 卷,人民出版社,1960,第 84 页。

照为构建社会伦理的大格局奠定了基础。马克思的伦理思想是以劳动为基础的伦理学，在人与动物的区别方面和西方的理性主义传统就有了差异。理性主义传统在看人与动物的区别时是从现象看，是静态看待人与动物的区别。而马克思从劳动看人与动物的区别，是从人的生存方式、人的活动与动物的活动看这种区别。

马克思注重人的存在与发展的社会性。通过人的社会性存在构建伦理的个体存在与发展的社会意义伦理。在历史唯物主义的视域中人的生存活动本身是历史的、社会的。其在历史发展中不断拓展，在社会的复杂关系中不断变化。在马克思劳动伦理视野中，国家、社会、个体是一个有机系统，是一个有机整体。这个整体要遵循的伦理原则和道德规范在相异的时代、地域、民族及文明形态下有共通之处，但是也有千姿百态、丰富多样的一面。人的劳动实践是马克思社会伦理的基础。立足于劳动实践，马克思完成了从费尔巴哈非历史的、直观的生活哲学范式到历史唯物主义范式的转变。这种转变所孕育的理论意义即为善、正义、公平和公正等。伦理价值追求的是社会历史性的存在而非抽象的先验存在，现实的实践中不存在超越具体历史条件的、永恒的善、正义、公平和公正。

人性、人道、人的自由等关于人的伦理问题，在其本质上是一个随着社会演进而不断发展的社会性伦理问题。普鲁士专制制度"使人不成其为人"，马克思对其的批判旨在暴露市民社会的利己主义本质和人权的伪善，要求消灭现代生活中的非人性即货币制度。这些对人的问题的关注都是在具体的社会问题的关注中实现的。马克思的伦理思想体系中，单个化的抽象个体和永恒人性被"现实的个人"和历史性的社会生存特性所取代。马克思非常鲜明地强调："这是一些现实的个人，是他们的活动和他们的物质生活条件，包括他们得到的现成的和由他们自己的活动所创造出来的物质生活条件。"[①] 马克思关注特定社会历史处境中的"个人"所展现的现实生活世界在资本主义的社会环境下，马克思关注工人阶级受剥削、受压迫的生存现状，其伦理思想的核心就是力图在由资本控制的社会结构中消灭包括人的异化在内的异化现象及伪善假象，最终

---

① 《马克思恩格斯全集》第 3 卷，人民出版社，1960，第 23 页。

实现人的解放。马克思强调"人"的发展的社会历史是生成性的，社会历史性是一个过程。而社会内部存在的否定性必然是促成人类社会的现实生成的主要矛盾动力。人的自由的获得也是一个社会历史发展的过程。人的自由实现的过程就是排除束缚人的经济、政治、文化环境和条件影响的过程。在马克思看来，个体完美的生活形式应为自由人的联合体，在这种形式中，社会已经在共同体与个体之间建立起和谐、自由的伦理关系。这一理想形态的实现是在实践过程中现实地实现的。

（三）共同体伦理的凸显

马克思的劳动伦理凸显了共同体伦理的特征。人是一个类的共同体。人是类存在物，人类共同体首先是建立在人与动物区别的基础上，以劳动为生存基础的类共同体。这是马克思从人与自然的关系与动物与自然关系的差异性来看人的共同体。人作为类的存在物，同时在宇宙中也是特殊种的存在物，他一方面是宇宙中的一分子，和周围的自然存在物一样有许多的共性，另一方面，马克思建立在劳动伦理基础上的伦理共同体又是一个社会历史性的变动着的共同体。

建立在劳动实践基础上的社会共同体是多种因素构成的共同体。这些因素有地理环境、人口、生产方式，有劳动的工具、技术、管理、教育等因素，也有国家、社会组织、家庭等因素，还有哲学、政治、法律、道德等因素。在这个伦理共同体中生产方式是决定性的因素，它决定人类共同体的生存，决定其他要素的发展状态，是其他要素发展的根基。道德等因素同时对劳动、劳动者等又有独立的反作用。

马克思以劳动为基础的共同体伦理中，劳动者阶级是人类社会发展中的大多数人，他们是物质财富和精神财富的创造者，是社会发展的中坚力量，是改造社会的推动者。在资本主义社会里，劳动阶级就是工人阶级。劳动阶级的幸福是社会的公平、正义的载体、基础。马克思重点批判扬弃了建立在私有制基础上的资本主义国家的虚假共同体。"在过去的种种冒充的集体中，如在国家等等中，个人自由只是对那些在统治阶级范围内发展的个人来说是存在的，他们之所以有个人自由，只是因为他们是这一阶级的个人。从前各个个人所结成的那种虚构的集体，总是作为某种独立的东西而使自己与各个个人对立起来；由于这种集体是一个阶级反对另一个阶级的联合，因此对于被支配的阶级说来，它不仅是完全虚幻的集体，而且是新的桎梏。"① 由此，我们可以看出，虚假的或者冒充的共同体中个人自由只是统治阶级的个人自由，是特定阶级的个人自由，对于被统治阶级，其拥有的不是自由，而是桎梏，是限制、禁止、束缚。

马克思的劳动伦理的理想是建立共产主义性质的社会共同体。在共产主义社会共同体中，劳动者的权利得以真正回归，亦是人性的真正回归。"共产主义是对私有财产即人的自我异化的积极的扬弃，因而是通过人并且为了人而对人的本质的真正占有；因此，它是人向自身、也就是向社会的即合乎人性的人的复归。"②

总之，马克思的伦理思想从对人类社会发展规律的探寻出发，在坚持历史唯物主义的基础上，实现了对西方传统伦理的革命式的转型和超越。这种转型和超越是建立在劳动大众的基本立场上实现的，是建立在社会发展主体立场上实现的。

---

① 《马克思恩格斯全集》第3卷，人民出版社，1960，第84页。
② 《马克思恩格斯文集》第1卷，人民出版社，2009，第185页。

第三章　资本主义的伦理批判：劳动异化及物的生存境遇

　　学术界有一种普遍的声音，认为异化劳动是马克思早期著作中的思想，异化劳动理论是马克思早期思想中人本主义范式的典型体现，马克思思想在后来的发展中走向历史唯物主义范式，抛弃了人本主义范式。针对这一思想，我们在肯定马克思的思想本身也是一个发展过程的同时，必须清醒地认识到，马克思前期的思想和后期的思想发展是一个整体，有一以贯之的主线，这条主线就是劳动批判与劳动重建。从劳动来说，马克思的异化劳动思想贯穿了他对资本主义劳动的整体认知。在理论上，资本主义私有制下，除了异化劳动，马克思还指出资本主义生产方式下的劳动是雇佣劳动形式下的谋生劳动。雇佣劳动、谋生劳动和异化劳动一起构成了马克思劳动理论不可分割的内容。

　　正义、平等和自由等普遍性的观念在理念和道义层面，一定意义上可以起到鼓舞人心的作用，但是在具体的现实的社会历史中，这种普遍性的、抽象的范畴必须转化为具体的正义、平等和自由的要求，否则只能是理论家在道义上的自说自话。马克思对无产阶级的现实观照，是从劳动异化切入的。资本所有权下的雇佣劳动关系中，工人阶级的生存深深地打上了资本主义社会中资本的烙印。资本主义社会中人的存在和发展与前资本主义时期相比较，发生了质的变化。马克思心系无产阶级解放事业，寻求改变劳动者生存状况的现实途径。在唯物史观的基础上，马克思对资本主义的劳动异化、对雇佣劳动中人的物化生存伦理进行了深入的批判。

第一节　劳动异化的本质是人的生活世界的异化

　　马克思认为资本主义社会存在两种主要的社会力量——工人群体和资本家群体，即工人阶级和资本家阶级。工人阶级和资本家阶级所处的社会地位不同，因而他们在现实中所能满足的自身需要的手段也截然不同，所以在现实中就呈现两种不同的社会需求和生活样态，因而他们的生命活动形态也就不同。马克思说："工人不仅必须为物质的生活资料而斗争，而且必须为谋求工作，即为谋求实现自己的活动的可能性、手段而斗争。"① 在资本主义生产方式下，劳动的异化实质就是生命活动的异化。

一 劳动异化是马克思对生活世界探索的产物

马克思关于劳动异化的论述集中体现在《1844年经济学哲学手稿》中，但是劳动异化思想又不仅仅体现在该手稿中，在《资本论》等著作中，劳动异化的思想也有所体现和深入。马克思对劳动异化的探讨在方法论上不像国民经济学家那样从虚构的原始状态出发，也不像神学家那样用"原罪说"来进行说明，马克思从他所处时代的经济事实出发揭示生活世界的本质。

马克思首先从物的世界的增值与人的世界的贬值鲜明对比开始探索。物质产品，财富是生活世界首先呈现出来的现象。物质产品，物质财富是劳动的产品。物的世界的增值和人的世界的贬值是人的劳动产品的异化，工人与自己的劳动对象对立，甚至是劳动对象变为最紧张的努力和极不规则的间歇的产物。马克思说："劳动者越是通过自己的劳动占有外部世界，感性自然界，他就越是……失去自己的生活资料。"② 劳动产品与生产者之间成为相互对立的力量。工人生产的物质产品越多，他失去的生活资料就越多，工人成为自己创造的物质力量的奴隶。马克思说："他创造的价值越多，他自己越没有价值、越低贱。"③

劳动异化使人的生活活动成为手段。人的生活活动本身应该是目的，但在异化劳动中，生活沦为维持肉体存在的手段。工人在劳动对象化、现实化中丧失自己，和对象、现实疏离。劳动的对象，比如自然界，是人的感性的外部世界，它是人创造、生活及其肉体存在的依据，但是工人在改造外部自然的活动中，他首先是工人，然后才是肉体的自己。工人的身份压倒、遮盖了肉体的身份，他在社会关系中就只能按照工人的

---

① 《马克思恩格斯文集》第1卷，人民出版社，2009，第119页。
② 〔德〕马克思：《1844年经济学哲学手稿》（第3版），人民出版社，2000，第93页。
③ 《马克思恩格斯文集》第1卷，人民出版社，2009，第158页。

要求去活动。如此一来，工人就在工人的身份中失去了作为自己的身份。在私有制条件下，劳动成为一种在外部力量强制下的劳动，劳动的过程成为一种不断否定劳动者自身的过程，成为一种异己的活动过程。在工人的劳动过程中，肉体被奴役，精神受折磨。在理想状态下，人的自由自觉通过实践，通过改造对象活动得以呈现和确认。但是在私有制下，劳动变成了生存需要的手段，在这个过程中，自由自觉的特性丧失。正如马克思所说："异化劳动把自主活动、自由活动贬低为手段。"①

人与生活世界的关系催生了异化。马克思认为"凡是适用于人对自己的劳动、对自己的劳动产品和对自身的关系的东西，也都适用于人对他人、对他人的劳动和劳动对象的关系"②，劳动异化的出现，将会带来劳动与人的生活、劳动与人自身及他人的对立，从而引发人与人生活的对立。不仅工人与资本家之间的关系是剥削与被剥削的关系。劳动异化过程中，人与人关系的异化是人的关系为资本的关系、物的关系所代替。这种物化的关系、资本化的关系在资本主义社会中成为一种普遍性的关系。工人与资本家关系作为人与人关系的一个典型的体现，是历史主体意义上特定的所有制下的具体呈现，是伴随着工业化的发展，人的生活世界关系变化的突出体现。

劳动异化使主体的生活发生了异化。对于资本家阶级来说，他们占有社会的财富，是享受财富的人，但是，马克思说："他把人本身，因而也把自己本身看做可牺牲的无价值的存在物。"③ 资本家阶级同时又是自身欲望的奴隶，他们被追逐财富的欲望所控制，自身的生活被财富控制，被资本控制，被追逐利润的目标控制。也就是说，非人的东西，外在的目的性控制了资本家阶级的生活，使他们的生活处于一种异化状态。工人阶级的生活也被异化。和资本家的生活被异化的形式相反，工人的生活的异化在社会意义上表现为，随着工人创造的社会财富的增加，工人自身的生活状况并没有随着财富的增加得到相应改善，反而出现了工人自身价值的降低。在日常意义上，工人被生存的需要所绑架，这种绑架是非自主的，在资本家阶级满足"考究的需要"的时候，他们却为工

---

① 《马克思恩格斯文集》第1卷，人民出版社，2009，第163页。
② 《马克思恩格斯选集》第1卷，人民出版社，2012，第58页。
③ 《马克思恩格斯文集》第1卷，人民出版社，2009，第233页。

作、为生活苦苦挣扎。

总之，无论是工人阶级生活的异化还是资本家阶级生活的异化都是伴随着劳动异化展现出来的生活现实。本来，人在劳动中应该享受生命的乐趣，但是在特定的社会关系、社会所有制下，劳动的异化带来的是社会主体生活的异化。

二 劳动异化中生命活动的自由丧失

劳动异化也使人的生命活动的自由丧失。正如卢梭所言，人生而自由，但是在现实中，人又无处不在各种禁锢中变得不自由。和启蒙思想家对自由的关注的抽象性、思辨性不同的是，马克思更关注现实的人的自由的实现。在现实的私有制下的劳动，自由的丧失主要表现在以下几个方面。

（一）自由发挥能力的丧失

劳动异化过程中主体人的自由发挥能力丧失。马克思指出："劳动的异己性完全表现在：只要肉体的强制或其他强制一停止，人们就会像逃避瘟疫那样逃避劳动。外在的劳动，人在其中使自己外化的劳动，是一种自我牺牲、自我折磨的劳动。"[①] 马克思在这里所说的自由是指人能够自由发挥自己的体力和智力，是劳动中的自由自在的状态。自由自在状态在主体的感觉上体现为舒畅，是主体对自身的肯定，是主体幸福的体现。自由发挥自己的体力和智力是指人的能动性的发挥。因此，我们可以说马克思对劳动中自由的强调，是在现实劳动活动过程中对劳动主体的感受、主体的状态的关注，马克思在这里所说的自由是主观性的自由。当然，我们必须看到，马克思在这里所说的主观性的自由，是应然状态的劳动的一个环节，不是独立存在的。

劳动是主体自身需要的满足而非来自外部的强制。这一思想十分深刻。也就是说，在马克思看来，劳动自身应该是自足的。劳动原本是生活的一种需要，正如歌舞是生活的一种需要一样。当劳动不是自足的，而是依赖于外部的条件和环境、外部的目的和要求的时候，劳动只是一种手段，因而它就具有工具性。作为工具性的劳动对人来说，人在其中

---

① 《马克思恩格斯文集》第1卷，人民出版社，2009，第159~160页。

更多的是否定自身而非肯定自身，因此他感受到的更多的是不幸而不是幸福。理想意义上的劳动应该是人感到幸福的劳动，是自足的劳动。

在异化劳动条件生产生活本身不过是满足维持肉体生存需要的手段，而人的类特性则在于自由的、有意识的活动。由此可见，现实生活仅表现为生活的手段。异化劳动在夺取人的生产对象的同时，也就夺去了他的类生活，也就是他表达自身生命，实现自己自由能动性的凭借条件。异化劳动也就如此把自主活动、自由活动贬低为手段。

这种异化关系在资本主义中不断地被生产出来。自由发挥能力是一个民族、一种文明形态发展的重要能力和条件，一个民族、一种文明形态要想更好地发展，要先将其成员从肉体需要的奴隶地位解放出来。他们首先必须有能够进行精神创造和精神享受的自由时间，而劳动组织方面的进步会赢得这种自由的时间，为人的自由发挥能力创造条件。

（二）活动的自由的限制

马克思说："劳动的外在性表现在：这种劳动不是他自己的，而是别人的；劳动不属于他；他在劳动中也不属于他自己，而是属于别人。"[①] 工人在劳动中现实意义上失去自我，这种失去自我的本质和人在宗教中失去自我具有共同点。工人在劳动活动中的自由自主性丧失。马克思从劳动中的自我和他者的关系角度，揭示了劳动活动的非自由性。具体来说，宗教中，人崇拜、信仰先验、至高无上的上帝，上帝主宰了自我。而在资本主义雇佣劳动中，作为被雇佣的工人阶级，他们的劳动不属于他们自身，他们不是劳动活动的主人——雇佣者，是资产者。雇佣者是劳动活动的主宰者。

人在劳动中应然的活动自由和现实劳动活动中的限制形成了鲜明的对比。人的活动和动物活动不同，人的生命活动是有意识的活动，生命活动本身就是意志和意识的对象。人的活动的对象即为自己的生活，生活属于他自己，因而他在生活中是自由的。但是在雇佣劳动活动中工人的劳动活动是异己的，是不属于他自己的。人的活动的自由性还表现在他的活动克服了动物生命活动的片面性，他的活动是全面的，人超越自身的需要进行生产活动。这是人的自由的体现。人的劳动活动应该是自

---

① 《马克思恩格斯文集》第 1 卷，人民出版社，2009，第 160 页。

足的，劳动活动不是为了他人的目的，不是受他者制约的活动。但是在现实中，在雇佣劳动条件下，工人的劳动活动却具有非对象性、非自由性、非全面性。在资本主义条件下，受到资本家追逐利润，扩张财富的制约，服务于资本增值的目标。康德在《道德形而上学原理》中说："由于目的是所有理性动作者都想望的，由于他的本性就是他自身的幸福，因此实践命令所责成的行为是'明智'的，并在这一意义下是善良的。"① 道德上的善本身是自足的，它是自己的目的，它的活动就是它的目的本身，如果一个行为，它的目的来自外部，那么这个行为则会成为手段。

正如马克思所言："结果是，人（工人）只有在运用自己的动物机能——吃、喝、生殖，至多还有居住、修饰，等等——的时候，才觉得自己在自由活动，而在运用人的机能时，觉得自己只不过是动物。（所以，色情和体育活动比较发达。——注）动物的东西成为人的东西，而人的东西成为动物的东西。吃、喝、生殖，等等，固然也是真正的人的机能。但是，如果加以抽象，使这些机能脱离人的其他活动领域并成为最后的和唯一的终极目的，那它们就是动物的机能"。② 这里说的动物的机能都属于生活领域，而他所说的人的机能则属于职业领域。职业领域的活动是生活领域存在的基础，也是人自由的体现的主要领域，但是因为在这一领域人的自由自主性的丧失，人的劳动活动却体现出非人性。

三 生活世界的矛盾：个体与共同体

劳动的异化带来了人的生活状况的异化，带来了生命活动的异化、人的自由的丧失等。这一切的发生从根源上说离不开分工的社会化发展和私有制。随着高度发达的社会分工，劳动产品和劳动者分离，财产属于不同的所有者，这种分离导致了劳动的异化使人的存在处于一种分裂的状态，这一过程是在社会矛盾的推动下辩证地进行的过程。这一深层矛盾就是特殊利益与共同利益的矛盾。特殊利益与共同利益的矛盾是生活世界变化的内在矛盾。生活世界的状况是这一矛盾的外在表现。这一

---

① 〔德〕康德：《道德形而上学原理》，苗力田译，世纪出版集团、上海人民出版社，1988，第137页。

② 〔德〕马克思：《1844年经济学哲学手稿》，人民出版社，2000。

矛盾随着工业化的发展达到一定程度出现了劳动异化，劳动异化的扬弃也必将随着这一矛盾的化解，人的生活世界的变化而呈现出来。

（一）共同体的批判

在理论上，把劳动与共同体相联系，可以追溯到黑格尔。黑格尔的共同体思想从本质上是把古希腊以来的西方伦理共同体精神与近代的自由主义精神的统一作为现代国家的内在逻辑。在这一自由主义与共同体理念的结合中，劳动是沟通自由主义和共同体精神的桥梁，也就是在这一意义上劳动成为黑格尔伦理共同体中的元素。对黑格尔而言，哲学是时代精神的精华，哲学体现了时代精神。在《精神现象学》中，劳动成为个体走向普遍性的中介。在《历史哲学》中，虽然黑格尔没有专门论述劳动，但是黑格尔把人的劳动看作绝对精神实现其自由本性的体现，劳动是地域史转向世界历史状态的手段。绝对精神的发展史一定意义上就是世界历史的发展史，所以黑格尔的这一论断实际上等于肯定了劳动在其哲学中的地位、在世界发展中的地位。黑格尔在对世界历史的普遍性的强调中，强调了对主体的热情与欲望以及世界历史的精神特征的认知。黑格尔认为："第一是那个'观念'，第二是人类的热情，这两者交织成为世界历史的经纬线。"[①] 这段话中，黑格尔所说的"观念"就是实体性的绝对精神，它不仅具有自由的特性，而且它具有发展的特性。正是绝对精神与人类热情，主要体现为劳动中的热情与欲望的相互交织，人类历史才不断地朝自由迈进，历史在不断地发展中成为世界历史。黑格尔重视世界历史中人的自由普遍性，也重视个体人的自由。而当他在阐述世界历史的世界性的时候，更多的是强调自由的普遍性，强调世界历史的普遍性，一定意义上就是强调共同性。世界历史由此不再是一个人的，也不是少数人的，而是所有人的，是共同体的。

在《精神现象学》中，黑格尔专题论证了劳动对共同体的作用，他所用的方法是主奴关系辩证的转化。在黑格尔看来，劳动"陶冶了事物"，因为这种作用，主奴关系在共同体中发生了转变。黑格尔认为："在劳动和满足需要的上述依赖性和相互关系中，主观的不但获得它们的

[①] 〔德〕黑格尔:《历史哲学》，王造时译，世纪出版集团、上海书店出版社，2006，第21页。

完全发展，以及它们的权利获得明白承认（如在家庭和市民社会的领域中那样），而且一方面通过自身过渡到普遍物的利益，一方面它们认识和希求普遍物，甚至承认普遍物作为它们自己实体性的精神，并把普遍物作为它们的最终目的而进行活动。其结果是普遍物既不能没有特殊利益、知识和意志而发生效力并底于完成，人也不仅作为私人和为了本身目的而生活，因为人没有不同时对普遍物和为普遍物而希求，没有不自觉地为达到这一普遍物的目的而活动。"[1] 家庭、市民社会和国家是黑格尔思想中三种个体与共同体不同关系的共同体形式。在这里，黑格尔通过抽象的思辨强调了劳动中个体主体权利的确认。在黑格尔的思想中，家庭是个体和共同体的直接统一，市民社会是个体自由与共同体的冲突，国家是个体自由与共同体自由的实现。三个不同类型的共同体是一个否定之否定的关系，即家庭（肯定）—市民社会（否定）—国家（否定的完成）。三个共同体中，个体与共同体的关系是一对基本的关系。在黑格尔的视域中，个体是个人利益的形式，共同体是普遍利益的形式。个体意义上的权利和普遍利益之间还是有鸿沟的。因此，黑格尔反对单个人意志的自由，希望通过教育使人们在理性国家内过着一种伦理生活。而且黑格尔认为，个人的主观自由的权利，只有在个人成为具有良好法律的国家公民的时候才能得到实现。

　　黑格尔视域中的劳动的实质是精神性的。在耶拿时期，黑格尔把劳动看作理性活动、精神的形式。在《精神现象学》中，黑格尔在谈到劳动的作用时强调劳动对事物的陶冶，他所说的陶冶实际上是指在劳动中主体精神内涵的变化。在《法哲学原理》中，黑格尔强调了劳动对需要的满足。黑格尔认为，在劳动中主体性得以体现。劳动是精神外化，使人的时间存在得以延展。在这个意义上人突破了动物的局限性。劳动对自然的形式进行重塑，通过这种重塑，使质料具有了满足人的需要的有用性。劳动对于自然的塑形是内在的建构，不是无中生有，也不只是外观上的改造，而是建立在满足人的需要基础上的塑造。劳动具有历史的内涵。劳动抛弃了人对自然的依赖性，突破了时空的局限性，在历史的发展过程中使人的主体性得到发展。

---

[1] 〔德〕黑格尔：《法哲学原理》，范扬、张企泰译，商务印书馆，1961，第312页。

马克思在劳动基础上构建了他的共同体思想，这种构建和黑格尔有一定的渊源关系，但是马克思的共同体思想和黑格尔的绝对精神共同体又有质的区别。尽管马克思对共产主义的理解一定意义上带有黑格尔的国家伦理思想的烙印，但是马克思所理解的劳动与共同体已与黑格尔有了根本的不同。

马克思恩格斯在《共产党宣言》中以"联合体"来表述他们的共同体思想："代替那存在着阶级和阶级对立的资产阶级旧社会的，将是这样一个联合体，在那里，每个人的自由发展是一切人的自由发展的条件。"[1] 在马克思恩格斯的思想中，共同体是一个自由人的联合体。对于马克思思想中的劳动与共同体的关系，美国学者汉娜·阿伦特指出，在马克思的思想理论中，"作为人类营生活动的劳动，不再被严格地看作属于私人领域里的行为，而堂堂正正地进入了公共、政治领域里的事实，才是他学说的重要部分"[2]。这样，伴随着劳动从私人领域转化为公共、政治领域，随着社会的发展，阶级对立得以消失，理想的共同体得以实现。马克思的共同体的批判与构建遵循的逻辑是宗教解放—政治解放—经济解放，也正是在这一逻辑下马克思构建了历史唯物主义基础上的共同体批判与共同体理想。

马克思对资本主义虚假共同体的批判是建立在对劳动异化的批判基础上的。在马克思看来，资产阶级社会的现实形态就是资本和劳动的交换关系，这是资本主义社会运动的轴心。也正是由于这一轴心的存在，让雇佣工人处于终生被奴役的受贫穷的地位，受人格化的资本——资本家的奴役。在这一认识基础上，马克思认为，资本主义的国家共同体是虚假共同体。首先，这种虚假性表现为根基的虚假性。异化劳动是资本主义国家共同体存在的前提，是资本主义国家共同体存在的基础。劳动是人确认人自身本质的活动，但是在资本主义国家共同体中劳动为资本控制，成为资本的工具。虚假共同体中的劳动充满了偶然性，这种偶然性是指劳动活动和劳动者的真正需要疏离，劳动只是满足社会需要的手段。在这种偶然性的关系中，劳动者与其所从事的劳动总是受外在目的

---

[1] 《马克思恩格斯选集》第1卷，人民出版社，1995，第294页。
[2] 〔美〕汉娜·阿伦特：《马克思与西方政治思想传统》，孙传钊译，江苏人民出版社，2008，第13页。

的支配，其生存活动处于与自身目的不一致的状态。劳动的客观条件不是劳动者自身发展的条件，客观条件独立于劳动者本身而存在。异化劳动存在的条件下，劳动分工在一定意义上不是主体基于自觉自愿的选择，分工凝固化，"打鱼"、"狩猎"以及"理论批判"等工作之间有了严格的限定，各自局限于自己特定的区域，很难实现跨界转移。

其次，资本主义共同体的虚假是本质规定的虚假。共同体的一般规定是人与人之间的关系、人与自然之间、人与自我之间关系的总和。共同体中，种种关系一定意义上都是人的类本质的实现。但是在资本主义共同体中，个人与共同体的关系，体现为一种偶然的统一性，真实意愿和现实生活处于隔离状态。也就是说，在这种状态下，人表现出来的自我和真实的自我、真实的自我和现实的生活都处于隔离状态。在机器大工业的发展背景下，人成为单向性的存在物，共同体成为一个有机机器，人只是其中的一颗微不足道的螺丝钉。人与人的关系仅是一种抽象的普遍性，人们之间现实的交往关系被彻底物化。人与自然的关系成为利用与改造的关系。

最后，资本主义共同体的虚假性表现为共同利益的虚假化。共同利益只是美好的概念，实质上共同体利益只是作为统治阶级的资本家阶级利益的体现，是资本家阶级共同利益的体现。在资本主义共同体中，共同利益是一种虚幻的形式，之所以是虚幻，是因为这时呈现出来的共同体其实不是代表全体民众利益的共同体，它大部分时候同全体利益相脱离，甚至是相违背的。虚幻的共同体中，资本或资本家实际上是这一虚假共同体的真正的主导者。他们将自身的特殊利益粉饰成共同体的普遍利益，以他们的特殊利益取代了全体民众的普遍利益。从资本主义社会的阶级来看，这一共同体是由资本或资本家阶级所主导，共同体是资本或资本家阶级利益的共同体。资本主义社会中的其他阶级，如农民、工人等劳动者在这种共同体中不是以人的形式，而是以物或工具的形式存在。这种共同体是建立在交换价值的基础上，以平等、自由的表象体现出来。在共同利益的虚假化之后，阶级对立、政治制度的较量、内在的剥削本质，以及资本主义思想文化体系中意识形态的抽象性也都被"普世价值"的外表遮蔽了起来。

拨开虚假共同利益的迷雾，我们从现实的劳动根基出发，将资本主义国家虚假的共同体进行复位，一切就都变得澄明起来。在资本主义虚假共同体中，隐含着这样的矛盾：有产者和无产者之间的矛盾。虚假共同体中，经济活动的目的除了利益目的，没有其他的目的。资本主导的经济不断地将劳动者和劳动的客观条件无情地推进交换市场，去获得利润和超额利润。虚假共同体的政治制度是维护资产阶级利益的统治工具，是对无产阶级进行奴役统治的工具。资本主义国家社会的主流文化价值体系是以抽象的自由、民主、平等等核心价值为目标，但是价值目标的实现却具有非现实性。总之，资本主义是虚假的共同体，从伦理关系角度，马克思对其虚假性的批判是为了建立一个真正的共同体，以实现劳动者的利益，确证人的本质，使人的本质真正回归人自身。

（二）个体与共同体的自然统一与分离

原始部落时期个体利益和共同利益处于一种自然低级的统一状态。在人类社会早期，分工不发达，家庭产生的自然分工在部落的发展中占有很重要的地位。随着被恩格斯称为第一次人类社会的大分工——农业和畜牧业的分工，这次分工不仅仅是纯自然的分工，也有氏族之间的分工，还体现了分工的社会意义。在这一过程中阶级分化为劳动异化和私有制的进一步发展奠定了基础。但是从整体上来看，第一次社会大分工、自然分工在整个社会分工中还是占有基础和主导地位。在自然分工基础上的原始氏族部落首先是一个共同体，氏族的首领是共同体的代表，氏族的财产是公有财产，部落长是公有财产的代表者。这一时期的个人是不独立的，是从属于氏族的。马克思认为："我们越往前追溯历史，个人，也就是进行生产的个人，就显得越不独立，越从属于一个更大的整体。"[①]

氏族共同体中个体利益和共同利益的统一是建立在自然血缘关系基础之上的。这一时期的社会分工主要是氏族之间的分工，而氏族内部则是在血缘基础上的共同体关系占主导地位。在氏族社会发展的后期，为了维护氏族的共同利益，抵御外敌，氏族发展成为国家。用暴力来维护统治阶级的生活条件和统治就成为国家的重要目的。

个体与共同体的分离。国家的产生在一定意义上是共同利益、普遍利益发展的产物。国家产生以后，由于分工，国家在形式上获得了对公

---

① 《马克思恩格斯全集》第12卷，人民出版社，1962，第734页。

共利益的管理权。正如恩格斯所说:"这样一来,国家就构成一种貌似独立的力量。"① 但是国家产生后,它对公共利益的代表只是形式上的,在实质上,国家是统治阶级利益的代表,它反映的是统治阶级的利益。马克思指出:"无名的议会制共和国的统治则能够变成统治阶级所有相互敌对的集团的股份公司。"② 在这样的国家中,当个体特殊利益与公共利益处于合理张力的时候,社会就会发展进步,人的发展也能够得到相应的保障。反之,当二者矛盾激化,则会使社会发展及人的发展深陷动荡之中。

当社会不断进步,工商业和农业产生分离,这是人类文明史上的一次重要分工。这一次分工和以往分工不同,这次分工使得城乡的分离与对立加剧。蕴含在这次分工之中的体力劳动和脑力劳动的分工、物质劳动和精神劳动的分离与对立使城市和农村的对立加剧,农村屈服于城市,受城市的奴役。工业革命后,工商业进一步发展,交换关系成为普遍性的社会关系。

社会性分工在整体分工中不断战胜自然分工,占据主导地位过程中,分工的深化,促进了社会化程度的加深,公共资源的整合利用,公共利益的需求凸显。社会化的分工促进了物质的进步、社会的发展。分工迫使社会占有资源,进行生产,从而主导分配的趋向不断地增强。私有制的发展在资本主义生产方式下最具典型性。分工、私有制在资本主义生产方式下,使人的生存状况异化。马克思说:"一个阶级的任何新的解放,必然是对另一个阶级的新的压迫。"③ 在资本主导下的国家,公共利益被资本为代表的特殊利益阶层所主导,而生产力的发展、社会的发展、人的发展需要公共利益从资本代表的特殊利益的束缚中解放出来。这一矛盾的进一步发展推动着国家治理的不断完善和变化。

(三) 个体与共同体的弥合

在理想的自由人联合体中,个体利益和公共利益分裂得以弥合。"自由人的联合体"是马克思理想的历史运动的目标。马克思在《资本论》

---

① 《马克思恩格斯全集》第3卷,人民出版社,1960,第213页。
② 《马克思恩格斯全集》第17卷,人民出版社,1963,第660页。
③ 《马克思恩格斯全集》第21卷,人民出版社,1965,第201页。

中说:"让我们换一个方面,设想有一个自由人联合体,他们用公共的生产资料进行劳动,并且自觉地把他们许多个人劳动力当做一个社会劳动力来使用。"① 在"自由人的联合体"中,劳动所用的生产资料是公共性的,不同的劳动力组成了一个有机统一体,在这样的共同体中,劳动扬弃了异化,劳动力得到了解放,从而也使人得到了解放。

"自由人联合体"是劳动异化的克服,是人的力量能够驾驭人自身的活动。在自由人的联合体中特殊利益和共同利益之间的分裂得以弥合。非自愿意义上的分工被扬弃,人本身的活动不再是一种异己的、自身对立的力量。这种"异己"的力量的消除是建立在生产力高度发达的基础上,是分工所带来的压迫的消除,在自由人的联合体中劳动不再只是谋生的手段,劳动不再是让人不堪忍受的东西。

第二节 雇佣劳动背景下人与自然关系的变异

在资本主义私有制下,劳动异化不仅带来人的生活世界的巨大变化,而且也给人与自然的关系带来了巨大的变化。资本操控下的自然界的工具化使得人类物质文明发展的同时,生存环境变得危机重重。

一 雇佣劳动促使自然界沦为手段和工具

人与自然的关系和人的社会关系是分不开的。人对自然界的特定关系,是受社会形态制约的;反之亦然,自然界与人的关系制约着社会的形态,即人与人之间的关系。② 在前资本主义时期,人受自然界支配,随着工业化的发展,人通过劳动深刻地影响着自然界。人和自然的关系是通过一定的生产方式实现的。马克思说:"只有在这些社会联系和社会关系的范围内,才会有他们对自然界的关系,才会有生产。"③ 在雇佣劳动中,人和自然的关系是一种"为我关系",自然沦为人的手段和工具。人们从资本的需要出发,关注的是自然界的有用性,探索、发现自然物的使用价值成为首要任务。在资本主义社会形态中,自然界是作为主体

---

① 《马克思恩格斯文集》第5卷,人民出版社,2009,第96页。
② 参见《马克思恩格斯全集》第3卷,人民出版社,1960,第35页。
③ 《马克思恩格斯全集》第6卷,人民出版社,1961,第486页。

的人的有用对象，以有用物的形态呈现。在劳动异化的背景下，自然服从于资本所有者即雇佣者的利益需要，服从于资本对财富的渴求。对自然有用性的关注超越了自然的其他属性，自然在现实的活动中被片面化、狭隘化。在异化劳动中，自然界沦为失去内在价值的工具，不再被认为是一种自为的力量。

在雇佣劳动中，人丧失了对自然的崇拜。在早期的人与自然关系上，人对自然有一种崇拜、一种敬畏的因素。崇拜和敬畏是由多种原因形成的。这种崇拜和敬畏是由于人对自然的感恩之情，也有人对自然的神秘未知而产生的恐惧，还有风俗习惯等因素。在资本主义生产方式下，一方面，人克服了民族界限和民族偏见，扩大了交往，发展了物质文明；但是另一方面，人对自然的敬畏、崇拜也随之跌落。

马克思主义认为，人类把自然界当作"对象"与"客体"进行设置和建构，并且在现实的实践中加以客体化地运用和对待，这是资本主义生产方式下的典型意义的历史现象。这种人与自然的对象化、客体化的关系并不是在历史长河中一成不变的主客体关系，而只是存在于资本主义社会的人与自然的关系中。人与自然的关系是随着劳动的社会组织形式的发展而不断地变化发展的。占有式的人与自然的关系使自然工具化、自然的内在价值丧失，这将会为人的生活世界的进一步发展带来隐患。

二 劳动屈服于资本下的自然戕害

马克思在《资本论》中指出，资本在追求价值的过程中必须吸收三种"自然力"：劳动力（人力资源）、自然界的"自然力"（自然资源）、社会劳动的"自然力"（社会分工协作中所蕴含的生产力）。由资本逻辑所驱动的现代工业文明的蓬勃发展导致了一系列全球性生态问题，相对于经济危机、社会危机而言，资源枯竭、空气污染等，对人类来说更加具有深刻的感受性和尖锐性。

（一）双重戕害

劳动屈从于资本的统治，一方面造成了对人自身这个自然的"无机身体"的戕害，即伤害劳动者的肉体；另一方面还造成了对自然界本身的危害。马克思在《德意志意识形态》中认为，人对自然界的支配传统上是运用自然形成的生产工具，也就是我们常识理解的生产工具，实现对自然界的支配。还有一种生产工具,即由文明创造的生产工具,即劳动产品,或者是积累起来的劳动"资本"影响自然,改变自然。自然形成的生产工具对自然界的支配具有直观性,运用这一生产工具所有者对非所有者的支配可以依靠个人关系,在共同体中实现。实现资本的支配、统治关系需要通过货币的形式得以实现。

在资本逻辑主导下的自然界实质上是一种实用主义的自然观。自然界在这种实用主义模式下,自然是按照人的需求。当然这种需求只是为了满足市场交易的需求而被切割了的自然,自然本身是没有尊严的,其所有的只是使用价值,是实用、是片面化、是整体性的丧失,是不包含美感在内的。实用主义模式下的自然观实际上是对自然界的"真正蔑视"和"实际的贬低"。海德格尔形象地描述了被纳入经济学考量的莱茵河的情形:"水力发电厂被建造在莱茵河上,并不像一座几百年来连系两岸的古老木桥。……它是它现在作为河流所是的东西,即水压供应者,来自发电厂的本质。"[①] 莱茵河被歌德称为"父亲"之河,它是一个民族的精神象征。德国诗人荷尔德林称赞莱茵河是"生而自由的",是"河流中最高贵的"。充满神圣、美丽的莱茵河在工业文明的冲击下被发电厂阻断,即就是作为旅游胜地的莱茵河也因为人工的设计失去了那种本应有的自然之美。莱茵河在工业文明的冲击下美感的丧失只不过是诸多案例中的一个典型。

我们在肯定资本权力支配下的生产劳动聚集着社会的历史动力功能的同时,要深刻认识其"破坏着人和土地之间的物质变换,也就是使人以衣食形式消费掉的土地的组成部分不能回到土地,从而破坏土地持久肥力的永恒的自然条件"[②]。物质变换思想作为马克思的重要思想之一,强调人与土地之间的物质循环为物质变换。人与土地之间物质变换的正常进行有着重要意义。劳动是人与土地物质变化的形式。在农业劳动中,人与土地的物质变换顺利实行,土地的肥力得以保障,人的社会生活供给才能有所保障,人才能实现可持续发展。但是在资本支配下,资本主义农业的发展,带来的是攫夺劳动者及掠夺土地技巧的发展。在资本的

---

① 〔德〕海德格尔:《海德格尔选集》,孙周兴选编,上海三联书店,1996,第63页。
② 《马克思恩格斯全集》第23卷,人民出版社,1972,第552页。

支配下，土地的经营以牺牲土地为代价，并不具备可持续发展性，其所采取的短期内提高土地肥力的措施，主要还是满足交换价值的需求。在此背景下，土地变成了攫取财富的手段、工具，至于可持续发展，土地的长久价值等不在资本增殖的考虑之列。因此，对于资本周转时间比较长的产业，如林业，资本的逻辑操控只能带来灾难。在西方工业文明的发展过程中这一方面也得到了印证。资本的扩张带来了森林等生态环境的破坏，实践证明，投资—受益模式的操作并不适合林业的可持续发展，不适于森林的养护和再生产。

资本的统治不仅造成了对外部自然界的伤害，而且还造成了对人自身自然的伤害。在雇佣劳动中，资本权力的介入使工人从属于资本，在资本统治劳动的过程中，造成了对雇佣劳动者的摧残。马克思恩格斯以科学的眼光洞察了雇佣劳动者在资本主义社会中的命运，指出："资本由于无限度地盲目追逐剩余劳动，象狼一般地贪求剩余劳动，不仅突破了工作日的道德极限，而且突破了工作日的纯粹身体的极限。它侵占人体成长、发育和维持健康所需要的时间。它掠夺工人呼吸新鲜空气和接触阳光所需要的时间。它克扣吃饭时间，尽量把吃饭时间并入生产过程，因此对待工人就象对待单纯的生产资料那样，给他饭吃，就如同给锅炉加煤、给机器上油一样。"①

（二）戕害中自然审美价值的丧失

自西方工业革命以来，人类对待自然占主导地位的是"用"的态度，审美的态度也有，只是审美随着市场的发展也产生了变异，受到了市场化的污染。我们忘记了自然"本体"的存在，忘记了自然存在的自身的价值和意义，只有在为"我"的意义甚至是市场的意义上才关注自然的存在。近年来，自然的报复，即温室效应、气候变暖、沙尘暴以及资源的大幅减少，人类的可持续发展受到威胁，不断地提醒人们，我们是时候应该尊重自然、敬畏自然了。

自然本身是体用结合的统一体。自然有其存在的独立性、本体性，它不以人的意志为转移。在地球上、在宇宙中自然有其独立自在性。它不仅仅为人而存在，相反人的存在不能离开自然。人要承认自然的独立

---

① 《马克思恩格斯全集》第 23 卷，人民出版社，1972，第 294~295 页。

自在性。当然，我们不排斥自然的价值，也就是自然为人所用的一面。在一定意义上，自然是体用两个方面的结合体。我们要利用自然，为我们的生存和发展奠定基础，创造物质财富、精神财富。自然的体用通过劳动形成人的社会、人的历史与文化的有机构成部分。

过度的用，如资本主义生产方式下追求利益的最大化，完全无视自然是独特性、客观性、自在性的存在。过度的用，就是工具化的使用，自然成为我们生活的螺丝钉，对我们来说只有在发挥它的作用的时候，也就是只有被利用的时候，我们才明确它的价值。自然的功能被工具化的同时也被片面化。我们只有克服这种片面化、工具化，才能使自然摆脱工具性质。

人自身的工具化是自然工具化的重要体现。物欲控制了人自身，造成行为上对自然的过度使用和人自身的神圣性等特点的丧失。亨利·戴维·梭罗（Henry David Thoreau，1817~1862）对受物欲控制的物质主义的生活进行了形象、深刻的批判。他认为，人们终日劳作的原因在于过度的物质需求，因此造成了在经济上与精神上都为物质所奴役的结果，使人不得自由。人们终日处于忙碌的劳作中，却并未对自己一直进行的生活进行自觉的理性的审视，只是沉湎于生活的现象，终日忙碌。人们并没有自觉意识到他们当下的生活是不是真正值得过的。梭罗还从劳动者行为与思想的关系，谈到二者巨大的落差："谈什么——人的神圣！看大路上的赶马人，日夜向市场赶路，在他们内心里，有什么神圣的思想在激荡着呢——他们看到自己的行业，知道自己是属于奴隶或囚徒这种名称的人。"① 没有神圣的思想的劳动行为，使人丧失了生命活动的神圣性。梭罗还谈到了劳动与生命本真生活的背离问题。在《经济篇》中，梭罗指出，人们终日劳作，过着无知、卑微的生活，丧失了生活本来的美好。他说，"我曾遇见过多少个可怜、永生的灵魂啊，几乎被压死在生命的负担之下"，"大多数人，即使在这个比较自由的国土上的人们，也仅仅因为无知和错误，满载着虚构的忧虑，忙不完的粗活，却不能采集生活的美果。"② 在负担、忧虑之下，人们的劳动与生命自然需求背离，

---

① 《马克思恩格斯全集》第 23 卷，人民出版社，1972，第 294~295 页。
② Thoreau, Henry David, *Walden and Other Writings*, New York: Bantam Books, 1981, p. 108.

忘记了生命的本真。在《贝克田庄》中,梭罗结识了一个终日拼命劳作、养家糊口的爱尔兰人。这个人需要更多的食物来补充体力,而为了获取更多的食物,他就需要更努力地、无尽地去工作,如此一来便形成了一种恶性循环,他的生活、生命就处于这种恶性的循环之中。

自然工具化的原因是多方面形成的。梭罗的分析对我们有一定的启发意义。梭罗主要是从需求、手段与目的、宗教与传统几个方面做的分析。对于这种劳动中的人与自然关系超出生命活动本质需求的状况,梭罗认为,这种状况的形成首先是由于人无止境的欲望所造成的结果。人的欲望是无限的,总是得陇望蜀,一个欲望满足了又会产生新的欲望。除了归因于欲望之外,在现实中,把手段作为目的的思维方式也是重要原因。梭罗认为,现代科技成果,电报、铁路、飞机等都是工作,人从事其制造劳动,也就是说,从事的是手段性的劳动,不能把手段性的劳动作为生活的目的。生活的目的和手段,眼前的和根本性的还是有区别的,不能为了手段,忘记了目的本性。不仅如此,梭罗还从宗教与传统之中,寻求把自然工具化的原因。清教徒把创造财富看作上帝的荣耀,因此,沉溺于创造财富带来的成就感,处于各种忙碌之中,没有空闲和休闲时间。人们"找不到空闲来使自己真正地完整无损"。空闲和休闲时间对人来说十分重要,但是梭罗也看到,消极的空闲和休闲对避免工具化也是无意义的,而且是有害的。他认为:"学生得到了他探求的空闲和休息,他们根据制度,逃避了人类必然的任何劳动,得到的只是可耻的无益的空闲。"[①]

形成自然的工具化很重要的原因是商品化、市场化的发展。自然的工具化是和商品的市场交换的扩大化密切联系的。因为,劳动者的劳动产品不能具体体现劳动者的价值,劳动产品在市场上的交易要受到市场规律的作用和影响。人追求更多更好的房屋或者其他奢侈品使其陷入贫困。"等到农夫得到他的房屋,他并没有因此就更富,倒是更穷了,因为房屋占有了他。"[②] 通过对物欲控制形成的自然工具化的种种现象的考察,梭罗提出:"人类已经成为他们工具的工具了。独立、自然地,饥饿

[①] 〔美〕亨利·戴维·梭罗:《瓦尔登湖》,苏福忠译,人民文学出版社,2004,第39页。
[②] 〔美〕亨利·戴维·梭罗:《瓦尔登湖》,徐迟译,上海译文出版社,2009,第3页。

了就采果实吃的人已经变成了一个农夫,而在树荫下歇脚的人已经变成了一个管家。"① 这种反差促人反思,耐人回味。

(三) 人口、资源与发展的不平衡

资本快速增长带来了相对过剩的人口。鲍曼在《废弃的生命》中,描述了被资本所左右的现代性所制造出来的这样一个群体或者一类事物,"人类废品"(humanwaste),或者更准确的说法——废弃的人口 (wastedhuman)('多余的'和'过剩的',指那些不能或者人们不希望他们被承认或被允许留下来的人口)的产生"②。资本家追求资本的过程中,不仅会带来工业污水、工业废品、垃圾等,还带来了过剩的人口。这些人口是在资本追逐过程中,因为其不能被用来创造价值而遭到遗弃。这些人口的存在将会作为社会的冗余人员、消费资源等存在。同时这些人员因为发展的需要和自身的素养之间的差距又很难再次成为生产劳动过程中的一分子,很难再回到以前的状态。

资本快速增长以自然的稀缺性为前提。1972 年罗马俱乐部发表了《增长的极限》。在这篇宣告中,罗马俱乐部公开承认工业主义的多重性、全球性危机及其历史限度,预言经济增长不可能无限持续下去,因为石油等自然资源的供给是有限的,并且预言世界性灾难即将来临。近年来,罗马俱乐部关于自然环境的许多预测受到了广泛的重视。他们基于地球表面二氧化碳的增加,在三四十年前就预测了气候变暖的趋势。资本的复合式增长,还带来了资源的稀缺。稀缺源于需求与满足需求的能力有限之间的矛盾,即增长的限制成为生态思想的核心支撑。稀缺的概念,在当代从人口数量增长造成的生活资料的短缺,拓宽为一个更为普遍的各种自然资源及地球承载能力相对于人口需求密切相关的概念。和概念早期出现时候的含义不同,当代资源、能源的稀缺成为一个普遍的概念,而且是一个影响人类可持续健康发展的概念。总体来说,稀缺是一个社会历史范畴,随着时代的变化、社会状况的变化,稀缺的内涵和外延总在发生改变。在新世纪,随着现代化建设的迈进,受资本追求

---

① 〔美〕亨利·戴维·梭罗:《瓦尔登湖》,徐迟译,上海译文出版社,2009,第 40 页。
② 〔英〕齐格蒙特·鲍曼:《废弃的生命》,谷蕾、胡欣译,江苏人民出版社,2006,第 6 页。

利润的刺激，人类大肆从自然索取，从而破坏资源，使当代稀缺概念有了不同于以往的内涵。在当代，稀缺概念和人类社会的可持续发展概念成为人们关注的热词。

资本大肆侵入的同时也导致了城乡资源环境问题的对立和城市对农村的侵蚀。从历史发展的角度看，资本主义生产方式使近代中国城乡二元分化。城市以其劳动力集中、生活集中便利等优势，集中了高度的劳动生产率取代了农村大部分经济活动。工业化的高度发展强化了城市的支配、辐射作用。20世纪80年代改革开放后，随着对外开放，资本随着国家政策，向改革开放前沿集中。在中国近现代社会变迁过程中，城市对自然资源的消费、对自然环境的污染加剧，农村自然资源受城市支配，成为城市倾销产品、供给资源的空间。在工业化、现代化发展过程中城乡社会不可避免地遇到空气、水资源等与人类密切相关的环境被污染和侵蚀。福斯特认为在资本主义制度下，历史时间完全受制于资本力量，福斯特用地质时间的尺度警告资本主义生产方式的发展，认为它带来了资本主义农业的全部问题，带来了城乡对立问题。

资本快速增长依赖对使用价值的加速度消耗带来的环境与资源问题。"资本主义永远试图在一段时间内，在一个地方建立一种地理学景观来便利其行为；而在另一段时间，资本主义又不得不将这一地理学景观破坏，并在另外一个地方建立一种完全不同的地理学景观，以此适应其追求资本无限积累的永恒渴求。因此，创造性破坏的历史被写入了资本积累真实的历史地理学景观之中。"[①] 大卫·哈维用"创造性破坏的历史"来描述资本积累所造成的历史地理学景观。资本为了获取利润必须创造使用价值，创造第二自然界，但是与此同时其也在进行着破坏。这种创造性破坏的每一次活动都要消耗自然资源、能源，产生生产生活垃圾。人与自然的关系就是在资本的逐利追求中一点点被侵蚀、污染。

资本的扩张也带来了世界范围内的发展不平衡，发展差距加大。当代，发达国家借自由主义的名义，对发展中国家进行掠夺，其背后就是资本的力量。拉美左翼肯定了全球化本身是一种不可逆转的历史发展趋

[①] 〔英〕大卫·哈维：《新帝国主义》，初立忠、沈晓雷译，社会科学文献出版社，2009，第83页。

势的同时指出,当今全球化的本质是西方发达资本主义国家主导的新自由主义全球化,它是制造拉美社会混乱的根源。新自由主义主张缩小国家的作用,表面看来是要使国家现代化,但是在现代化的背后则是要摧毁国家;在劳工制度灵活的背后是要压迫工人,是要向资本世界和自由市场提供一切有利条件。委内瑞拉改革中的矛盾和冲突充分说明了这一问题。新自由主义是资本占统治地位的国家掠夺资源强加给世界的意识形态。"华盛顿共识"加重了第三世界各国的负担,为第三世界各国的发展人为地设置了障碍。

资本逻辑给自然带来的戕害不仅仅限于以上所述,这种戕害是深层次的文化戕害。资本逻辑给自然道德赋予了不同的内涵。其突出地体现为"节约"在资本逻辑下呈现出雇佣劳动下特有的内容。在农业为主的自然经济形式下,节约通常被视为主体的美德。但是在资本主义生产方式下,社会生产资料的节约却演变为资本家对工人的生活系统的剥夺,节约是雇佣者对被雇佣者的空间、空气、阳光以及生产过程中人身安全和健康的设备系统的有利条件的剥夺。在这一背景下,节约不是道德,而是非道德,是资本统治下劳动异化的典型表现,是工人的毒药。

资本逻辑主导下对劳动者自身的戕害是具有普遍意义的,它涵盖了社会生活的各个领域:工业、农业、商业贸易等领域。工业革命带来的不只是工业领域的变革,它也在摧毁着传统的农业,使得农业也按照工业的模式发生彻底的改变。因此,传统意义上的农民也就不存在了。农业变为工业化模式下的农业,农民也变成了工业化时代的农民,他们和雇佣工人一样经历着雇佣劳动者所遭遇的一切命运。马克思指出:"在农业中,象在工场手工业中一样,生产过程的资本主义转化同时表现为生产者的殉难历史。"[①]

三 资本以劳动、科学技术为中介恶化了人与自然的关系

资本权力借助于自然科学及作为其外化形态的技术对自然界的驾驭、支配和征服在促进社会关系的变化、生活方式的改变,促进社会文明进步的同时也恶化了人与自然的关系,使人与自然的矛盾愈益带有敌对的性质。

---

① 《马克思恩格斯全集》第 23 卷,人民出版社,1972,第 552 页。

（一）资本的增殖要通过科学技术去实现

德国学者齐瑟默尔认为，马克思主义把劳动看作价值的唯一源泉，认为资本主义的发展只是通过剥削工人——这样的看法太片面，因为资本主义的发展和进步不仅仅是劳动的产物，而且还是通过不断的科学技术进步实现发展。其实这也是对马克思思想的一个误读。马克思看到劳动在价值形成中的本源作用，但是并没有否认、也没有忽略科学技术发展在社会发展中的作用。

科技在现代背景下快速发展并沦为财富的手段。物质生产成为科学的应用场，是资本主义生产方式的特征之一。分工的发展、大规模的工业化与科学技术的发展构成了一个互促互动的动力群，在这一动力的牵引下，社会呈现快速发展的态势。马克思提出，19世纪不可否认的事实是"一方面产生了以往人类历史上任何一个时代都不能想象的工业和科学的力量，而另一方面却显露出衰退的征象"[①]。资本主义社会的快速发展是和科学在生产过程中的广泛应用分不开的。资本主义首次将自然科学应用与生产过程相结合，使科学成为生产财富的手段及工具。工业革命带来的快速的物质进步需要借助科学技术来解决实际面临的问题，以促进效率的提升。

"科学乃是现代的根本现象之一。"[②] 资本主义生产追求效率的最大化，而恰好科学蕴含非同一般的生产力效能。对科技发展的重视，在于对资本最大限度增值的追求，因此，也必然以科学及衍化形态的技术增强劳动效率，从而提高资本收益的有效工具形式。但是资本对科技的运用必须通过活劳动或者物化劳动去实现。社会再生产的实现是以固定资本、原料和科学技术的相互作用为前提实现，只有几种因素互为前提条件，科学才能发挥其作用，变成财富。资本的人格化的资本家阶级具有追求发财致富的贪欲，这种贪欲的实现需要借助资本的形式，通过提高劳动生产率成为现实。因此，资本主义生产方式的内在逻辑必然要把科学发展到它的顶点，虽然这种发展是利益支配下的发展。

资本利用科学技术，科学技术反过来又推动生产力，提升劳动者的

---

① 《马克思恩格斯全集》第12卷，人民出版社，1962，第3页。
② 〔德〕海德格尔：《海德格尔选集》，孙周兴选编，上海三联书店，1996。

素质等促进资本的扩张。"同劳动力所具有的伸缩性能一样,科学技术的不断进步,也会使资本具有一种在一定范围内不取决于构成该资本的已有财富量的扩张能力。"①

(二) 科学技术以资本支配劳动为中介狭隘化人与自然关系

马克思深刻地论述了科技进步对人类社会历史发展的积极意义,肯定了科学和技术的进步对生产力、对发展、对生产关系的变革,以及对生活方式的改变。恩格斯在《在马克思墓前的讲话》中指出,在马克思看来,"科学是一种在历史上起推动作用的、革命的力量。任何一门理论科学中的每一个新发现,即使它的实际应用甚至还无法预见,都使马克思感到衷心喜悦"②。科学技术推动了封建社会向资本主义社会的发展。工业革命中科学、技术、产业与社会相互作用使社会的发展呈现出繁荣景象。科学的发展、技术的进步推动着生产部门劳动生产力的发展,生产效率提高的需求也在推动着科学技术的进步。资产阶级是推动科技进步的主体,它既运用科技推动了社会物质的进步和发展,也为共产主义新世界的诞生奠定了阶级条件和物质基础。

科技推动社会历史发展背后的逻辑是:人按照需要,发现、探索物的有用属性,发现物的不同侧面的使用价值和使用方式。劳动对象潜在价值与科学发展、技术进步成正比。

资本主导的利润追逐下的生产方式中,科技的进步同时给人与自然的关系带来了巨大的风险。马克思认为,自然科学及作为其外化应用形态的技术一旦被纳入资本权力的支配之下,就不可避免地为人类过度利用自然带来危险的力量。资本借助科学技术的威力获得了一种超越自身单个作用的超强扩张的能力。在资本主义私有制下,劳动资料和劳动者相分离,科学技术活动与劳动者分离,把这些分离联系起来的关键节点是资本。在资本的逻辑下,劳动者与科技分离的实质是生产过程中智力劳动与体力劳动相分离,并且智力劳动成为资本的工具,对体力劳动形成了实质性的支配。工人的劳动、工人本身、科技的发展都从属于资本,生产发展的逻辑是工人在劳动的过程中本身的智力和专业的发展得以抑

---

① 《马克思恩格斯全集》第49卷,人民出版社,1982,第234页。
② 《马克思恩格斯全集》第19卷,人民出版社,1963,第375页。

制，科学成为异己的、敌对的和统治的权力。在这一发展的模式下，作为生产力发展的集中体现的"机器"蕴含着破坏力量的可能，这种可能在资本的扩张过程中由可能变为现实。在资本的逻辑下，科学的独立性的空间不断地被挤压，科学为现实服务的功能不断得到扩张。科学的发展中本来蕴含着多种的可能性，人性的和非人性的、善的和恶的，但是在资本的支配下，非人化的因素在逐利的逻辑下被极大地扩张。科学技术的风险是理性逻辑的风险，理性逻辑的风险在现实意义上体现为对自然性的违背。

资本支配下科技介入的劳动具有了反自然的特性。以机械运动为例证可以说明这一点。运动的形式多种多样，但是不同时代，在不同的科学技术条件下人类对于运动形式的使用，所运用的主导的运动形式是不同的。近代，随着牛顿力学的发展、蒸汽技术的运用，机械运动形式在工业革命后社会的发展中占据了重要的地位。机械运动形式处于主导地位背后的逻辑是工具理性的张扬带来的反自然性。在畜力作为主要动力时期，动物更多地展示的是自然天性的一面，但是在机械化时代，生命的使用，犹如牲畜被蒙起眼睛绕圈一样，按照一定的机械规律，固定的线路、固定的操作，失去了自然的多样性，也失去了自然的活力、生命力。

资本支配下科技介入的劳动模式下，人与自然关系片面化、狭隘化。人的需要、市场的交换、为交换而进行的生产、功利性的掠夺和获取，这一切都使得人与自然的关系片面化。与资本主义生产方式相对应，工具理性成为工业革命后人类认知世界的基本的、典型的、普遍的形式。"有用"与"认知"的这种密切的现实历史性的勾连成为工具理性背后支撑的思维方式。这一思维方式蕴含着让自然界更有效地满足人的需要，同时蕴含着自然界被进一步攫取的可能性。历史已经证明，在资本主义生产中这种可能性成为现实。我们需要明确的是人与自然的关系和人与人的关系是相互联系、相互作用、不可分割的。正是在这一前提下，我们看到，人与自然关系的狭隘性又和人与人关系的狭隘性彼此制约，这就是历史的真实与辩证法。前资本主义时期的这种"狭隘性"是建立在生产力发展水平比较低的基础上的狭隘性。这种狭隘性蕴含人对自然的宗教性的认知、对自然的宗教式的崇拜，具有一定的神秘性，是神秘性和现实性的结合。在现代，随着科学技术的发展，随着工业化过程中地域历史向世界历史的转变,世界性极大地拓展了人的认知视野,但是在资本的支配下,在人与自然关系的狭隘性又体现为私有制下对对象的"拥有",把对象仅仅作为资本增殖而存在,或者它被我们直接地占有,"被我们吃、喝、穿、住等等的时候,总之,在它被我们使用的时候,才是我们的"①。私有制使自然界在人面前被片面化、狭隘化为实用,没有了崇高,没有了审美,有的只是功利关系主宰下的"有用性"。当这一功利思维模式成为主宰的时候,林业商人看到的树林只是其商业价值,森林的氤氲之美、生命之独特性等就被忽略。资本主义私有制不仅是妨碍和贬损了自然的地位,狭隘化了自然的属性,而且也把人的感性、主观世界单向化,从而形成了人的感性世界的匮乏。人被束缚于粗陋的实际需要的感觉之中,感知的活力和动力匮乏,感性世界的丰富性被遮蔽。

(三) 使资本真正成为属人的资本与人的解放

对私有制的厌弃、对资本统治的挣脱,使资本真正成为属人的资本,不仅意味着人与自然关系的新境界,意味着被作为客体的自然的解放、自然属性的充分绽放,同时也意味着主体人的感觉世界、人自身生命的解放。这种解放的实现,在马克思的视域中是通过重建人的社会关系,是社会的所有制关系超越私有制的羁绊来实现的。也就是说马克思解决人与自然关系的狭隘化、片面化是从人与人的社会关系入手,以人自身社会关系的解决来解决人与自然的关系。进一步说,就是生态问题的解决其根本意义上是社会问题的解决。也就是说现代生态和环境的问题和危机,表象为人与自然的关系,但其根源于人与人的社会关系,不仅仅是一国,也涉及全球范围内的制度、体系等的安排问题。只有在理想的制度下,人与人的束缚性的关系被扬弃、人与人的关系的狭隘性被克服的时候,才有人与自然的关系被真正的解放。当此之时,才有人与自然关系的片面性、狭隘性关系的突围。

第三节 物的依赖性生存境遇

在马克思的理论逻辑中,商品拜物教是劳动产品异化在社会领域延

---

① 《马克思恩格斯全集》第42卷,人民出版社,1979,第124页。

伸的产物。在马克思看来，拜物教在资本主义社会中，不仅是一种普通的物化观念和存在形态，还是一种占主导地位的观念形态。马克思通过对商品拜物教、货币拜物教和资本拜物教等拜物教形式的批判，对资本主义制度下人的社会关系、人的生活状态进行了深刻的剖析。马克思沿着商品—货币—资本的逻辑，层层梳理了资本主义社会关系的内在肌理，在揭示资本主义生产生活方式本质的过程中显示了伦理的批判价值。

一 商品、货币、资本拜物教

《资本论》关于商品拜物教的篇章隐含着全部历史唯物主义。[①] 商品拜物教的批判是马克思劳动伦理思想的有机构成部分。商品拜物教的批判在马克思思想发展史、马克思主义理论中有重要的地位。认识马克思的商品拜物教思想对于我们深刻理解劳动异化的伦理内涵及价值意蕴十分重要。

（一）商品拜物教是商品经济发达的产物

拜物教起源于早期人类的信仰。原始部族把某个特定的物体当作具有超自然力的神灵进行顶礼膜拜。马克思所说的商品拜物教是和人类文明发展的特定阶段相联系，商品拜物教不是简单商品经济的产物，不是有简单的物物交换就有商品拜物教。商品拜物教是发达的商品经济发展的产物，是物物交换关系成为社会的主导关系，并且影响、主导人的思维的产物。在物质生产的社会关系上建立农奴和领主、陪臣和诸侯、俗人和牧师的关系，建立在以人身依附为特征关系的历史文化语境中的时候，物的交换关系只是社会关系的一个方面，社会的家庭关系、师徒关系、政治上的等级关系等这些关系都是和当时的社会发展水平相适应的关系。前资本主义社会，人们之间的关系没有披上物之间即劳动产品之间的社会关系的外衣。

作为商品拜物教产生条件的发达的商品交换主要有两方面的含义。首先是市场上有"庞大的商品堆积"。"庞大"一词直接表征了商品"量"的特征，这里的量我们还可以从商品的数目之多与商品领域的普遍性的规模之量两个角度去理解。其次，也是更为重要的，在整个社会上商品

---

① 参见《马克思恩格斯文集》第5卷，人民出版社，2009，第101页。

贸易的发展已经引起了社会关系的"质"的变化。商品是资本主义社会的基本细胞，当商品交换关系、商品的生产以及商品交换的组织形式渗透到社会生活的方方面面，就成了社会的普遍性的形式。不仅如此，这种普遍性影响着人的存在方式和思维方式，即人的社会生活行为和社会意识形态。总之，当商品交换关系成为资本主义私有制下普遍存在的，不仅主宰着现实的社会关系，而且成为人的观念形态的存在方式的时候，拜物教的产生就成为必然。在人类发展到资本主义阶段，商品问题便成为一个普遍的根本问题。商品在人类历史上早就存在，但是只有在资本主义社会里面，商品才在社会生活中取得统治地位，成为社会存在的典型方式。

拜物教是物的依赖关系形态的社会的典型体现。在人类文明发展史中，人有三种存在形态：人的依赖关系形态、物的依赖关系形态和人的个性自由发展形态。前资本主义社会属于人的依赖关系形态。资本主义社会属于物的依赖关系形态。马克思认为物的依赖关系无非是与外表上独立的个人相对立的独立的社会关系，也就是与这些个人本身相对立而独立化的、他们互相之间的生产关系，个人现在受抽象统治。① 商品、货币、资本拜物教都属于物的依赖性社会中的表现形式。

（二）以物的形式呈现的社会关系具有了主宰意蕴

拜物教的本质是人被自己创造的物所支配，而物的支配背后是人的社会关系。拜物教是以雇佣劳动为基础的社会关系异化的体现。商品好像是一个简单而平凡的东西。在商品社会中商品随处可见。从商品的使用价值而言，商品是劳动的产品，商品以自身的属性满足人的需求，没有神秘性可言。但是在拜物教那里，商品有了神秘性，有了超越物品自身的特性。商品的神秘性基于使用价值和价值的规定，但是又不来自商品价值规定的内容。商品的神秘性又确实存在，劳动产品一旦采取商品形式就具有了"谜一般性质"。马克思认为这种奥秘在于"商品形式在人们面前把人们本身劳动的社会性质反映成劳动产品本身的物的性质，反映成这些物的天然的社会属性，从而把生产者同总劳动的社会关系反映成存在于生产者之外的物与物之间的社会关系。由于这种转换，劳动

---

① 《马克思恩格斯全集》第46卷（下），人民出版社，1979，第111页。

产品成了商品，成了可感觉而又超感觉的物或社会的物"①。这就意味着，商品是劳动产品进入市场交换，当商品进入交换领域它就具有了普遍性，这种普遍性不是具体的使用价值所能承载的，这种普遍性究其实质是社会的普遍性，是社会总劳动关系的反映。

马克思认为："劳动产品作为价值，只是生产它们时所耗费的人类劳动的物的表现，这一发现在人类发展史上划了一个时代，但它决没有消除劳动的社会性质的物的外观。彼此独立的私人劳动的独特的社会性质在于它们作为人类劳动而彼此相等，并且采取劳动产品的价值性质的形式——商品生产这种特殊生产形式才具有的这种特点，对受商品生产关系束缚的人们来说，无论在上述发现以前或以后，都是永远不变的，正像空气形态在科学把空气分解为各种元素之后，仍然作为一种物理的物态继续存在一样。"② 马克思肯定了英国古典经济学所说的劳动是价值来源的论点，并且认为他们的看法具有划时代的意义，但是他认为只是认识到这一步还是不够的，必须看到商品作为物的背后的社会属性。商品拜物教的实质在于，物从人之中外化，进而物的有用性只能通过交换来实现③。商品范畴，本质上是人格的经济范畴化，是伦理通过生产、分配、交换等过程表现出来的自身。在不同社会中，在不同的阶级情况下，在不同的人群与其行为变化中，形形色色的商品交换、生产分配关系，体现着的是人对人的欲望、作用、影响，乃至于支配，也就是特定社会中的伦理道德。

货币是随着商品经济的发展而成为一般等价物的商品。马克思说："商品价值日益发展成为一般人类劳动的化身，货币形式也就日益转到那些天然适于执行一般等价物这种社会职能的商品身上。"④ 马克思把货币看成商品世界的完成形式，资本主义制度就是建立在以货币为媒介的发达的交换经济上。马克思说："人们自己的生产关系的不受他们控制和不以他们有意识的个人活动为转移的物的形式，首先就是通过他们的劳动

---

① 《马克思恩格斯文集》第5卷，人民出版社，2009，第89页。
② 《马克思恩格斯文集》第5卷，人民出版社，2009，第91~92页。
③ 参见《马克思恩格斯文集》第5卷，人民出版社，2009，第102页。
④ 《马克思恩格斯全集》第44卷，人民出版社，2001，第108页。

产品普遍采取商品形式这一点而表现出来。"① 在马克思看来，货币的本质是人与人之间社会关系的一种表现形式。在现实中人们容易眩惑于货币本身，仅仅把它当作单纯的符号，既没有认识到货币本身也是商品，也没有意识到货币作为价值形式的一种，其实质上体现了人与人的交换关系，它是商品的交换关系发展到一定历史阶段的产物。

马克思指出："货币是一种外在的、并非从作为人的人和作为社会的人类社会产生的、能够把观念变成现实而把现实变成纯观念的普遍手段和能力，它把人的和自然界的现实的本质力量变成纯抽象的观念，并因而变成不完善性和充满痛苦的幻象；另一方面，同样地把现实的不完善性和幻象，个人的实际上无力的、只在个人想象中存在的本质力量，变成现实的本质力量和能力。因此，仅仅按照这个规定，货币就已经是个性的普遍颠倒：它把个性变成它们的对立物，赋予个性以与它们的特性相矛盾的特性。"② 货币是把个性变成了普遍性的载体和手段，通过货币这一价值形式进一步完成商品的社会化属性。由商品到货币，在经济要素的流动中，社会化也不断地处于动态完成之中。

货币发展为资本，资本也就取代了商品成为拜物追逐的对象。资本拜物教把资本的价值增值当作资本自身具有的魔力，资本的魅惑力其实在其所包含的隐喻。马克思指出："资本只有一种生活本能，这就是增殖自身，创造剩余价值。"③ 资本的本能是增殖自身，只有不断地汲取活劳动其生命力才能旺盛。马克思在这里深刻地指出了资本的侵占、扩张的本质，这种侵占和扩张自身的本能就是对活劳动及其成果的支配。马克思在1844年就已经知晓了这一真相，在《雇佣劳动和资本》中，这一思想更加明晰，劳动力、设备、资源、空间以至于交通运输，这些人或者物的区分和各自的表面呈现在现实世界里是这样的不同，但是他（它）们却有一个共同点：在市场交换中他（它）们都是符号，是社会关系的符号，他（它）们是资本的物的表现形式，这种表现形式背后则是一种历史的社会关系。马克思认为资本的本质是社会关系的一种，是压迫和不平等的形式，其中充斥着对劳动者的剥削。所以马克思说："资本来到

---

① 《马克思恩格斯文集》第5卷，人民出版社，2009，第113页。
② 《马克思恩格斯文集》第1卷，人民出版社，2009，第246~247页。
③ 《马克思恩格斯文集》第5卷，人民出版社，2009，第269页。

世间，从头到脚，每个毛孔都滴着血和肮脏的东西。"① 资本依赖剥削维系其自身，或者说，剥削这种社会关系体现为资本的存在与膨胀。因而剥削、压榨内在于资本，资本的逻辑是剥削的逻辑、扩张掠夺的逻辑。

资本的发展体现着一种深刻的矛盾，其发展的逻辑也是一种悖论。但是现实是，正是这种悖论成为历史的真实，推动资本主义社会及其个人的发展。一方面资本及其逻辑对社会及人的发展起着积极效应，推动社会和人的发展，这种作用是建立在资本的解放性和创造性的基础上的。另一方面资本的本性是扩张和增殖，这种肆无忌惮的扩张和增殖又在伤害着社会及人的发展，使人性在它的威力下扭曲，使社会在它的张牙舞爪下变异。资本的发展有力地激发了人的欲望和生命活力。在它的推动下，生产力、生产关系不断发展，社会的物质文明和精神文明也在进步。同时资本在挥洒自己的本性中，把人性中贪婪的成分激发出来，而且在市场交易中不断地放大人类潜在的欲望。人类在对财富无节制的渴望和追求中一方面实现了技术的不断改进、生产方式的调整、管理的提升、劳动生产率的提高，在市场竞争的机制下不断推进社会和人的飞速进步，为人的发展提供了更多的机会和可能。资本的发展又给人世界制造了许多的恶。这就是历史的辩证法。

二　拜物教对社会伦理的影响

私有制基础上，市场经济背景下的拜物教的产生对社会伦理、对社会生活、对人与人的关系、对人性等产生了深刻的影响。

（一）人与人关系的物化表征

拜物教给我们揭示的是通过物及物与物背后的秘密，而这个秘密就是物的背后，物化关系的背后人与人的关系，雇佣者与被雇佣者、剥削者与被剥削者之间的关系。商品的交换背后是使用价值与价值、私人劳动与社会劳动的矛盾。劳动的社会性质首先表现为产品，表现为商品的自然形式及其规定。从商品表面上看，简单而又平凡，但是实质上它又蕴含着形而上的微妙和怪诞。马克思说："这只是人们自己的一定的社会关系，但它在人们面前采取了物与物的关系的虚幻形式。……在商品世

---

① 《马克思恩格斯全集》第44卷，人民出版社，2001，第871页。

界里，人手的产物也是这样。我把这叫做拜物教。"① 人是联系主观世界和现实世界的主体，无论是宗教世界的幻影还是现实世界的商品都是人的存在、人的状况的反映。因此以物的形式呈现的商品交换也是人的社会关系的交换。

商品、货币、资本、工资、利润、地租等这些物的表象背后是一般劳动和雇佣劳动的合一。资本无偿占有雇佣劳动者的剩余价值，资本增殖是表面现象，资本剥削雇佣劳动者的剩余价值是秘密。工资是以劳动报酬的形式体现的劳动者的使用价值。利润以资本收入的形式呈现，地租用土地所有者的收获来看也理所当然，这一切掩盖了它们是剩余价值的不同表现形式的实质。在实质上，物的关系表象下隐藏了雇佣者和被雇佣者的关系、资本家和工人的关系。资本家是人格化的资本。马克思通过分析资本社会劳动产品转换成商品的过程，解开了其中的奥秘。马克思把一般劳动最后归为雇佣劳动，而雇佣劳动中资本对劳动的支配，雇佣者和被雇佣者表面的自由选择实质上隐藏着资本对人对物的支配。资本的统治是资本主义生产方式下人与人关系的实质。而这种人与人的被资本支配的关系，是建立在资本的无限增殖、扩张的本性基础上的。

在资本主义社会里，资本在其演化、发展的过程中表现为道德上的二重性。一方面资本作为手段，客观上为人的解放和自由奠定了物质基础和条件，间接地促进了机器的改良和科技的进步，为社会和人的进步与发展提供了保障和发展的契机。因此，从资本的积极意义上看，它有其"善"的一面。另一方面，也是作为资本主义世界里面最深刻的逻辑同时也是现实的是，资本的本性和发展使人与物的关系被颠倒了。伴随着这种人与物关系的颠倒，被资本思维方式主导的价值追求渗透到人的头脑中，成为社会普遍意义的追求。其价值追求的本质是过分的功利化，如此又带来了人类社会诸多的恶。

效率的追求超过了人自身存在和发展的限度，效率压倒了一切，成为决定性的存在，而人反而不算什么。这种状况，最终造成了人的自由的破坏，即失去了选择的自主，取消了改变对象的激情，而迎来无力与疲惫。人被迫服从资本扩张、雇佣劳动的事实与要求，否则就会被淘汰

---

① 《马克思恩格斯文集》第5卷，人民出版社，2009，第89~90页。

出局，变为失业大军中的一员。这就是资本主义制度下拜物教的伦理特色。物的关系遮蔽人的关系，物的存在，物的量化、衡量尺度成为刚性的科学的尺度。属人的、为人的制度变成了疏离人的、去人的制度。客观性、客体性遮盖了主观性、主体性。

特殊的商品形式货币成为人们追求、崇拜的对象。在金钱面前人被外在的他者主宰，失去了人自身的定在。马克思说："他在这里只能作为丧失了自身的人、失去人性的人而活动。"[①] 对这一现象，马克思尖锐地指出："是一个着了魔的、颠倒的、倒立着的世界。"[②] 随着商品交换关系的普遍化，交换规则被抽象为一种成为支配人现实存在的依据。人本身不是目的而成为手段，人为外部的存在物所主宰、奴役而不自觉。

就此，人的社会关系成为物化的关系。在传统等级社会中，人与人的交往中世袭的身份、家族、血缘、出身等形成了存在的不平等和交往的不平等。商品经济的发展，市场交易的普遍化克服了传统等级制度下的不平等。人的存在和发展在平等、自由的理念下获得了解放。但是我们看到这种历史的进步却同时又蕴含着新的不平等。正如马克思所说："它撕下了罩在家庭关系上的温情脉脉的面纱，把这种关系变成了纯粹的金钱关系……它把医生、律师、教士、诗人和学者变成了它出钱招雇的雇佣劳动者。"[③] 这一不平等是如此普遍，以至于人们将它作为合理的事情接受下来，因而这一不平等又具有极强的隐蔽性。

当财富成为人的存在价值的尺度的时候，道德也便和财富联姻，这和人的真正意义上的生活就出现了背离，只有在不与人们的致富欲望、不与财富的扩张相冲突的道德才是合理的，道德的神圣性蒙上了厚厚的世俗尘埃。资本的本性决定了金钱标准被捧上了无形的神坛，道德价值的光辉在资本的无形的手中黯然失色。马克思愤怒地指出："货币的力量多大，我的力量就多大。"[④] 拜金主义深入、混淆，甚至颠倒了社会意识对社会存在的认识，马克思说："它把坚贞变成背叛，把爱变成恨，把恨变成爱，把德行变成恶行，把恶行变成德行，把奴隶变成主人，把主人

[①] 《马克思恩格斯全集》第42卷，人民出版社，1979，第19页。
[②] 《马克思恩格斯全集》第25卷，人民出版社，1974，第938页。
[③] 《马克思恩格斯选集》第1卷，人民出版社，2012，第403页。
[④] 《马克思恩格斯文集》第1卷，人民出版社，2009，第244页。

变成奴隶，把愚蠢变成明智，把明智变成愚蠢。"①

（二） 节约等农业社会的美德在资本世界有了新的内涵

勤俭节约是农业社会倡导的一种行为规范，也是一种美德。勤俭节约在人类文明史上成为道德的体现，不可忽略的一个基础是匮乏和有限性。由于生产能力、生产规模的限制，财富增长的有限性，在社会行为中倡导勤俭节约有利于资源的利用，同时厉行节约也包含着生态主义道德的意蕴。节约与保护资源，对可持续的稳定发展具有重要意义。

节约不仅仅是一个经济范畴，它还是一个伦理范畴、一个道德范畴。通过对这个范畴的审视，我们可以看到马克思关于伦理和道德的基本思维方式与价值取向，以《资本论》为典型我们可以洞悉这点。节约在马克思的《资本论》中首先是一个伦理概念。节约的伦理含义主要体现在以下几个方面。

首先，节约成为社会性的劳动的一个环节、一个条件，成为劳动伦理的一个有机组成部分。马克思在谈到不变资本的节约的时候，他不是就节约的经济方面来谈，而是把节约作为社会劳动的条件、作为这种条件的职能来分析。节约是整体社会秩序价值链中的一个有机构成部分。也就是说马克思是从伦理角度来认识节约的。②

其次，马克思把节约看作资本增值和剥削的手段。资本的本质是实现增值，为了达到增值的目的，它可以突破任何障碍，可以想方设法。马克思说："生产过程的条件大部分也就是工人的能动生活过程的条件，是工人的生活条件，这些生活条件中的节约，是提高利润率的一种方法。"③ 资本家为利润率而进行节约，节约要通过工人去实施，但是这和工人的切实利益无关，因此就必须对工人进行必需的训练和教育。因为工人是实现资源节约的现实要素和环节。在极端情况下，这些节约反而会有害于他们的生命和健康。

马克思揭示了节约在资本主义伦理中的反道德性质。马克思指出，资本家靠牺牲工人的生活、生存空间，牺牲工人的健康甚至生命而实现

---

① 《马克思恩格斯全集》第 3 卷，人民出版社，2002，第 364 页。
② 《马克思恩格斯文集》第 7 卷，人民出版社，2009，第 99 页。
③ 《马克思恩格斯文集》第 7 卷，人民出版社，2009，第 101 页。

劳动条件的节约。马克思说:"资本主义生产方式按照它的矛盾的、对立的性质,还把浪费工人的生命和健康,压低工人的生存条件本身,看作不变资本使用上的节约,从而看作提高利润率的手段。"① 在这种情况下,劳动者的人身需求受到渐进的无限的限制,将他们推入过度劳动和恶行竞争以至于消耗殆尽的深渊。

关于资本家节约的范围,马克思指出:"使工人挤在一个狭窄的有害健康的场所,用资本家的话来说,这叫作节约建筑物;把危险的机器塞进同一些场所而不安装安全设备;对于那些按其性质来说有害健康的生产过程,或对于像采矿业中那样有危险的生产过程,不采取任何预防措施,等等。更不用说缺乏一切对工人来说能使生产过程合乎人性、舒适或至少可以忍受的设备了。从资本主义的观点来看,这会是一种完全没有目的和没有意义的浪费。"② 节约已成为危害工人的生存、安全、生命等权利的手段。节约只是给资本者节省了生产资料,节省了投资,带给劳动者的却是生命的威胁,是生存环境的恶化,是非人的生存境遇的增强。

基于以上的分析,马克思认为,资本主义生产尽管非常吝啬,但对人身材料却非常浪费。节约和苛刻就是一墙之隔,也可以说是一堵墙的两面。在资本主义条件下生产资料和劳动者分离。对于生产资料的拥有者来说是节约,对于生产资料的使用者来说却是苛刻。在资本主义社会里,浪费和节约这对矛盾构成了一种奇妙的组合。马克思说:"与它对物质资料也非常浪费一样;资本主义生产一方面使社会失去的东西,就是另一方面使各个资本家获得的东西。"③ 为了获取更高的利润收益,资本主义对已经通过生产过程固定下来的劳动,也就是成本、价值和剩余价值,是异常节约的。但为了实现这种节约,它对未固定下来的劳动,或者由它购买下来的劳动大加剥削,竭泽而渔式地使用劳动者的血肉,乃至神经和大脑。

在资本主义大工业的社会背景下,生产的社会化程度空前加强,人类改造世界的能动性也空前提高,在这一历史时期,浪费式的发展推动了生产力进步和社会变化。发展的效率和成果的保障是建立在工业化时

---

① 《马克思恩格斯全集》第46卷,人民出版社,2003,第101页。
② 《马克思恩格斯文集》第7卷,人民出版社,2009,第101页。
③ 《马克思恩格斯文集》第7卷,人民出版社,2009,第101页。

代的主体——无产阶级的牺牲的基础之上的。这种节约全部来源于社会关系,这种社会性质造成了对劳动者的浪费。

节约主体的错位是产生节约伦理问题的重要原因。马克思说:"只有结合工人的经验才能发现并且指出,在什么地方节约和怎样节约,怎样用最简便的方法来应用各种已有的发现,在理论的应用即把它用于生产过程的时候,需要克服哪些实际障碍,等等。"[①] 生产消费的社会化使得真正意义上的节约的主体应该是从事大规模生产中的生产者,只有他们才理解社会化生产消费中真正应该节约、能够节约的关键。但是由于生产资料与生产者在社会化大生产中的分离,在现实性中节约的主体却成为生产资料的所有者,只有他们有动力也有权利能够进行实际意义上的节约。这种节约主体的错位造成的后果是非道德性节约的产生。

节约和浪费永远是一对现实的矛盾,这点在资本主义社会也不例外,只是在资本主义私有制下,这对矛盾有了新的内涵。在生产排放物的利用方面,在这一矛盾的发展与解构过程中,善和恶的矛盾纠葛也从来没有停止。《资本论》提出了生产、生活两种排泄物。前者是工业和农业的废料,后者则部分地指人的代谢废物和消费残留。在生产、生活社会化高度发达的境遇下,排泄物的有效利用,只有在大规模的劳动条件下,社会有机地治理的境况下才有可能。为了更好地利用排泄物就需要机器的改良、科学技术的提升解决新的问题,以实现资源的循环利用等。也就是说排泄物的利用问题,提出了科技进步、资源环境问题有效利用节约的科学技术条件的新发展要求,同时排泄物的利用问题也昭示出在社会化大生产条件下,只有发挥社会共同体在资源配置方面的作用才能使排泄物的利用真正地达到有效化。

总之,以上我们通过分析节约范畴,从伦理学角度透视马克思关于伦理道德的基本观点与方法。很明显,马克思把道德范畴放在生产性的社会关系和与之相应的历史环境,也就是放在资本主义生产方式中考察,这是马克思的方法论特点与特色。同时我们也看到,马克思的道德范畴是有阶级性的,资本家的节约对工人来说就是浪费生命。我们也看到马克思在分析问题的时候,能够辩证地看待节约的善与恶,辩证法的

[①] 《马克思恩格斯文集》第7卷,人民出版社,2009,第118~119页。

方法是马克思劳动伦理思想的重要特征。总之,在资本主义生产方式下,资本家是人格化的资本,资本的目的是追求剩余价值,劳动者生命和健康权益被资本的增值左右。资本是资本主义人与人关系中最深刻的逻辑。

(三) 人性的异化及其探索

马克思在人性问题上的思维方法和历史上其他思想家相比,带有浓厚的历史唯物主义特色,尤其是他建立在劳动异化及其劳动本质回归意义上对人性的探索在当代仍然有十分积极的意义。

在《神圣家族》中马克思指出:"历史不过是追求着自己目的的人的活动而已。"[①] 在人类思想史上无论是传统的中国思想还是西方思想史上不乏从"某种特殊的人格"来谈人性。中国传统文化中的"君子""圣人"等一定意义上就是属于马克思所说的这种情况。儒家文化中的君子人格既有一般的文化意义,同时,从内在实质上说就是儒家为了达到维护统治阶级的统治的目的倡导的一种抽象化的特殊人格。儒家文化中理想人格是建立在抽象人性善和恶的先验假设基础上的。马克思探讨人性、人格,不是先验的悬置,而是从"追求着自己目的的人的活动",从人的现实的实践活动出发,从人自己的生活实践出发来认识人的本性。这种人的活动,首先体现为劳动活动。

早在1844年,马克思就从资本主义状况下的异化劳动探讨了人的本性。在《1844年经济学哲学手稿》中马克思指出,"人把自身当做现有的、有生命的类来对待,因为人把自身当做普通的因而也是自由的存在物来对待"[②],人的类特性就是自由自觉的活动。这里所说的人的类特性,指的是人性。人通过劳动,满足了自身感性需求,这一需求也被外化和对象化,人通过劳动活动充实了自身生命的意义,同时在劳动产品的创造,即劳动成果中认知自身个性,在这种过程中可以直观地感受和欣赏自己的产品,获取美的感受,体验作为人的生命的乐趣。马克思在谈到人性的时候,是把人放在与动物区别的角度去认识人性问题的。不仅如此,马克思在探讨人性问题的时候,注重人性的现实体现和作为个

---

① 《马克思恩格斯全集》第2卷,人民出版社,1957,第118~119页。
② 《马克思恩格斯文集》第1卷,人民出版社,2009,第161页。

体的人在现实劳动实践中人性的形成、感受。这是我们在研究马克思的人性思想的时候不可忽略的。

在《关于费尔巴哈的提纲》中马克思进一步从现实社会关系的角度,探讨人性问题。马克思说:"(人的本质,在现实上)是一切社会关系的总和。"① 而在《德意志意识形态》中,马克思恩格斯指出:"由于他们的需要即他们的本性,以及他们求得满足的方式,把他们联系起来(两性关系、交换、分工),所以他们必然要发生相互关系。"② 由此我们可以看出,马克思回到人的现实层面上来理解人性了。"人的需要即人的本性。"从需要和满足需要的方式来透视现实中的人性问题,马克思进一步把《关于费尔巴哈的提纲》中所说的社会关系的总和更近一步细化,在现实的研究中更具备操作性。结合马克思的有关论述,我们还应该看到,马克思对需要和人的发展之间的关系,他的探讨在方法上严格按照历史和社会两个维度来进行。在《1844年经济学哲学手稿》当中,马克思从人的需要出发,推出了社会关系与人的交往的基本机制,并从此得出了社会层面的需要这一更加复杂高级的运动,进而提出了社会与人在历史发展过程中自然产生的新的需要。

按照上述方法和逻辑,马克思在《资本论》中主要探讨了资本主义生活条件下人的命运。马克思是从现实性上、从人的社会关系来探讨人性问题,探讨资本主义生产方式下的现实人性。在《资本论》中马克思从资本家的需要及其满足需要的方式、工人的需要及其满足需要的方式,从工人、资本家的现实生存状况来探讨现实资本主义历史语境下的人性。

在资本主义生产条件下,商品是资本主义社会的基本细胞,商品交换过程同时也是基本的社会交往过程。马克思对人性的探讨主要通过商品生产、分配、交换、消费过程中,通过对分工、交往等现实环节中暴露出来的问题的反思与批判,探究人性的密码。因为资本增值的需要,资本家的生活围绕着它而进行,工人的生活受资本增值的控制。

资本主义下,人们的生活受到了市场交换、资本增值的利益机制的操控,这也就是所谓"看不见的手"。这种无形操作下的事物运动趋向

---

① 《马克思恩格斯文集》第1卷,人民出版社,2009,第501页。
② 《马克思恩格斯全集》第3卷,人民出版社,1960,第514页。

和现象，反过来形成了一种有形的手、一种客观的力量，进一步加深了所受的制约。而这一制约又并非完满人性的内在要求，因此人性屈从于这种关系后，会导致其他人性、个性、精神的压抑，得不到舒张与发展。其体现出人对他人、人对事物，最终体现为人对自身在单一的逐利之外的漠不关心。

资本主义的发展为人性的进步和发展提供了基础和前提。在资本主义社会之前，人被权力和身份差异所束缚，而随着资本主义时代的到来，人逐渐摆脱束缚，开始以独立平等的个体进入社会。更平等的社会、更自愿的基础、更大的自由度，保障和促进了人的行为与人之间的联结，一定程度上提高了人们交往和发展的意愿，换言之，刺激了人的生产积极性。人能够面对自己的需求进行自愿的劳动，马克思认为这一情况的出现，说明资本主义社会确实在较大的程度上促进了人性实现、人的发展。马克思从这个角度，肯定了资本主义在人类社会历史进程中的重要地位。

资本所带动的生产力的大幅提升不断刺激人的深层需求，对需求的满足又使得人的潜在本质被逐渐挖掘，在这一过程中推动着人本性的全面发展。资本的发展解放了人身依附，丰富了人的社会关系，这是资本对人的发展的贡献所在。马克思指出，在资本主义社会或现代工业的生产过程中，人沦为了机器的附属，人的劳动降格为流水线的重复，成为对机器劳动的配合，机器相对于人占据了主导地位。在这种情况下，只有共产主义，才能保障人的自由个性发展。

资本主义的发展又使人性的进步和发展面临着挑战。资本的发展，使得资本将自身简化为增值的逻辑被推广和愈发强加在工人的身上，资本逻辑被制度规则、机械厂房、工艺流程等等固定成为对工人的剥夺，不仅落实为对生产劳动在环节之前的分配、投入和决定计划，而且落实为对生产劳动之中剥夺了工人在其中的指挥与主宰权。

这样一来，资本的强制迫使工人付出更艰辛，更违背自己意愿，也是更多的劳动，并不断扩大。劳动者的劳动力，马克思说这些只是"资本的一种特殊存在方式"[①]。人本身的相互关系在这种资本控制下，由

[①] 《马克思恩格斯文集》第5卷，人民出版社，2009，第387页。

资本的特殊存在方式的外表掩盖起来。正是因为资本必然以牺牲人本身为代价，造成人人全面发展的深刻危机。这种危机首先表现为人的异化。也就是资本对人的个性的剥夺使人的享受服从于资本。

社会历史发展处于螺旋上升的轨道中，表现为肯定中的否定、否定中的肯定。每一种事物包含又在内容上走向自己的反面。机器亦然，机器生产，本可以减少人类劳动，然而却带来了劳动的消耗和浪费，引起了饥饿和过度的疲劳。为人类带来痛苦和灾难。从现象上看，直观地看似乎就是技术的胜利带来了精神的贫乏与道德的败坏。科学、技术使人越来越不得自由；而相反的，物质，或者说器械却越发具有自由、主导力。

总而言之，马克思主义的基本理论展示出，在商品交换、资本增值的社会条件下，货币资本的拜物教就会存在，人性的异化和受压迫都不能得到解决。马克思就此思考，试图找出一种人类社会的不同形态，能够摆脱人的剥削和压迫，为历史发展和文明进步提供动力。在这种社会中，人性的实现走上了理想的途径。

第四章　劳动解放与马克思的伦理思想

突破劳动异化实现劳动解放，从而实现人的解放是马克思劳动伦理的追求。以往的历史忽略了物质生活的历史，在对伦理的探讨中主要是主体的道德伦理、德性关注。恩格斯在《自然辩证法》中科学地论证了劳动在从猿到人转变过程中的作用，论证了劳动创造了人本身，指出了人类社会区别于猿群的根本特征就是劳动，既通过劳动说明了从动物进化到人的机制和人类社会的起源，也说明了劳动在人的伦理世界中的地位和作用。劳动伦理是社会伦理的基础。新道德的构建当然离不开劳动。马克思指出："不论生产的社会形式如何，劳动者和生产资料始终是生产的因素。……凡要进行生产，就必须使它们结合起来。实行这种结合的特殊方式和方法，使社会结构区分为各个不同的经济时期。"[①] 新道德、新伦理的构建基础是劳动，只有实现劳动的解放才能构建新的伦理。劳动创造人本身、人的社会关系、劳动解放和新的社会伦理的构建，与新的道德建设密不可分。

第一节　劳动解放与理想生活及自由发展

马克思谈劳动，谈劳动解放，不是从传统意义上把劳动仅仅理解为生命的摧残、负担和消耗，其所说的劳动解放既有一般意义上的含义，也有从具体的社会关系规定意义上的含义。马克思认为，劳动的真相应该是："劳动是我真正的、活动的财产。""我的劳动是自由的生命表现，因此是生活的乐趣。"[②] 生活是马克思历史唯物主义的起点和基础，马克思对生活世界的理想建构的基础是对资本主义制度的批判。人类文明进入共产主义的初级阶段社会主义社会，美好生活世界的建构成为实践的

---

① 《马克思恩格斯文集》第 6 卷，人民出版社，2009，第 44 页。
② 《马克思恩格斯全集》第 42 卷，人民出版社，2002，第 38 页。

现实。劳动与生命活动，与生命、生活伦理密不可分。在具体的时空中，劳动是受到约束的。劳动的自主、自由在雇佣劳动中为资本所左右。马克思主张通过劳动解放实现人的解放。劳动解放是人的解放的前提和基础，人的解放蕴含于劳动解放之中。

一 自由与理想生活世界的追求

自由是社会发展的目标。《共产党宣言》提出建立"每个人的自由发展是一切人的自由发展的条件"[①] 的人的联合体。马克思把每个人的自由发展看作一切人的自由发展的前提，提出了每个人的自由发展的重要性。

（一）理想生活世界的追求

生活活动是马克思思想的出发点和归宿点。马克思恩格斯在《德意志意识形态》中指出："人们为了能够'创造历史'，必须能够生活。但是为了生活，首先就需要衣、食、住以及其他东西。因此第一个历史活动就是生产满足这些需要的资料，即生产物质生活本身。同时这也是人们仅仅为了能够生活就必须每日每时都要进行的（现在也和几千年前一样）一种历史活动，即一切历史的一种基本条件。"[②] 社会生命的基础是生活，而生活的前提是物质生活，为满足物质生活而开展的生产活动的过程，就是劳动的过程。马克思强调生产物质生活活动是"第一个历史活动"，是"一切历史的一种基本条件"。在这里，马克思充分强调了生产物质生活活动在历史中的地位和重要性。因此，一定意义上我们可以说，历史活动本身就是生活活动，一部人类发展的历史就是生活史。只是，在马克思生活的19世纪第一次工业革命已经完成，第二次工业革命逐步酝酿、兴起，生产性的劳动在生活活动中的地位与作用十分突出，因此马克思对经济、社会生活活动十分关注，用了大量的精力研究物质生产活动及组织形式，批判资本主义制度对物质生活和生产的扭曲。

马克思的理想社会——共产主义社会是人生活的理想世界。在一定意义上，共产主义社会就是人的生活的理想社会。人的理想生活世界中，

[①] 《马克思恩格斯选集》第1卷，人民出版社，2012，第422页。
[②] 《马克思恩格斯全集》第3卷，人民出版社，1960，第31~32页。

劳动是令人愉悦的事情。在共产主义社会中经济高度发达、社会产品丰富、没有了剥削与压迫，人与人之间平等。劳动从沉重的负担变成愉快的活动，随着人们的素质提高到一个比较高的程度，共产主义社会，劳动的意义在于造福社会，不再囿于义务与权利，也不再是受压迫或规定性的劳动，而是个人自愿的行为，无定额也无报酬，为了公共利益而进行自觉自愿性的劳动。那时，劳动强度减轻，劳动时间减少，人们有更多的时间从事精神、休闲及社会活动，劳动成为美好生活的手段。劳动者成为文化、科学、艺术创造的主人。我们对共产主义的劳动不能做庸俗的理解，不能纯粹地理解为消遣和快乐、随心所欲。共产主义劳动有严格恪守的纪律规范，劳动也只是生活的一部分而不是全部。

共产主义作为一种理想生活是人的类本质的实现。人的类本质在资本主义制度下被异化。共产主义超越了这种人的异化生活状态。在《1844年经济学哲学手稿》中，马克思指出："人是类存在物，不仅因为人在实践上和理论上都把类——他自身的类以及其他物的类——当做自己的对象；而且因为——这只是同一种事物的另一种说法——人把自身当做现有的、有生命的类来对待，因为人把自身当做普遍的因而也是自由的存在物来对待。"[①] 费尔巴哈把理性、爱和意志力作为人存在的目的、类本质。马克思则把类本质归结为"自由的有意识的活动"这一无限、完满、终极的性质。在共产主义社会，人实现了真正意义上的自由，人的有意识的活动不再受资本等外力的胁迫，不是财富、金钱的工具，人成为自身的目的，人在创造人化世界的过程中遵循科学和人文精神，使物合乎人自由发展的本质，人与人、人与自然处于一种和谐状态。

共产主义的生活方式是社会化，是真正建立在平等意义上的生活方式。人能够在真正意义上追寻意义世界，在意义世界的追寻中体现人精神的高尚与崇高。在真正意义的社会化生存中，人通过他人表现自己的本质。这一时期人与人的关系没有高低贵贱之分，人和他人相互依存、影响、协调。也正因为如此，人才能真正通过与他人的关系表现自己的本质。这种真正平等关系的建立是在消灭商品经济和私有制的基础之上实现的。人的社会化的生存方式还表现在人的生活世界是人们联合创造

---

① 《马克思恩格斯文集》第1卷，人民出版社，2013，第161页。

的，是自由人联合体共同作用的产物。人本身就是社会性的生物，依靠群体的力量生存是人类发展的重要保障，但是在私有制社会里，共同体异化为保障部分人的利益和需求。在共产主义共同体中，共同体成为真正现实意义上保障每个人自由发展的联合体。

马克思对资本主义的批判主要是制度批判。制度批判是生活世界构建的前提，制度批判本身不是目的。马克思对资本主义的法律制度进行了批判。马克思指出："伪善、愚昧、赤裸裸的专横以及我们的曲意奉承、委屈求全、忍气吞声、谨小慎微使我感到厌倦。"① "法律是肯定的、明确的、普遍的规范……法典就是人民自由的圣经。"② 当法的制定与实施者是政权的代言人，法危害到穷人的生存时，马克思指出："特权者的习惯是和法相抵触的习惯……人类的法是自由的体现。封建制度就其最广泛的意义来说，是精神的动物王国，是被分裂的人类世界。"③ 马克思主义深刻批判资本主义经济制度。马克思恩格斯对资本主义制度下工人阶级受压迫、受剥削及不公正的发展机会进行了深入批判。资本主义制度下金钱利益成为最高目标，异化劳动使人的价值失去存在的空间。"'人的关系的非人化'，实质就是资本主义私有制以及由此决定的人的生命活动的异化。"④ 马克思从现实的人的实践出发，对资本主义制度下的劳动异化展开批判，突出成就表现为剩余价值理论。马克思对资本主义制度的批判，是为了追寻能够代替资本主义非合理的人的生活的制度，因为在马克思恩格斯的视域中，人就是人的世界，就是社会。人们的社会历史始终只是他们的个体生活的发展历史的总和，无论人们是否意识到这点，这都是一个客观存在的事实。

（二）自由是生活的目标，有崇高的价值

自由是幸福生活的体现。马克思在《莱茵报》时期，就曾说过：应该"个人以整体的生活为乐事"，"整体则以个人的信念为乐事"。⑤ 这是自由的一种体现，自由的前提是整体生活，整体性是他对理想生活特征

---

① 《马克思恩格斯全集》第27卷，人民出版社，1972，第440页。
② 《马克思恩格斯全集》第1卷，人民出版社，1995，第176页。
③ 《马克思恩格斯全集》第1卷，人民出版社，1995，第248页。
④ 张雄：《货币幻象：马克思的历史哲学解读》，《中国社会科学》2004年第4期。
⑤ 《马克思恩格斯全集》第1卷，人民出版社，1995，第217页。

的一种认知。当然这种整体不是脱离个人的整体，整体和个人生活是密切联系的。

马克思肯定了自由的价值。马克思针对书报检查制度，谈了许多关于自由的看法，他指出："因为自由是全部精神存在的类的本质，因而也就是出版的类的本质。"[①] 在这里，马克思认为不能因为担心自由会带来问题，而消灭自由本身，因为自由是人的本质和内在追求。真正应该消灭的是阻碍自由的制度。这一观点继承和发展了欧洲悠久的自由主义传统。经过文艺复兴和启蒙运动洗礼，自由主义思想在欧洲更是根深蒂固。马克思对自由的认识就承继了欧洲自由思想的这一传统。

马克思所说的自由是现实意义的具体自由。自由不是口号，不是空谈，而是现实意义上对来自多方面的现实束缚的挣脱。马克思的自由思想更强调自由的现实性，强调自由是由现实的社会关系来决定的自由。马克思也关注过意志自由。他认为意志自由是借助于对事物的认识来做出决定的能力。对意志自由，他关注的是凭借意志自由对问题进行判断的能力。人对问题的判断越自由，这个判断的内容所具有的必然性就越大。他对判断自由的作用充满了自信，认为与此相反的犹豫不决是基于对事物的无知。由于对意志自由的关注，马克思也关注到了意志自由所支配的对象。他认为，虽然在现象上，人是在许多不同的、相互矛盾的可能中进行选择。但这种选择显示出一种不自由，是人被其对象所支配的证明。但是马克思更强调现实的自由，他说："自由是可以做和可以从事任何不损害他人的事情的权利。"[②] 在现实中，马克思进一步探讨了自由不损害他人的界限。马克思认为，现实的人的本质是社会关系的总和，社会关系由法律来调节规定，因此马克思从现实的法律关系来探求自由的界限。马克思从规定社会关系的法律制度中寻找自由实现和阻碍自由实现的条件。由此马克思进入到现实性上来探讨自由，开始超越西方思想家从主体、自我、精神来看抽象性、思辨性的自由。

进一步探讨现实中的自由，马克思发现法律关系、国家等作为上层建筑是由经济基础决定的。经济基础的实质就是生产关系。特定的生产

---

① 《马克思恩格斯全集》第1卷，人民出版社，1956，第67页。
② 《马克思恩格斯文集》第1卷，人民出版社，2009，第40页。

关系决定了特定的自由的界限。他认为人的自由在历史上普遍存在，但却体现为历史性的不同形态。在这里马克思发现了现实法律和应然的法律是不同的，他用批判的方法审视现实的法律。

马克思进一步阐述了自由的具体性。他指出三种自由：宗教信仰的自由、财产占有的自由、经营的自由。后两种我们可以称为经济的自由。也就是说，实质上他在这里只是说了两大类自由：宗教自由和经济自由。在这些自由的形式中，在历史唯物主义基础上他认识了不同自由形式之间的关系。他认为自由是私有的权利，他说："私有财产这一人权是任意地（à son gré）、同他人无关地、不受社会影响地享用和处理自己的财产的权利；这一权利是自私自利的权利。"①

从现实的、具体的、自由的观念出发，马克思对资本主义的自由进行了辛辣的批判。他认为，资本主义国家是社会共同体虚假的"普遍利益"。资本主义社会中法律上的自由也只是一种欺世盗名的假象，表面上大张旗鼓的自由背后，是资产阶级的私利。马克思指出："在一般词句中标榜自由，在附带条件中废除自由。"②

马克思为我们揭示出，资本主义自由的基础是建立在人与人分离之上的两极分化的自由：资产阶级享有实际的自由，而无产阶级则只有自由的假象。在资本主义社会中，劳动者与劳动产品、劳动过程、人的本质相异化。

批判是破，破与立缺一不可。马克思在对资本主义的自由批判的基础上指出了获取人类自由的现实途径。他从感性个人与他的物质生存条件的辩证关系出发，揭示了资本主义用自由概念掩盖的支配、控制的事实。只有实现人对物的依赖关系的扬弃，也就是消除了私有制和财产权，才能彻底实现人的自由。而这一自由又需要通过改变私有制及其经济基础的政治革命、经济改革来实现，也就是政治自由与经济自主。其历史途径分别是民主革命和社会主义革命。

（三）在自由人的联合体中实现理想生活追求

马克思的自由人联合体设想是他真正自由实现的途径，也是实现理

---

① 《马克思恩格斯文集》第1卷，人民出版社，2009，第41页。
② 《马克思恩格斯文集》第2卷，人民出版社，2009，第484页。

想生活追求的途径。他指出:"设想有一个自由人联合体,他们用公共的生产资料进行劳动,并且自觉地把他们许多个人劳动力当作一个社会劳动力来使用。"① 自由的实现途径是自由的社会性劳动。这种自由的社会性劳动是以公共的生产资料的占有为前提的。可以说,没有公共的生产资料就没有自由的社会性劳动。劳动力的使用方面的条件是,把许多个人劳动力当作一个整体来使用,这是社会整体性在劳动力使用中的体现。劳动产品属于联合体,是联合体的总产品。从上述马克思的话语中,我们还可以看到,他所说的自由人的联合体不是一个凝固、静止的范畴,而是一个动态变化的范畴。自由联合的成员的生活资料分配方式会随社会生产机体的特殊方式而变化,随着历史发展程度而变化,它是一个变动的范畴。

劳动解放与自由的获得之间有必然的联系。自由绝不是抽象的自由,解放也不是抽象的解放。在《论犹太人问题》中,马克思就指出:"人就是人的世界,就是国家、社会。"② 他从国家、社会意义上认识人类的解放,从现实意义上寻求政治解放,社会解放,从而现实地达到人类的解放。自由人联合体实现的人的解放,是在劳动的原初意义实现的基础上,带来的人的对象化和自我确证的统一,也是人的自由与自然的必然之间的统一。这一统一包含着人和人、人和自然之间的矛盾解决。这一切的实现又是立足于实践基础的。

总之,马克思的自由人共同体思想具有现实意义,国家共同体、人类共同体再到共产主义共同体都是其具体的表现形式。马克思的自由生活共同体思想充满了挣脱现实束缚的批判意味,同时也充满了浪漫主义的憧憬。马克思的自由观和自由主义思想家的不同,马克思的自由观关注的是社会、人类生活意义上的现实具体的自由,是社会生活意义上的整体性的自由。以英国的约翰·穆勒为代表,他的《论自由》探讨的中心论题是:思想自由和讨论自由、个性自由、社会对个人自由的控制。在这些自由主义的思想家视域中,他们更加注重个体的个性意义上的自由。也就是说马克思的自由和西方自由主义思想家的自由,无论是视野

---

① 《马克思恩格斯全集》第23卷,人民出版社,1972,第95页。
② 《马克思恩格斯文集》第1卷,人民出版社,2013,第3页。

上还是价值追求上都存在很大的差异，后者是个体个性的，而前者则是生活性的，同时又充满了浪漫性的追求。

二 劳动解放与人的自由

马克思在1864年10月写给国际工人协会的临时章程以及1871年《法兰西内战》中，明确地使用了劳动解放的提法，但此时未明确界定劳动解放的内涵。结合马克思的有关论述，同时参考国外马克思主义理论家的合理界定，有两个方面值得我们注意。一是马克思在论述劳动解放的时候始终坚持的社会历史方法，这是我们理解马克思劳动解放思想的基本方法论。人的解放从来不是抽象的，而是具体的社会历史条件的解放。马克思的社会历史方法是这种具体性的体现。在马克思看来，劳动分为抽象劳动和具体劳动。抽象劳动指的是人类利用劳动工具改造自然，获得使用价值的过程，它贯穿于人类历史发展的始终。具体意义上的劳动是在社会历史空间中的劳动，承载着社会历史发展的条件，受特定的科技、社会关系、社会组织的制约。二是马克思关于劳动中要遵循的两个尺度的问题，实质上就是真理尺度与价值尺度的问题。劳动的解放是在遵循两个尺度基础上的解放。这种遵循不是先验的预设，而是在自然历史发展过程中、在人的实践活动中实现的。

（一）劳动解放的核心是劳动自主的回归

在人类历史活动中，生产力、生产关系、分工、交往等种种因素是生产力发展水平基础上的一个综合体。这些因素构成了人的生活条件，"这些条件是个人的自主活动的条件，并且是由这种自主活动产生出来的。——这些不同的条件，起初是自主活动的条件，后来却变成了它的桎梏，它们在整个历史发展过程中构成一个相联系的交往形式的序列。交往形式的联系就在于：已成为桎梏的旧交往形式被适应于比较发达的生产力、进步的个人的自主活动方式的新交往形式所代替。新的交往形式又会成为桎梏，然后又为别的交往形式所代替"[1]。马克思在这里指出人的自主活动是由条件构成的，而条件又是在自主活动中产生的。自主活动是人的活动的核心内容，连接不同时代人的自主活动的是劳动。劳

---

[1]《马克思恩格斯选集》第1卷，人民出版社，2012，第204页。

动自主活动是人类自主活动的核心，但是在占有的生存方式下，人类劳动的自主活动丧失。劳动解放的核心就是突破占有生存状态，促进劳动自主活动回归的过程。

在前资本主义时期，人类物质生活的生产活动是具有偶然性及自主性的。这一时期，物质生活的生产活动因为局限在狭隘的范围内，因而物质生活的生产活动是一种自然的自主性活动，二者偶然地统一在一起。

在资本主义社会中，物质生活的生产和物质生活本身相分离，物质生活是目的，而作为物质生活的生产劳动则被作为手段，因此人的自主性活动在事实上成为了手段，而不是目的。在大工业和竞争的发展中，生产力的发展一方面必须依靠个人而实现，另一方面又成为不依赖于个人存在的东西。个人的力量是分散的、对立的。个人为了生存又必须占有生产力的总和。这种占有式的生存，它要受到占有对象的状况的制约，也要受占有个体自身局限性的制约，还要受占有方式如是否联合、联合的形式等因素的制约。

自主活动与物质生活只有在共产主义社会中才能实现统一，那时，劳动转化为自主活动，从而实现劳动的解放。在《1857—1858年经济学手稿》中，马克思指出未来的劳动是"吸引人的劳动，成为个人的自我实现"，"真正自由的劳动"。[①] 在马克思不同时期的论述中，我们都可以看出，他认为的劳动，应是自由、自觉的活动，而非消除劳动，"共产主义革命则针对活动迄今具有的性质，消灭劳动"[②]。这里所说的要消灭的劳动不是泛指消灭一切劳动，而是指消灭那种劳动者失去了自主活动的劳动。

劳动的自主活动是遵循必然性基础上的自主活动回归过程。劳动的解放首先是不断地克服偶然性走向必然王国的过程。马克思指出动物只是按照它所属种类的尺度和需要进行活动，而人却懂得按照任何一个种的尺度进行生产，并且懂得如何把内在尺度运用到对象上去。这两个尺度实质上说的，一是遵循客观事物的规律的客观的尺度、工具理性的尺度、科学的尺度；二是人的活动要遵循人自身的需要的尺度，也就是价

[①] 《马克思恩格斯全集》第30卷，人民出版社，1995，第616页。
[②] 《马克思恩格斯文集》第1卷，人民出版社，2009，第543页。

值的尺度。但是在具体的历史发展中，正如孙正聿先生所说："人类历史的一个突出特征在于'片面性'是它的'发展形式'，即历史总是以某种'退步'的形式而实现自身的'进步'。"① 科学尺度和价值尺度在具体的历史场景中总是以片面的方式呈现。这里面，人类在以劳动为基础的生存活动中处理科学尺度与价值尺度的关系，是否能够保持两者之间的张力问题，此外还有科学认知与运用本身的完善过程、人的价值理想、价值规范和价值导向的不断矫正……这一切都是和人、和人的社会化相伴的过程。因此我们说，劳动的解放首先总体来理解它是一个过程式，是一个进行式，不是一个完成式。在这个过程中，核心问题是处理好规律与人的需求之间的矛盾与关系，是一个不断认识必然、驾驭必然、获得自由的过程，是人自身不断完善的过程。

劳动自主的回归在资本主义时代就是使雇佣劳动者从资本主义生产关系的束缚中解放出来。雇佣劳动是在发达的商品经济基础上发展起来的，是为了交换而进行生产活动，资本主义私有制是雇佣劳动的生产关系基础。在资本主义私有制下，劳动力成为商品，工业化的浪潮推动商品经济不断在地域上扩展，在深度上不断渗透到社会的各个层面，劳动异化成为资本主义社会中劳动存在的常态。劳动在资本主义生产方式下异化，是资本主义生产关系造成了劳动的异化。因此要实现劳动解放，这种解放意味着摆脱劳动的资本主义生产关系属性，使劳动者从为了资本增值而进行的生产，为了交换价值而生产，为了人格化的资本——资本家而生产的目的中解放出来。具体意义上的现实劳动则是在特定的生产关系中所开展的劳动。例如在资本主义生产关系中，劳动过程则表现出特殊的现象："工人在资本家的监督下劳动，他的劳动属于资本家。""产品是资本家的所有物，而不是直接生产者工人的所有物。"②

对于劳动解放，还有一个辩证理解的问题。劳动的解放是一个在实践中辩证发展的过程。以雇佣劳动中回归劳动的自主自觉性为例，我们同时还要看到雇佣劳动为人的真正解放提供了前提。资本主义性质的雇佣劳动，其本身就蕴含解放因素。马克思在《1857—1858年经济学手稿》

---

① 孙正聿：《人的全面发展与当代中国 人的解放的旨趣、历程和尺度——关于马克思人的全面发展学说的思考》，《学术月刊》2002年第1期。
② 《马克思恩格斯全集》第44卷，人民出版社，2001，第216页。

第四章 劳动解放与马克思的伦理思想

中指出:"作为价值增殖的狂热追求者,他肆无忌惮地迫使人类去为生产而生产,从而去发展社会生产力,去创造生产的物质条件;而只有这样的条件,才能为一个更高级的、以每一个个人的全面而自由的发展为基本原则的社会形式建立现实基础。"[1] 资本所有者为了获取更多剩余价值,为了市场的需要,积极组织生产,客观上推动了社会化生产力的进步。大工业生产过程中的协作构成了资本主义社会化生产的重要内容。在社会化的生产中,工人开始聚集、协同、合作,这一过程不仅有效激发了单个劳动者的生产活力与竞争意识,促使其个人劳动达到社会平均劳动水平,还能起到凝聚与团结的效应,不断增强工人的团结与协作能力,由此便创造出了一种集体力,这种社会化的生产"是一种特殊的、有专业划分的、进一步发展的协作形式"[2]。资本主义分工随着大工业的发展而不断扩展,从企业内部的分工,到企业之间的分工。在自由竞争、交换普遍化的社会环境中,虽然首先是原则上的自由平等,但是这并不妨碍它突破了因为高低、等级、贵贱带来的分工,给处于社会底层的劳动者带来了奴役感,使劳动者在一定意义上有了平等的感觉,而且随着分工的不断扩大,这种平等权带来的尊严感还在持续。分工协作提高了个体劳动者的专业劳动能力,使他们有更多的机会和空间去拓展自身的才能。同样由于分工协作,也"发展了新的、社会的劳动生产力"[3]。由于分工,科学技术被大规模地应用到生产过程之中,代替了机械的人力操作,大大提高了劳动生产率。资产阶级由此创造出空前的生产力。分工协作的发展进一步推动劳动社会化,劳动解放也在劳动的社会化与资本主义私有制之间的矛盾运动中呈现出一种必然趋势。劳动解放的实现过程,也意味着人类自身及无产阶级这个人类解放主体不断成熟的过程。

总之,劳动解放的本质是人的自主活动的回归,而自主活动的回归又是历史的、社会的、辩证的和现实的。人的自主活动的回归最终是为了实现人类解放。马克思在1844年的《〈黑格尔法哲学批判〉导言》中就明确表述了人类解放的价值理想:"对宗教的批判最后归结为人是人的最高本质这样一个学说,从而也归结为这样的绝对命令:必须推翻使人

---

[1] 《马克思恩格斯全集》第44卷,人民出版社,2001,第683页。
[2] 《马克思恩格斯全集》第32卷,人民出版社,1998,第301页。
[3] 〔德〕马克思:《资本论》第1卷,人民出版社,2004,第422页。

成为被侮辱、被奴役、被遗弃和被蔑视的东西的一切关系。"① 劳动解放是人类解放的前提。

(二) 劳动解放与自由的获得

马克思对自由的认识中就包含着对劳动解放和自由关系的认知。在马克思的思想发展中，不同阶段对于劳动解放和自由关系的认知内涵是不同的。追寻文本中马克思的有关论述，我们可以完整掌握马克思对劳动解放与自由内在联系的认知，掌握马克思劳动解放的内涵及特征。

自由是劳动的自主性增强，但是在现实中劳动是非自主的。马克思在《1844年经济学哲学手稿》中论证了自由自觉劳动作为人的本质，与人的发展必要的性质。

劳动主体的发展需要自主性，因为这是他作为一个人的存在的象征和标志，但是在资本主义条件下劳动生产活动的非自主性和劳动主体应然意义式的自主性形成了深刻的矛盾关系。马克思恩格斯在《德意志意识形态》中进一步对资本主义的物质生产劳动中的悖论进行深入批判。他们认为，资本主义的物质生产劳动，已经成为一种与自主活动相悖的、摧残生命的奴役活动。因为在大机器生产的状况下，生产活动和劳动的主体自主活动的差距越来越突出，生产活动越是发展，机器代替人力的幅度越是不断增强，人的自主活动的空间就会越是被挤压。这一现象的发展，将会促使资本主义自身迎来终结。随着资本主义的终结，劳动才会再次成为自主活动。从整体角度来看，奴役形式下的劳动是手段和中介，最终解放出来的劳动则是目的。

劳动是手段的时候，人在劳动过程中是被动的，是被支配的，劳动的乐趣、劳动的动力等是缺乏的。劳动是目的，有利于上述弊端的克服。在《德意志意识形态》中马克思认为，可以通过劳动条件的改变使劳动从手段变为目的。马克思指出，劳动之所以会沦为一种手段的情况有其社会发展和辩证逻辑的基础，但这并不意味着劳动只能作为手段，因为作为手段的劳动在马克思看来，只是还没有为自己创造出必须的主、客观条件。这些条件以将劳动变为具有吸引力、满足人的需求、发展人的

---

① 《马克思恩格斯选集》第1卷，人民出版社，2012，第10页。

能力的劳动，现实的劳动还没有直接成为个人的自我实现。① 这里肯定了劳动从手段上升为目的的可能性，这种可能性是靠劳动为自己创造的主观和客观条件决定的。

劳动时间与人的解放问题涉及一个重要的概念，也就是自由时间。自由时间是马克思的劳动解放的必要因素。自由时间在马克思恩格斯的语境中有两种基本含义：一是指主体自主支配自我的时间，这种自由时间在异化劳动的重压下，成为一种享受性的时间，这种享受，正如马克思所说，不是被神谕教导、不是被庸人接受的。② 不是禁欲与苦行主义的劳作不休，是由完全主体安排自身的时间。二是指与劳动时间不同的，参与公共事务的时间、发展自身潜力和能力的时间等。正如马克思所说："实际劳动的人口要为自己的必要劳动花费很多时间，以致没有多余的时间来从事社会的公共事务。"③ 从人类的整体发展看，自由时间的运用对人自身的发展、对于人类的发展都有重要意义。

劳动时间和自由时间在资本主义生产方式下，突出表现为工人的剩余劳动时间被转化为不劳动的人的自由时间。马克思认为："这个社会的整个上层建筑就把工人的剩余劳动作为生存条件。……也就是说，工人在物质生产中使用的时间必须多于生产他们本身的物质生活所需要的时间。"④ 不劳动的人支配的自由时间是从工人的剩余劳动时间那里转移过来的。劳动者的生产时间供养了不劳动者，使得他们有余暇从事科学、艺术、公共事务等。

劳动者付出的更多劳动时间，换为劳动产品，成为剩余产品，为整个社会上层建筑存在提供物质基础。从时间的维度，生产剩余产品的时间就是剩余劳动时间。剩余劳动时间给不劳动阶级提供了发展能力的时间。在资本主义社会中，一部分人的自由时间与另一部分人的过度劳动时间是密切联系的。

马克思认为："在劳动强度和劳动生产力一定的情况下，劳动在一切有劳动能力的社会成员之间分配得越平均，一个社会阶层把劳动的自然

---

① 参见《马克思恩格斯全集》第30卷，人民出版社，1995，第615~616页。
② 参见《马克思恩格斯全集》第20卷，人民出版社，1971，第129页。
③ 《马克思恩格斯全集》第20卷，人民出版社，1971，第198页。
④ 《马克思恩格斯全集》第32卷，人民出版社，1998，第213页。

必然性从自身上解脱下来并转嫁给另一个社会阶层的可能性越小，社会工作日中必须用于物质生产的部分就越小，从而个人从事自由活动，脑力活动和社会活动的时间部分就越大。"① 马克思描绘的是一个理想的情境：劳动时间在劳动能力的成员之间能够进行平均分配。在这样的情境下，对整体社会而言，社会成员的个人自由活动的时间就会得到保障。然而在现实条件下劳动强度和劳动生产力是一个动态发展的。马克思在这里所说的理想情境只是一个假设。因为在现实的剥削存在的社会里，社会阶层之间、人与人之间是不平等。因而不同人之间实际的劳动时间和拥有的自由时间是不平均、不相同的。人的社会关系，是生产资料的生产方式，最为核心的是所有制关系决定劳动时间和自由时间的分配。

在资本逻辑占主导地位的社会和其他社会的共同点是，少数人拥有非劳动时间、自由时间。而不同之处，马克思说："它采用一切技艺和科学的手段，增加群众的剩余劳动时间，因为它的财富直接在于占有剩余劳动时间；因为它的直接目的是价值，而不是使用价值。"② 在这里，资本通过使整个社会的生产效率提升，绝对劳动时间缩减，不断提高获得价值，又不断压缩整个社会的自由时间。

非劳动阶级的自由时间和过度劳动时间成正比。在资本主义生产方式下，享受自由时间的有产者是以无产者的过度劳动时间、被奴役的劳动时间为条件的。劳动者在过度劳动中，他们只是作为劳动能力的存在，作为劳动能力在起作用，他们的劳动时间只是为了维持自己和家人的生存需要。过度劳动的存在危害了劳动者身心健康，过度劳动同时又为社会创造了物质财富，为另一部分人的自由时间奠定了发展自身能力的时间条件。

时间对人来说是生命本身，是财富。只有冲破资本统治的藩篱，冲破资本主义所有制关系的束缚才能真正实现工人的解放。在传统的财富观念中，我们往往把人对外部财物的占有理解为财富，以外在的财富、物的财富观念统治人自身。从人的生命的角度看，生命就是人的有机体的时间的延续，人在时间中存在，时间是与人共在的财富。工人在资本

---

① 《马克思恩格斯全集》第23卷，人民出版社，1972，第579页。
② 《马克思恩格斯全集》第46卷（下），人民出版社，1980，第221页。引文中的"它"指资本主义。

主义所有制下难以获得属于自身的自由时间。以机器的使用为例。在资本主义私有制下，原本作为节约劳动时间的机器，成为资本家获取剩余价值生产的工具。机器的发明、新机器的使用、科学技术的进步导致了工人被排斥在生产过程之外。这使得工人有了表面的自由时间，但实际上，这种自由时间不是人的能力和潜能自由发展所需要的自由时间。工人被生存的条件所制约，实质上是没有丝毫的自由可言的。因为当工人成为剩余人口大军中的一员，这时他们表面上虽然免除了直接的劳动支配，但根本上为了生存，尚要"绝对地从属于资本"[①]。结合上述内容的分析，我们可以看到工人阶级要想获取自由时间，促进自身的发展，就必须建立社会平等与正义。工人的生存是特定生产方式下的生存，因此只有从特定生产方式下解放出来，工人才能在自由时间的获取上争得自己的权利。

如何实现劳动的解放、人的解放？如何从现实意义上，而不是在理论思维上解决这一问题？有许多问题需要我们深入探讨。即使推翻了资本主义制度，使劳动摆脱了经济必然性的强制，但劳动也未能从根本上超越自然必然性。

劳动在现实意义上如何摆脱手段、工具的现实，实现劳动的目的性，也就是使劳动自身成为目的，而不是以劳动之外的目的主宰劳动，使劳动丧失作为人的本质的确证的活动。劳动由手段到目的的回归绝不是建立在类本质的抽象预设的基础上，而是现实发展的产物。现代社会共同体的发展，工业革命后社会化劳动的快速发展为实现劳动的解放既提出了严峻的问题，也提供了进一步解决问题，促进发展的契机。

劳动的共同性是劳动发展的基本特征和趋势。在获得社会整体自由时间上，马克思说："一切节约归根到底都归结为时间的节约。"[②] 在这一论述前，马克思设定："如果共同生产已成为前提，时间的规定当然仍有重要意义。"[③] 在这一大前提下，直接生产时间的节约，直接影响劳动者从事其他活动的时间。节约生产劳动的时间，就会使个人充分发展的

---

① 《马克思恩格斯全集》第44卷，人民出版社，2001，第729页。
② 《马克思恩格斯全集》第30卷，人民出版社，1995，第123页。
③ 《马克思恩格斯全集》第30卷，人民出版社，1995，第123页。

时间增多。因此，节约生产劳动时间，等于增加自由时间。① 一旦后者成为整个社会的主导尺度，劳动的形态和意义也将随之发生重大转变。当社会主体的时间在分配上不是主要用于劳动，而是个人发展的时间占绝对优势的情况下，人的生存状况将会发生质的改变。

在共同劳动、劳动的社会化的前提下，生产力的高度发展，科学技术的进步是劳动解放、人获得自由发展时间的基础。在科学技术高度发展，整个社会必要劳动缩减的背景下，劳动是使用价值的唯一源泉的论断就被打破了。在未来社会，"劳动并不是它所生产的使用价值即物质财富的惟一源泉"②，自然界将会和劳动一样，成为使用价值的来源。劳动从自然必然性中解放的问题，马克思认为是机器工业的发展，从科技的发展方面的必然结果。马克思继承了《政治经济学批判大纲》的理论分析，肯定了机器大生产作为节约劳动时间的利器，为劳动摆脱自然必然性的限制提供物质基础。而劳动时间节约到一定程度，劳动将从自然的必然性中解放出来，而那些由"必要性和外在目的规定要做的劳动"才真正终止，随之，劳动的意义和形态也将发生根本性变化，转化为人类"生活的第一需要"③。

劳动解放是生产力发展的必然产物，同时也是社会联合得以实现的产物。劳动的解放内含着劳动从必然性的束缚中解放出来。这种解放是一个社会历史过程，它的实现是要通过共同体成员的有机、有效联合来实现。马克思认为："自由只能是：社会化的人，联合起来的生产者，将合理地调节他们和自然之间的物质变换，把它置于他们的共同控制之下，而不让它作为一种盲目的力量来统治自己；靠消耗最小的力量，在最无愧于和最适合于他们的人类本性的条件下来进行这种物质变换。但是，这个领域始终是一个必然王国。"④ 联合起来的生产者是破解、对抗盲目必然性的方式。

劳动解放总体来说是劳动从自然必然性的束缚和社会关系的束缚中获得解放。科技生产力的发展、真正共同体的实现，都是人类获得解放

---

① 《马克思恩格斯全集》第31卷，人民出版社，1998，第107~108页。
② 《马克思恩格斯全集》第44卷，人民出版社，2001，第56页。
③ 《马克思恩格斯全集》第19卷，人民出版社，1963，第23页。
④ 《马克思恩格斯全集》第46卷，人民出版社，2003，第928~929页。

的重要理路。历史发展到资本主义时代，劳动的解放、人的解放都有了确定的内容。在资本主义条件下，劳动从属于资本的生存条件的束缚，处于永恒的物质需求竞争状态。人是环境的产物，是自然环境的产物，更是物质生产、生活条件发展的产物。劳动的解放、人的自由，就是从自然、社会发展的必然性中走向自由。当人在处理人与自然、人与社会的伦理关系中能够实现自主和自由地支配自己的生存条件，在掌握必然性的基础上和自然和谐共生，积极主动地投入，不受外部强制力量的约束，以个性的自由发展为目标，自由时间和自主活动能够有效地、符合人的自由全面发展开展，劳动解放和人的解放的实现就具有了真正的现实意义。

劳动的解放与自由要通过资本主义社会的劳动者主体——无产阶级的实践来实现。马克思恩格斯指出："无产阶级能够而且必须自己解放自己。但是，如果它不消灭它本身的生活条件，它就不能解放自己。"[①] 劳动解放在资本主义时代的内在发展逻辑就是，批判其社会伦理和自然伦理发展中有碍于人的自由全面发展的部分，寻求无产阶级解放的现实途径。在资本主义环境下，无产阶级深陷异化劳动的泥潭，劳动在于维持生命活动，无暇顾及个人自由而全面的发展。无产阶级要想打破桎梏以寻求自由个性，就必须通过阶级联合，推翻资产阶级统治，通过武器的批判，建立自己当家作主的政权。实现社会关系的解放是劳动解放的前提。为此，无产阶级的解放，自己解放自己，主体意识、整体意识的培养与塑造等都是时代为其解放提出的具体任务。

真正的劳动解放与自由，只有在自由人联合体的理想社会中才能完全实现。在真正的自由人联合体即共产主义社会中，阶级不复存在，国家也走向了消亡，正如《反杜林论》所说，在未来社会中"国家不是'被废除'的，它是自行消亡的"[②]。因此从本质上说，"自由人联合体"的社会是一种超越政治国家的联合体，这种联合体不具有政治国家的性质并从根本上废除了国家。当然，这种自由人联合体的实现是建立在国家消亡、生产力的过度发展、人的素质全面提高的基础之上的。正如

---

① 《马克思恩格斯全集》第 2 卷，人民出版社，1957，第 45 页。
② 《列宁选集》第 3 卷，人民出版社，1995，第 123 页。

《法兰西内战》所阐述的那样,"在新的自由的社会条件下成长起来的一代有能力把这国家废物全部抛掉"①。只有在这种理想的自由人的联合体中,劳动者才能真正获得解放与自由。

三 以劳动解放推动人的自由解放

劳动解放的价值意蕴是人的解放。人不是抽象的人而是生活在一定的社会历史环境中的人。人的生存、生长与发展离不开自然环境与社会环境。劳动是联系人与自然的中介,也是构成人的社会关系的基础。因此,劳动和人的发展密不可分。劳动的解放也是人的解放。马克思所说的劳动解放是将劳动者从资本主义现实的生产关系中解放出来,获得人的现实的解放,是现实的而非抽象的解放。马克思对劳动解放与人的解放的关系的论述重点体现为对资本主义生产方式的解放。

(一) 劳动解放是获得人的解放的前提和基础

劳动解放为人的解放提供了前提和基础。马克思对此论述的重点是资本主义生产方式下劳动解放和人的解放。资本主义条件下的生产劳动为人的发展创造了条件,为人的能力的发展提供了条件。

首先,资本主义条件下的劳动为人的发展提供了条件。资本主义条件下的劳动,通过分工的细化,推动了交换体系的普遍化,造成了"普遍的社会物质变换、全面的关系、多方面的需要以及全面的能力的体系"②。交换体系的普遍化为人的需求现实化和需求的提升提供了现实保障。人的能力也在此基础上得以发展。

其次,资本主义条件下的劳动拓展了人的生活区域。资本主义生产方式下的劳动具有划时代的意义,它扩展了个人的生活区域,使个人由之前的地域性的存在转变为世界历史性的存在。前资本主义时期,由于分工、交往及协作的发展缓慢,地域性的历史特点突出,一方水土养一方人。地域不仅是地理概念,同时它又是一个文化概念,不同地域因为环境、习俗等的差异,文化的地域性、民族性特色鲜明。但是随着大工业的发展,随着商品贸易席卷全球,经济的跨区域发展态势也日渐明显。

---

① 《马克思恩格斯选集》第3卷,人民出版社,2012,第55页。
② 《马克思恩格斯文集》第8卷,人民出版社,2009,第52页。

最后，资本主义条件下的劳动为人的自由发展创造了时间。物质生产领域被马克思称为人类的必然王国，自由意味着对这个必然王国的不断的征服，是超越必然的领域不断为人所占领的过程。人类可以驾驭与控制必然王国的发展。而自由王国的领域随着生产力大幅提高与科技迅猛发展日渐扩大，由此带来社会闲暇时间的增多和各领域平台与机会的增多，"这将有利于解放了的劳动，也是使劳动获得解放的条件"[①]。随着社会的进步，劳动成为生活的第一需要，已不再是简单的、维持人类肉体生存的某种手段，这便是劳动解放的本质意义。此时，劳动对于人发展的意义超越了它所蕴含的经济功能。

在资本主义生产方式下，劳动是对象化的劳动，同时也是异化性的劳动，然而这种形式的劳动，却从主体和客体两个维度为劳动的解放奠定了物质基础、交往条件和主体保障。由此，资本主义生产方式、私有制和社会性要求的矛盾加深的过程，是聚集否定资本主义生产资料私有制本身内部力量的过程，从而使劳动解放与人的解放具有更多的现实性。劳动的解放意味着劳动自主性的主体回归，意味着劳动者对劳动的社会性的积极占有，这一解放过程也就是人的回归，人的发展、解放过程。

（二）劳动解放为人的主体解放提供现实的可能

从劳动出发，马克思定义的人的解放不是空谈。资本主义的发展为劳动解放奠定了前提条件。在现代，人的解放主要是工人阶级的解放。马克思认为，工人阶级的解放主要是工人自己的事情。随着社会化程度不断加强，无产阶级作为一个阶级的整体意识，整体观念不断增强，在实践中的联合也会增强，这一切为劳动的解放，从而为人的解放，无疑奠定了重要的前提基础和条件。在资本主义私有制下，劳动者不得不出卖劳动力，只有在资本家的工厂内，他们才能实现与生产资料的结合，同时与其他劳动者取得联系。在与生产资料结合的过程中，这些劳动者在从事"直接的社会的、即共同的劳动"的同时，摆脱了个人的局限，成为"联合起来的劳动者"。在分工、协作等过程中，他们所处的环境与所受的剥削性质相同，这就为无产阶级阶级意识的培养提供了必要条件，有利于阶级在追求解放时团结起来。

[①] 《马克思恩格斯文集》第8卷，人民出版社，2009，第192页。

马克思在《资本论》中格外重视劳动的解放，他对劳动的"协作"及"社会性"的有关论述对于我们理解劳动解放与人的解放有很大的帮助。在一定意义上，马克思认为劳动的解放，是想让劳动成为一种"有吸引力的劳动"，有吸引力是从劳动者的兴趣和劳动本身的特性两方面来说的。马克思在《资本论》中强调，人"无论如何也天生是社会动物"[1]。在现实中，劳动具有的吸引力被资本剥夺，资本剥夺了工人的社会权力。劳动具有社会权利时，"劳动者在有计划地同别人共同工作中，摆脱了他的个人局限，并发挥出他的种属能力"[2]。也就是说劳动者发挥积极主动性，计划、安排同他人的共同劳动，劳动者是有主动权的，也正因为如此，当代法国学者弗兰克·费施巴赫认为："对协作社会权利的重新占有，预设了工人成为民主政治诉求的行为者。"[3] 这可能就是马克思劳动解放思想蕴含的民主含义。从马克思《资本论》关于协作的论述中，我们可以看出，在资本的统治下，资本对劳动的协作有真正的主导性、控制性，资本控制了工人的协作，剥夺了工人的真正协作。在资本的统治下，工人只是协作活动的一部分，在协作中没有主动性，只是工具，是被控制的对象。劳动的解放就是要使工人从这种被动、消极的协作中解放出来，真正成为协作的主人。因为要使工人的劳动具有真正的社会性，工人成为真正的协作者，工人才能够成为真正行动者，成为有行动力的工人。

（三）超越谋生劳动，实现人的解放

马克思在"巴黎笔记"《詹姆斯·穆勒〈政治经济学原理〉一书摘要》（以下简称"穆勒笔记"）中，在"分工"基础上，提出了"谋生劳动"概念，认为"谋生劳动"是"分工"的产物。马克思认为："考察分工和交换是很有意思的，因为分工和交换是人的活动和本质力量——作为类的活动和本质力量——的明显外化的表现。"[4] 马克思在这里把分工看成人的类本质的力量的外化。可见他十分看重分工地位。在穆勒笔记

---

[1] 《马克思恩格斯全集》第44卷，人民出版社，2001，第379页。
[2] 《马克思恩格斯全集》第44卷，人民出版社，2001，第382页。
[3] 弗兰克·费施巴赫、李先悦：《劳动、协作与解放》，《当代国外马克思主义评论（12）》2015年第6期。
[4] 《马克思恩格斯全集》第3卷，人民出版社，2002，第357页。

中，马克思把"异化劳动"的根源归结为由分工造成的"谋生的劳动"。"谋生劳动"是相对于"未开化的野蛮状态下——以他自己直接需要的量为他生产的尺度，这种需要的内容直接是他所生产的物品本身"①。未开化野蛮状态下的劳动是以自己的直接需要为生产尺度，劳动是基于劳动者的直接需要，而分工状态下的谋生劳动中，劳动和直接需要的关系断裂、分离。马克思指出："现在正是人的劳动的统一只被看作分离，因为社会的本质只在自己的对立物的形式中、在异化的形式中获得存在。分工随着文明一同发展。"② 马克思重视穆勒，是因为与斯密认为分工"起源于交换和买卖的倾向"不同，"穆勒把发达的交换即商业说成是分工的结果"③。亚当·斯密的逻辑是交换、买卖→劳动，穆勒的逻辑是"分工→谋生劳动→交换"，即"生产越是多方面的，就是说，一方面，需要越是多方面的，另一方面，生产者完成的制品越是单方面的，他的劳动就越是陷入谋生的劳动的范畴，直到最后他的劳动的意义仅仅归于谋生的劳动并成为完全偶然的和非本质的"，而"交换关系的前提是劳动成为直接谋生的劳动"④。而这时候的谋生劳动和工人自身的需要之间已经没有了必然的联系，谋生性的劳动中工人也不是自我享受状态，劳动和工人的精神需求，和他的天赋秉性之间更是没有了必然的联系。"劳动的意义仅仅归于谋生的劳动并成为完全偶然的和非本质的，而不论生产者同他的产品是否有直接消费和个人需要的关系，也不论他的活动、劳动本身的行动对他来说是不是他个人的自我享受，是不是他的天然禀赋和精神目的的实现。"⑤ 在这里，马克思视域中的谋生劳动强调的是劳动者的需要和劳动活动过程的分离，而这一分离中内在的逻辑是谋生劳动中，劳动对人之为人的真正需要、对人的需要的全面性、对人的天性禀赋的背离，其结果是现实生存的需要超越、涵盖了其他的需要。

马克思指出："在谋生的劳动中包含着：（1）劳动对劳动主体的异化和偶然联系；（2）劳动对劳动对象的异化和偶然联系；（3）工人的使

---

① 《马克思恩格斯全集》第42卷，人民出版社，1979，第33页。
② 《马克思恩格斯全集》第42卷，人民出版社，1979，第29页。
③ 《马克思恩格斯全集》第3卷，人民出版社，2002，第355页。
④ 《马克思恩格斯全集》第42卷，人民出版社，1979，第28页。
⑤ 《马克思恩格斯全集》第42卷，人民出版社，1979，第28页。

命决定于社会需要,但是社会需要是同他格格不入的,是一种强制,他由于利己的需要、由于穷困而不得不服从这种强制,而且对他来说,社会需要的意义只在于它是满足他的直接需要的来源,正如同对社会来说,他的意义只在于他是社会需要的奴隶一样;(4)对工人来说,维持工人的个人生存表现为他的活动的目的,而他的现实的行动只具有手段的意义;他活着只是为了谋取生活资料。"① 在这里,马克思强调了谋生劳动是手段意义上的劳动,在谋生劳动中劳动者的行为手段化。尤其是,马克思在对谋生劳动的认识中强调,谋生劳动中社会需要和劳动者自身的需要不一致。劳动的社会需要是劳动为交换,为市场服务。劳动的个人需要是劳动者为了养家糊口产生的需要。谋生状态下,个人需要降低为养家糊口。在谋生劳动中,劳动是为了生存的原因不得已而维持,是一种手段而不是目的。在人类历史上很长时间内人的劳动都表现为谋生劳动。

人的解放、劳动解放首先是从这种谋生劳动中解放出来。从谋生劳动中解放出来包含两种基本的含义:其一是超越手段式的劳动,劳动应呈现出包括审美在内的多元化的人的存在样态的体现;其二是劳动应实现社会需要和个人需要的统一性。无论统一的形式如何,归根结底二者应该是统一的,而不是相互背离的,是一个压迫另外一个的存在形式。当然这两者只是实现劳动解放,从而实现人的解放的基本条件。这一基本条件是从劳动行为和目的的关系、从劳动的个体与社会的关系角度而论的。劳动的解放,从而人的解放是一个社会历史过程,对谋生劳动的超越也是一个社会历史发展的过程。

第二节　劳动的解放与自然的回归

劳动解放不仅是劳动主体的解放、伦理主体的解放,还是以劳动为核心的各种伦理关系在应然状态下的重新站位。这种归为最终意义上的是人的自由全面的发展。在《资本论》第1卷中,马克思指出:"劳动首先是人和自然之间的过程。"② 因此,对马克思劳动解放思想的考察,

---

① 《马克思恩格斯全集》第42卷,人民出版社,1979,第28~29页。
② 《马克思恩格斯文集》第5卷,人民出版社,2009,第207页。

除了认知劳动主体与伦理主体的解放，还应该切入劳动关系体系，考察劳动解放与自然的关系、与劳动中各种社会之间的关系。劳动解放与自然的关系是劳动解放的重要内容。而且随着时代的发展，这一内容的意义将更加突出，劳动解放必然伴随着自然地位的回归。

一 摆脱工具化的命运

在前资本主义时期，人们在看待财富的时候，很少把劳动看作财富的源泉，只是到了英国古典经济学，威廉·配第、亚当·斯密等才提出了劳动是财富之源的观念。为什么在以前漫长的历史阶段，劳动未被看成财富？之前的人类的财富观念有什么特色？为什么到工业革命后会发生如此大的变化？自然和财富又是如何由财富沦落为资本的工具？

（一）自然是财富之基

自然是财富的源泉，或者本身就是财富。马克思在《1857—1858年经济学手稿》中揭示前资本主义社会中人类存在三种共同体形式，即亚细亚的共同体、古典古代的共同体和日耳曼的共同体，这三种形式的共同体中财富有不同形式。在第一种共同体中，"通过劳动过程而实现的实际占有是在这样一些前提下进行的，这些前提本身并不是劳动的产物，而是表现为劳动的自然的或神授的前提"①。这就意味着在这种共同体形式下，财富是自然的或者是神授的形式。第二种共同体形式，即古典古代的共同体形式，在这一共同体形式中，身份在共同体中有很重要的作用。"公社成员的身份在这里依旧是占有土地的前提"②。公社成员因罗马人的身份而占领土地，而土地的占领又成为身份获取的条件。"他把自己的私有财产看做就是土地，同时又看做就是他自己作为公社成员的身份。"③ 土地和身份被当作财富，这两种因素在这一共同体中互为条件。在日耳曼的共同体，即第三共同体中，"作为语言、血统等等的共同体，是个人所有者存在的前提"④。第三种共同体更像是一种文化共同体，决定这一共同体的要素是语言和血缘。在这三者范围中，个人与共同体的关系各自

---

① 《马克思恩格斯文集》第8卷，人民出版社，2009，第124页。
② 《马克思恩格斯文集》第8卷，人民出版社，2009，第127页。
③ 《马克思恩格斯文集》第8卷，人民出版社，2009，第127页。
④ 《马克思恩格斯文集》第8卷，人民出版社，2009，第133页。

不同。但是在劳动与劳动条件的关系上，人与共同体的关系具有相同点：第一，劳动不是直接被作为财富看待，自然，包括土地在内的自然是财富的重要组成部分或来源；第二，土地占有是劳动的重要前提，对土地的占有则依赖于个人与共同体的关系，需要共同体的承认和保障。

由此，马克思提出了自然作为生产条件的先在地位，但这种先在地位并不超越于财富的生产过程。正如卡尔·波兰尼的《大转型：我们时代的政治与经济起源》论述的："生命和自然形成一个紧密联合的整体。土地因此与亲属的、邻里的、行业的和信仰的组织——部落和庙宇、村庄、行会以及教堂——紧密联系在一起。"① 自然条件，尤其是土地这种稳固的自然生产条件，与特定的社会关系、社会生产的共同体相互结合，就构成了文明，建立了早期路径。这也就是马克思所提出的古典的古代、亚细亚的古代等文明路径理论的前提。

（二）劳动成为财富之源

随着工业革命，传统社会转向现代文明。工业革命和资本主义、世界贸易的发展、资本主义生产方式的发展，这些都使得劳动逐渐成为财富的源泉。劳动之所以在转向现代的时候被认识，地位空前上升，在很大程度上得益于劳动的大规模集中而产生的效率的空前提高。1844年，马克思在他的《1844年经济学哲学手稿》中进行了论述，以重农学派为代表，他们将全部财富都归结为土地基础上的农业耕作。马克思说："土地只有通过劳动、耕种才对人存在。"② 重农学派将土地、自然界看作劳动加诸其上的对象，劳动加于自然界，是社会物质财富增长的唯一途径。在农业生产领域中，劳动的作用还是很突出的。但是马克思也看到，重农学派在这里所说的劳动仍然是特殊的劳动，是没有离开劳动的具体形式的劳动。他们没有将劳动上升到普遍的高度，只在经验上看待劳动，举出一个个具体的劳动与材料的特殊结合。因此，重农学派只是将土地理解为独立于劳动而存在的劳动的前提因素，而非劳动生产过程的因素。因此，传统财富观念对重农学派的影响，就是将以自然为基体的产物定

---

① 〔英〕卡尔·波兰尼：《大转型：我们时代的政治与经济起源》，冯钢、刘阳译，浙江人民出版社，2007，第152页。
② 《马克思恩格斯文集》第1卷，人民出版社，2009，第180页。

义为财富。

国民经济学把具体劳动上升为一般劳动,同时重视劳动产品的市场表达——商品的交换价值。亚当·斯密克服了重农学派的不足,抛弃劳动的具体形式。马克思说:"把具有完全绝对性即抽象性的劳动提高为原则。"① 由此,斯密发展了劳动价值论。劳动不再是具体的劳动过程,而是一种抽象的,可以进行价值表征和量化衡量的指标。② 在理论中,财富的来源此时从自然为中心,开始向劳动为中心转变。

理论认识的变化一方面肯定和提高了劳动所处的地位;另一方面则从观念和现实层面改变了人与自然的关系。前资本主义社会,财富与使用价值密不可分,是具体而特殊的,是人的需求与自然之间关系的反映。资本主义社会中,具体的使用价值不再起主导作用,而代之以商业市场的交换价值。马克思指出了交换价值的一种悖论:"交换价值首先表现为一种使用价值同另一种使用价值相交换的量的关系或比例。"③ 虽然交换价值本身不是使用价值,然而却是使用价值构成了交换价值的载体。劳动作为"人以自身的活动来中介、调整和控制人和自然之间的物质变换的过程"④。在这种模式下,为了实现更多交换价值,也就要生产更多的使用价值,控制自然变得越来越重要。

(三) 自然为资本独占

资本积累的过程在一定意义上就是自然被资本独占局面的形成过程。一无所有的劳动者拥有对劳动能力的使用权,他们在市场中可以自由出卖自己的劳动力。劳动者出卖自身劳动力的过程,是通过劳动者与土地、劳动工具、生活资料等的联系之中剥离出来的结果。土地、劳动工具、生活资料、生产资料和劳动者是分离的。劳动者在这一过程中就是工具,他和其他劳动资料、劳动条件一起成为被支配的对象。也就是说,在这一过程中,劳动者和劳动对象、劳动资料等都是资本要素,马克思指出:"在现代社会,劳动资料为土地所有者和资本家所垄断。"⑤ 在这一过程

---

① 《马克思恩格斯全集》第42卷,人民出版社,1979,第115页。
② 参见《马克思恩格斯全集》第33卷,人民出版社,2004,第62页。
③ 《马克思恩格斯选集》第2卷,人民出版社,1995,第115页。
④ 《马克思恩格斯全集》第44卷,人民出版社,2001,第207~208页。
⑤ 《马克思恩格斯文集》第3卷,人民出版社,2009,第431页。

中劳动者失去与外在自然的有机联系之后，劳动者被一种有形和无形的力量或引导，或强迫，走入劳动市场，出卖劳动力，成为雇佣工人，承受资本的作用。有形的力量，是指在资本的原始积累过程中的暴力、强迫等力量。无形的力量是指在市场经济背景下，工人要生存，要服从市场运行规律、商品经济的运行规律，因此市场这只无形的手，左右着工人。工人的活动表面上看起来实现了自由选择、自由择业，但是这只是表象，表象背后是被无形力量的操控。在资本积累的历史进程中，劳动者失去了自身进行劳动的必要前提，也就是马克思说的"劳动的客观条件（土地、原料、生活资料、劳动工具、货币或这一切的总和）"①。劳动者与劳动的客观条件相对立。这些客观条件作为资本的物质对象和承载者，雇佣工人，并利用工人的需要，迫使劳动者围绕它进行工作，马克思指出："不是工人使用劳动条件，相反地，而是劳动条件使用工人。"② 因此，自然作为人类之母的亲切感为工具理性所代替，自然在资本控制下成为支配劳动者的客观条件的构成部分，自然成为支配劳动者的手段。

劳动与自然此时形成了一种悖论，劳动者越勤奋，他反而离那个亲切的自然越远。马克思指出，这种疏离的悖论表现为两个方面：第一，人生存的感性环境，或者说外部世界，不再是他劳动的直接出发点；第二，也是这个生活的感性环境与外部世界，越来越不为劳动者提供维持自身的生活资料。③ 马克思所说的"感性的外部世界"即自然，这一自然观念，包含了先于人类而存在的自然界，同时也将人类实践于其中的，与人类相互作用的那个整体世界纳入自身，因此被称作人的感性外部世界。资本主义生产方式造成了人对自然的占有和支配意义越来越多，而母体的、先在的自然意味越来越少。自然被看作以原料和劳动材料的形式储藏库，这种自然不归劳动者所有，归资本家所有。劳动者在一个不属于自己的自然中，从事不符合自己意愿的劳动，所得的劳动结果也不能由自己受用，越劳动，他越远离前者意义的自然。劳动者失去了与生产资料和生活资料的直接联系，也失去了与自然的联系。

劳动与自然之间存在的悖论。从内在机理上来说，其是商品经济发

---

① 《马克思恩格斯全集》第 30 卷，人民出版社，1995，第 497 页。
② 〔德〕马克思：《资本论》第 1 卷，人民出版社，2004，第 487 页。
③ 〔德〕马克思：《1844 年经济学哲学手稿》，人民出版社，2000，第 53 页。

展的必然产物。商品的市场交换成为劳动产品社会化的关键，在这一关键中，商品的交换价值在交往中的地位空前地受到重视。由此，人与人之间关系的矛盾就会以新的方式解决。

人与自然的关系在这种情况下，成为控制伦理的魔障，其中有一个逻辑关系需要厘清。马克思说："群众的剩余劳动不再是一般财富发展的条件，同样，少数人的非劳动不再是人类头脑的一般能力发展的条件。于是，以交换价值为基础的生产便会崩溃，直接的物质生产过程本身也就摆脱了贫困和对立的形式。"① 劳动时间的非工具性、交换价值和使用价值关系的回归是摆脱自然工具化、人与自然伦理控制的内在逻辑。这样一来，人与自然关系从现实性上得以改变，资本对劳动的支配和控制这一障碍才能消解，人与自然和谐才能实现。马克思说："当物按人的方式同人发生关系时，我才能在实践上按人的方式同物发生关系。"② 当人的活动按照人的方式作用于物，将物按照人的方式发生关系，人才能摆脱拜物教、工具理性和控制自然的支配，才能真正地按照自然看待自然，自然才能摆脱被无止境地开发与掠夺的命运，恢复其所具有的魅力。

（四）共产主义是完成了的自然主义+人道主义

在资本主义生产方式下，自然是作为生产物质生活资料的材料来源、燃料来源、资源来源存在的，是资本实现其追求剩余价值目的的手段，是资本的工具。如何在现实意义上超越自然的工具地位，摆脱自然的工具化命运，成为良序社会构建中的重要问题。

马克思在对共产主义社会的理想憧憬中认为，"这种共产主义，作为完成了的自然主义，等于人道主义，而作为完成了的人道主义，等于自然主义，它是人和自然界之间、人和人之间的矛盾的真正解决"③。共产主义伦理是集人道、自然等为一体的，也就是说人的发展和自然的演进的和谐统一是共产主义伦理的重要内容。因此，我们在处理人与自然关系的最低原则就是不能把"斗争"写在旗帜上，摆脱自然工具化的命运，从方法论上来说，辩证处理人与自然的关系极为重要。对此，恩格

---

① 《马克思恩格斯全集》第31卷，人民出版社，1998，第101页。
② 《马克思恩格斯全集》第3卷，人民出版社，2002，第304页。
③ 《马克思恩格斯文集》第1卷，人民出版社，2009，第185页。

斯也强调，自然界中无生命体包含着和谐与冲突的矛盾，生命体具有有意识和无意识的斗争和合作，因此，我们在处理这些矛盾的时候既要注重和谐也要看到冲突，既要看到斗争，也要注重合作，这就是自然的辩证法，也是我们处理人与自然关系的基本方法论。

共产主义是完成了的自然主义和人道主义，这种完成了的共产主义是在人类社会的具体的社会历史实践中实现的。马克思的思想对此并没有给我们以清晰、完整的图画，但是它是指路的明灯。马克思的思想告诉我们，从资本主义生产方式下对人与自然的物质变化的破坏表明，资本主义生产方式是有缺陷的，而且这种缺陷是根本性的。未来的社会，是一种生产者的联合体，只有在联合中才能不断地实现真正意义上的自然主义和人道主义。现实中，人与自然是一个物质变换过程，而这个过程又是一个动态的变化过程。马克思说："劳动首先是人和自然之间的过程，是人以自身的活动来引起、调整和控制人和自然之间的物质变换的过程。人自身作为一种自然力与自然物质相对立。"[1] 在这种人与自然的物质变换过程中，"社会化的人，联合起来的生产者，将合理地调节他们和自然之间的物质变换，把它置于他们的共同控制之下，而不让它作为盲目的力量来统治自己；靠消耗最小的力量，在最无愧于和最适合于他们的人类本性的条件下来进行这种物质变换"[2]。在这段话中，马克思强调了人和自然的物质变换过程中，社会化的人是联合起来的生产者，而且强调自然处于这些联合起来的人共同控制之下。

摆脱自然的工具地位不仅仅是方法论的问题，自然的人化和人化自然是在社会历史实践中进行的，因此，在社会历史关系中，促进生产和资源组织制度和方式的变革和革新也是十分重要的。

二 恢复使用价值应有的地位

劳动效率的提高是通过主体的能力和科技渗透到劳动过程中实现的。劳动过程的效率越高，人被机器替代的越多，人控制自然力的程度越高，人和自然受资本控制的程度也就越高。

---

[1] 《马克思恩格斯全集》第 23 卷，人民出版社，1972，第 201~202 页。
[2] 《马克思恩格斯全集》第 25 卷，人民出版社，1974，第 926~927 页。

(一) 主体控制自然的能力增强

在人类文明史上，工具的发展由简单到复杂，由人工到机器。人最初在劳动中使用的是人身体的器官，人身体的器官为自然的工具，人本身的自然就是工具。随着科技的进步，机器使用的普及化，对人的生存和发展产生了深刻的影响。劳动效率提高，科技进步给人的生存和发展提供了物质的基础、进一步发展的条件，为人的生活提供了诸多的便利。科技进步、劳动效率的提升，也使得人控制自然的力量不断增强。

技术的改进，机器动力代替人的简单动力，拓展了人控制自然的力量和空间。以纺织行业为例，在德国，起初有人试图让一个纺纱工人踏两架纺车，也就是说，要他同时用双手和双脚劳动。这难度颇大。后来有人发明了脚踏的双锭纺车，这一问题就得到了解决。马克思指出："原来只是用人当简单动力的那些工具，如推磨、抽水、拉风箱、捣臼等等，却最早使用了牲畜、水、风作为动力。"① 在大工业时期，机器的动力取代了人工动力。自然力在追求剩余价值的活动中被不断地运用到生产过程中提高生产效率。在这一劳动过程中，"一旦人不再用工具作用于劳动对象，而只是作为动力作用于工具机，人的肌肉充当动力的现象就成为偶然的了，人就可以被风、水、蒸汽等等代替了"②。在这一过程中工具的演进经历了由人的有机体作为工具到工具机器作为工具，也就是机器作为工具的过程。机器消耗自然了，成为动力。而这种动力完全受人控制，受人控制的力量突破了空间的限制，不必在自然力、风力、水力丰富的地方进行生产，在城镇就可以集中生产了。

主体自身的能力不仅仅从主体自身得到说明，而且通过主体行为的对象体现出来。主体控制自然能力的增强还体现在原材料的利用效率提高，自然的利用率提升等方面。正如马克思举出的废丝利用的例子所描述的那样。③

---

① 《马克思恩格斯文集》第5卷，人民出版社，2009，第431~432页。
② 《马克思恩格斯文集》第5卷，人民出版社，2009，第432页。
③ 马克思说："从1839到1862年，真正生丝的消费略微减少，而废丝的消费却增加了一倍。人们使用经过改良的机器，把这种本来毫无价值的材料，制成了多种用途的丝织品。"《马克思恩格斯文集》第7卷，人民出版社，2009，第117页。

(二) 自然成为人把控的对象

资本的产生和增值，推动、发展、运用了科学技术的力量，达成了对自然的有效支配。科学技术从一开始，就在不断地揭示自然的运动规律。而资本的发展，大规模地利用了人们对自然规律的认识，反过来推动了科技的进展。马克思说："大生产……使自然力变成社会劳动的因素。"[①] 当自然成为生产过程的有机分子，自然力成为社会劳动的因素，自然的人化进程就随着科学技术的发展大踏步地前进。人控制自然的能力随着生产的发展不断增强，延伸到了自然界与人的内在自然。海德格尔在他《技术的追问》一书中，揭示了在现代社会，自然逐步成为人控制的对象。人类为了获取更多的利益，将耕地、煤炭、空气、河流等自然和人本身都变成了可利用、可控制之物。海德格尔说："人的人性和物的物性一样，融化为可算计的市场价值。"[②] 交换成为定律，生产就是为了交换，当交换的逻辑成为主导的逻辑，资本借助交换实现了其增值的目的。资本有力地控制、利用、占有甚至驯服自然力为己所用，自然的工具性空前加强。自然在现代社会中失去了前现代社会所具有的神秘性、崇高性和目的性价值。

(三) 对自然的戕害及社会问题

劳动效率提高与科学技术的进步成正比。这种正比关系，提高了人征服自然的能力，却也带来了资源的无节度开发，带来了污染。科技的发展使自然资源的利用率提高，对自然资源的开采利用的同时，带来了资源的破坏。科技被用于劳动过程中，在促进劳动过程效率提高的同时也在产生众多的排泄物，生产的、生活的。排泄物使人的生存环境恶化，如污染问题等，人类又得投入精力应对污染治理问题。

当人控制自然的能力被作为资本增值的手段时，他就会突破一些界限带来人自身生存、社会等问题。如人与机器之间斗争的伦理问题。"17世纪，反对所谓 Bandmühle（也叫作 Schnurmühle 或 Mühlenstuhl）即一种织带子和花边的机器的工人暴动几乎席卷了整个欧洲。17世纪30年代，一个荷兰人在伦敦附近开办的一家风力锯木场毁于平民的暴行。18世纪

---

① 《马克思恩格斯全集》第 47 卷, 人民出版社, 1979, 第 569 页。
② 陈志刚：《马克思和海德格尔的技术批判思想之比较》,《自然辩证法研究》2002 年第 2 期。

初在英国,水力锯木机好不容易才战胜了议会支持的民众反抗。"① 首先是工人的反抗问题。资本借助机器进行增值扩张的时候,工人为了自身的生存,为了获得更多的工作机会,获取基本的休闲时间,使工作条件能够保障其健康地生存等,不断地起来反抗。工人以罢工的形式反抗由机器的使用给工人带来的生存和健康问题,但是另一方面工人罢工式的反抗运动却又刺激、促成资本家用新的科技发明去对付工人的反抗。在实践中,马克思生活的时代,他们看到自动走锭精纺就是在对付工人的罢工中产生的,成为对付工人罢工反抗的武器。这一实践发展中体现出来的反制现象,不得不促使人们深入思考科技伦理背后的因素。

其次是劳动者的片面化发展、贫困及失业等。在机器使用体系中,工人只具有操纵局部工具的特定技能。工人只是机械零件的替代符号,当他没有被新发明的机器替代时,他片面地发展着自己;当工具开始由机器操控,劳动力的交换价值就随同它的使用价值一起消失。马克思说:"劳动生产了智慧,但是给工人生产了愚钝和痴呆。"② 劳动者无法出售自身的劳动力,劳动者的生命维持活动就会成为过剩人口,这就意味着,资本的增值不再直接需要工人,以现代化的面目把与机器协作的工人扔进了贫困的深渊。

(四) 实现劳动者与劳动资料的有机结合

从劳动效率、科技与自然的关系来看,要使劳动者解放出来,首要的是解放人和自然的关系,从而使整个劳动过程都能摆脱资本的控制与独占,不再充当资本增值的工具,这样自然才能成为生产资料、生产工具与劳动者的直接联系。为此,进一步追溯,劳动者无须借助劳动力的出卖,而能与生产资料结合,这种结合是一种劳动力与生产资料的直接结合。因此,可以说自然的解放和劳动的解放从根本上说是资本主义生产方式私有制的废除。劳动解放和自然解放统一于生产过程之中,从根本上说,劳动的解放和自然的解放是生产方式的解放。劳动的解放和自然的解放不是先后关系而是共时关系。劳动者拥有生产资料,个人的劳动直接就是社会性的劳动,私人劳动即是为了社会进行劳动。马克思说:

---

① 《马克思恩格斯全集》第44卷,人民出版社,2001,第492~493页。
② 《马克思恩格斯文集》第1卷,人民出版社,2009,第159页。

"不需要去交换特殊产品。他的产品不是交换价值。"①

恢复使用价值的应有地位，树立以使用价值为主导的理念，这是自然恢复魅力，是人的体面、幸福生活的前提。因为使用价值直接对应的是人的需要，它以人自身为目标，把人的需要控制在合理的限度，不以牺牲自然为目的，人摆脱了无穷掠夺与扩张。交换价值蕴含着无差别的人类劳动时间，交换价值的外在体现是货币。总之，引入和落实以劳动时间作为财富的尺度，使交换价值不具有支配使用价值，从而人的扩张的本性、无尽的欲望在合理理性的范围内。总之，破除资本的魔障是实现人与自然的解放，实现劳动解放的前提。

三 科学技术为人类服务

在资本主义制度下，一方面科学技术的运用带来了人的世界的生活的便利，带来了物质的丰富和充盈；另一方面科技产品的发展也成为阻碍人本身的能力发展、智力发展，限制人、压抑人，甚至是阻碍人的生命力、创造力及人的多样性呈现的力量。具体来说，科学技术的发展和运用，其自身的性质以及在社会中的应用，偏离了为人类服务的目的，科学技术的发展与应用偏离了人性、人的存在、人的发展、人的价值及人的社会规范等。科学技术的发展出现了违背人性、危害人的存在与发展、反人类的状况。科学技术的异化还表现为，科技在人的理念中成为一种绝对的东西，成为一种新迷信、新的崇拜物，主宰了人的精神世界。

（一）科技的资本主义运用与过度劳动、贫苦

随着工业（技术）对自然力的应用和生产率的大幅度提高，工人的生存状况却不断恶化。过度劳动日益增加，群众日益贫困，劳动者不断丧失自身的价值而"被贬低为物"。这里谈到的是科技异化带来的工人过度劳动的问题、工人群众的贫困问题以及工人自身价值的丧失问题等。过度劳动是劳动过度使用问题，体现为劳动者的劳动时间过长或劳动者的劳动强度过大。过度劳动会带来工人的疾病和死亡。有关工人的贫困问题，恩格斯在《英国工人阶级状况》中指出，"他们在自己的平静、

---

① 《马克思恩格斯全集》第 3 卷，人民出版社，1995，第 122 页。

庸碌的生活中感到很舒服，假若没有产业革命，他们是永远不会丢开这种生活方式的"。① 一方面，他无法摆脱一辈子做工人的命运，在资本的战争中艰难地活着。工人无法摆脱贫困的命运是因为工人的劳动时间和休息时间是捆在一起的，他的工作量和企业利润是绑在一起的。另一方面，工人的价值是作为劳动力为利润创造带来的贡献，除此之外，在工业化的浪潮中他没有其他的价值。

在对原因的追溯中，马克思认为，这是科技的资本主义应用问题，而非科技本身问题。他指出："因为机器本身是人对自然力的胜利，而它的资本主义应用使人受自然力奴役；因为机器本身增加生产者的财富，而它的资本主义应用使生产者变成需要救济的贫民。"② 机器的资本主义应用带来了工人的过度劳动，使工人在整个社会体系中被贬低为物。也就是说，工人的生存状况不是由机器本身造成的，不是科学技术本身的过错。科学技术发展带来的伦理问题从根本上说并不是科学技术本身的问题，而是科学技术的资本主义应用问题，是资本主义生产关系本身出现的问题。

（二）科技的运用与道德、协作、伦理的变动

马克思主要从现实、社会历史的维度来认识科技的发展带来的伦理问题。首先，马克思认识到了科技的发展带来的道德问题。"技术的胜利，似乎是以道德的败坏为代价换来的。"③ 工业革命后，科学与技术的发展可谓高歌猛进，科技飞速进步，物质文明飞速发展，但是道德世界腐败的特征却也日益突出。马克思指出，在现代资本主义社会里"机器消灭了工作日的一切道德界限和自然界限"④。劳动者为了生存而工作，资本为了利润而使机器不停地运转，道德界限和自然界限就在这一状况下被抹杀了。

科学技术的发展使得协作伦理得到发展。马克思强调技术的进步带来了协作伦理的发展。"是因为这种最简单的共同劳动的形式即使在最发

---

① 《马克思恩格斯全集》第2卷，人民出版社，1957，第283页。
② 《马克思恩格斯全集》第23卷，人民出版社，1972，第483页。
③ 《马克思恩格斯全集》第12卷，人民出版社，1962，第4页。
④ 《马克思恩格斯全集》第23卷，人民出版社，1972，第447页。

达的协作形态中也起着重大作用。"① 随着现代化的不断发展，从生产协作到社会协作，现代化的协作日益加强，协作的加强又是和机器生产的日益广泛化带来的共同劳动密不可分。因此，在科学技术发展的背景下，机器生产的普及，劳动协作为基础的社会协作等日益增强。协作伦理成为社会伦理的基本样态，也是社会发展的必然趋势。

科技的发展，分工也在发展，分工以及与此相联系的职业也在发生着深刻的变化，这种变化在伦理上的一个重要体现就是伦理的变动性增强。马克思指出社会的发展已经显示出，"大工业从技术上消灭了那种使整个人终生固定从事某种局部操作的工场手工业分工。但大工业的资本主义形式同时又更可怕地再生产了这种分工"②。大工业消除了手工工场时期职业的固定性，因为劳动形式的多样性，职业的变动性增强，工人的流动性也空前地增强。但是同时在资本主义再生产背景下也出现了分工及其固定化的情形。如此，以变动为主体兼具固定的伦理状况由此产生。正如马克思所说："现代工业通过机器、化学过程和其他方法使工人的职能和劳动过程的社会结合不断地随着生产的技术基础发生变革。这样它也同样不断地使社会内部的分工发生革命，不断地把大量资本和大批工人从一个生产部门投到另一个生产部门。"③ 这种变动势必带来社会伦理的变动，即使社会伦理的流动性增强。

（三）以服务人类的价值导向促进科技发展

科学技术的现实运用和发展带来的科技伦理问题随着社会的发展进一步蔓延。其中既涉及科技活动准则的遵循问题，也涉及科技活动主体的价值观念问题，还涉及科技行为的社会责任、行为规范等。以当代科技发展为例，比如医学科技伦理问题。医学科技偏离了治病救人的轨道，随着研究领域的深化带来了威胁人的存在的新问题。如神经科学领域研究大脑的决策，这既可以被用以提升人的决策能力，也可被用于影响决策，既可以被正义的力量所用，也可以因为邪恶动机使其研究为恶势力服务，危害人类的生存。医疗技术和医疗机械左右医者的主体，人为技

---

① 《马克思恩格斯全集》第 23 卷，人民出版社，1972，第 364 页。
② 《马克思恩格斯全集》第 23 卷，人民出版社，1972，第 530~531 页。
③ 《马克思恩格斯全集》第 23 卷，人民出版社，1972，第 533~534 页。

术和机械所控制,医者的主体性、能动性丧失。在科技高速发展的态势下,科技需求也出现了异化,如对完美婴儿的需求等。可以说,人类已经被科学抛弃了……反过来人类在一定意义上,为科学服务,并且作为外在于科学的东西从属于科学。

解决科学技术的发展带来的生态道德、生命伦理等系列问题一定意义上是由科技本身带来的,但是我们又不能不发展科学技术,这里就出现了两难的境地,人类共同价值的树立就十分重要。美国学者杰里米·里夫金(Jeremy Rifkin)基于热力学第二定律指出,包括以消解自然界负面效应为目标的技术在内,一切技术都是有缺陷的。新的技术中又会潜藏新的危机。科学技术是解决现实中的问题的,但是在解决这一具体问题的同时,新的问题又在产生。科技的发明与创造不过是转嫁危机的权宜之计。因而,任何技术都将造成对自然的破坏,从而造成对人的危害。但是我们不能不发展科学技术,不能因噎废食。因此,树立人类价值的共同导向十分重要。正如马克思所说:"科学绝不是一种自私自利的享乐。有幸能够致力于科学研究的人,首先应该拿自己的学识为人类服务。"[1]

从深层次上讲,消除科学技术的现实运用带来的问题,获得劳动和人的解放还需要遵循马克思的思维路径,立足社会关系去破解。在现代企业的发展过程中,技术被当作企业获取垄断地位和物质利益的重要手段,生态危机的发生、人性的压抑、资源的枯竭等问题相继出现。要克服异化的恶果,就必须从根本上消除这种现象得以产生现实的社会根源。马克思从资本的统治和生产关系的所有制来认识科学技术的现实运用问题,对我们认识消解科学技术的异化,实现人的解放,仍然有积极意义。在资本逻辑控制下,劳动完成了由前资本主义小生产者劳动向大工业背景下的社会劳动的转变。资本主义的生产关系下,增值是资本的唯一追求,资本的增值既有质的规定性,即实现增值,同时也有量的规定性,即扩大雇佣劳动者的价值在新创造的价值中所占据的比例大小。把增值追求唯一化、绝对化和私有制的所有制是分不开的,只有从所有制入手才能从根本上破解人类发展中所遇到的这些难题。

---

[1] 〔法〕保尔·拉法格等:《回忆马克思恩格斯》,马集译,人民出版社,1973,第2页。

第三节 劳动解放与社会正义

劳动、正义和不同的文化类型密切相关。在中国传统文化中，劳动一开始就和政治伦理密切相关。孟子有句著名的话："劳心者治人，劳力者治于人；治于人者食人，治人者食于人。"（《孟子·滕文公上》）在孟子看来，劳心者与劳力者是两种不同的人，因此在社会能力要求方面也就不同。严格来说，人们通常所说的"劳者"指的是劳力者。而劳心者往往不用"劳者"一词来称谓，通常被称为治者、统治者、为政者等。在这种语境下，"劳"与"治"是两种完全不同的活动。"劳"为人提供生存必需品的活动，劳者存在的首要目的是"食人"，即为治者提供生活用品。"正义"是外来词，在西方，古希腊时期的荷马与赫西俄德的史诗中就有正义女神"狄克"（Dike）的形象，她象征着"宇宙的秩序"。"kaios"一词就是由此派生出来的词，意为"尊敬遵守这种秩序的人"。梭伦首次将正义作为构建政治制度的基本原则，以此来平衡富人与穷人，使他们各得其所："我制定法律，无贵无贱，一视同仁，直道而行，人人各得其所。"[1] 通过法律的制定、执行达到社会的公平正义。由此可见正义渊源之久远。劳动和正义在中西文化中都是人们关注的话题。

一 马克思正义观的基本观点

历史唯物主义是马克思正义观的方法论基础。马克思的正义观和功利主义正义观有质的区别。马克思建立在劳动基础上的正义观是占有的正义、分配的正义，更是制度的正义。

（一）正义、正当不是功利主义的

马克思揭示了功利主义正义观的现实、世俗性。首先，马克思肯定了功利主义的现实基础。现实性是马克思主义和功利主义理论建构的共同基础。它们都承认，正义有现实主义的基础。马克思认为："功利论至少有一个优点，即表明了社会的一切现存关系和经济基础之间的联

---

[1] 参见〔古希腊〕亚里士多德《雅典政制》，日知、力野译，商务印书馆，1959。

系。"① 功利主义是从现存关系，不是从抽象的世界精神，更不是从主观意识来衡量正义，而是在正义与现存的关系和社会的经济基础之间建立了联系。

其次，马克思揭示了功利主义世俗的实质。马克思认为，功利主义"在理论上宣布符合于这种资产阶级实践的意识、相互剥削的意识是一切个人之同普遍的相互关系，——这也是一个大胆的公开的进步，这是一种启蒙，它揭示了披在封建剥削上面的政治、宗法、宗教和闲逸的外衣的世俗意义"②。马克思认为，在他的时代，盛行的功利主义实质上是资产阶级剥削意识的反映，相比于封建时期把正义神秘化是一种进步。

在肯定功利主义正义观的合理性、进步性的基础上，马克思进一步指出了他的正义观和功利主义的差异。功利主义以需要和享受的满足为尺度。马克思认为，"我们在衡量需要和享受时是以社会为尺度，而不是以满足它们的物品为尺度的。因为我们的需要和享受具有社会性质，所以它们具有相对的性质。"③ 也就是说，以需要和享受来衡量是否正义，也应该从满足需要和享受的社会条件及其变化来衡量，而不是用固定的、现实的满足需要和享受的物品，因为物品毕竟是凝固的。以主体需要和享受的满足作为衡量标准，就会在方法论上形成一种相对主义的衡量标准，在这种标准下，更多地体现出多元化的合理性，但是却是相对主义的合理性。

马克思的正义观和功利主义的正义观，虽然都重视利益，但是马克思所说的利益具有阶级性、历史性。他所说的利益的内涵具有历史性、具体性的内涵。当然这种具体性的内涵绝不是以个人利益的狭隘来代替一般利益。但以边沁为代表的功利主义却把"18世纪的个人"的利益诉求当成了"一般性的利益"和"标准的利益形式"，"他幼稚而乏味地把现代的市侩，特别是英国的市侩说成是标准人"④。

私有制是劳动的社会关系的具体体现。马克思认为在私有制下，任何私人利益都是受社会条件制约的，是一定社会条件的反映。他认

---

① 《马克思恩格斯全集》第3卷，人民出版社，1960，第484页。
② 《马克思恩格斯全集》第3卷，人民出版社，1960，第480页。
③ 《马克思恩格斯文集》第1卷，人民出版社，2009，第729页。
④ 《马克思恩格斯文集》第5卷，人民出版社，2009，第704页。

为:"私人利益本身已经是社会所决定的利益,而且只有在社会所设定的条件下,并使用社会所提供的手段,才能达到。"① 马克思在这里所说的私人利益的社会性有两方面的内涵:社会条件和达到目的的手段的社会性。

私人利益和公共利益、个体利益和共同利益都是处于一定的所有制关系之中的。在私有制社会,"共同利益才采取国家这种与实际的单个利益和全体利益相脱离的独立形式,同时采取虚幻的共同体的形式"②。私有制下,国家是虚幻的共同体,因为国家是统治阶级利益的代言人,而不是共同体整体利益的代言人。因此,在这种虚幻的共同体中,个人利益和整体利益是分离的。要真正实现每个个体的利益,首要的目标只有破除这种虚幻共同体的统治,才能逐步实现。

在历史唯物主义的范畴内,包括正义在内的"道德理想绝不是有着超验根源的一种法典,不是生活以外的一种规则,不是一种先验的价值论,它永远不过是现实的一种反映,物质条件在观念上的表现而已"③。没有先验的抽象的正义,任何正义都是现实的反映,是现实的物质条件在观念上的反映而已。由此可见,马克思主义以历史唯物主义立论,将包括正义在内的道德置于现实与社会中去讨论,以实际的劳动活动去理解,建立起了一种更加真实的、超越规范性道德的理论,同时马克思的正义思想又是基于共同体整体利益正当的正义,而非功利主义建立在个人利益正当性的正义。

(二) 马克思正义观的辩证性

马克思的正义观从方法上来说是把目的和结果、目的与手段综合考虑的正义观。功利主义在方法上,"对行为的判断只是根据其结果,并要求行为者取得可以获得的最佳结果。……行为者努力获得最佳整体结果都是正当的,所以它就把正当与善联系起来了"④。功利主义者不仅仅只

---

① 《马克思恩格斯文集》第 8 卷,人民出版社,2009,第 50 页。
② 《马克思恩格斯文集》第 1 卷,人民出版社,2009,第 536 页。
③ 商务印书馆编辑部:《人道主义、人性论研究资料》第三辑,商务印书馆,1963,第 114 页。
④ 〔英〕史蒂文·卢克斯:《马克思主义与道德》,袁聚录译,高等教育出版社,2009,第 177 页。

是根据行为的结果判断是否正义,而且其结果还要强调要达到最佳结果。达到最佳整体结果就是正义的,就是善的。

马克思在考察和正义相关的问题的时候,重视劳动生产力的全面发展的问题,重视结果,同时他也十分重视人在生产劳动中作为目的而存在的意义和价值。也就是说马克思正义观既关注物的结果,更关注人的发展的结果。马克思的正义标准是建立在历史唯物主义基础上的、一元基础多元结合的正义标准。马克思主义虽然认为生产力的普遍发展作为一种"善"能够"为个人生产力的全面的、普遍的发展创造和建立充分的物质条件"①。生产力发展对人的整体发展、对于个体人都有重要意义,因为它能够提供人发展的物质条件。生产力发展一定意义上是检验社会正义的最终标准,但是生产力发展绝不是社会正义的唯一标准。社会是一个有机整体,社会从整体综合的发展来说,从目的上都是为了人更好地存在和发展,人才是社会发展的目的和核心,人也应该是生产的目的和核心。马克思在《1857—1858年经济学手稿》里提出,"古代的观点和现代世界相比,就显得崇高得多,根据古代的观点,人……总是表现为生产的目的,在现代世界,生产表现为人的目的,而财富表现为生产的目的","稚气的古代世界显得较为崇高。另一方面,古代世界在人们力图寻求闭锁的形态、形式以及寻求既定的限制的一切方面,确实较为崇高。古代世界提供了从局限的观点来看的满足,而现代则不给予满足;凡是现代以自我满足而出现的地方,它就是鄙俗的"②。古代社会和现代社会比较,现代社会的生产力是得到了高度的发展,但是不能仅仅看到这一点,社会的发展是一个综合体,古代社会的发展和现代社会的发展比较,古代社会能够把人作为劳动生产的目的,这点比现代社会里把财富作为目的要崇高的多,现代社会则显得有些鄙俗。

马克思的正义的目的是人,是个人和共同体整体有机协调、在共同体中自由全面发展的人。在《德意志意识形态》中,马克思恩格斯提出,"只有在共同体中,个人才能获得全面发展其才能的手段,也就是说,只有在共同体中才可能有个人自由。"③ 马克思恩格斯在这里明确表

---

① 《马克思恩格斯全集》第46卷(上),人民出版社,1979,第520页。
② 《马克思恩格斯全集》第46卷(上),人民出版社,1979,第4860页。
③ 《马克思恩格斯文集》第1卷,人民出版社,2009,第571页。

明，共同体只是个人自由与全面发展其才能的手段，而不是目的本身。从马克思的思想内在逻辑来看，人类解放的出发点和落脚点是个体的自由，这亦是马克思主义实践哲学的内在逻辑的根本立足点。但更进一步说，作为整体意义上的人类解放，"是个体自由得以实现的历史性的先决条件"①。可以说共同体思想是马克思思想逻辑中的手段，个人的自由全面发展是马克思思想的立足点。两者有机结合构成了马克思关于正义的整体理解。正义是通过共同体的建设，来实现人的自由而全面的发展。

马克思的正义思想是一个有机整体，我们必须在这个有机整体中把握马克思的正义观，而不是强调一点，夸大一点，放大一点，需要处理好点与点之间的关系，处理好点和整体之间的关系。西方有的学者认为，马克思"并没有将人的完善看作高于一切的规范性（或道德）理想，事实上，靠牺牲多数人去促进少数人的完善，这绝对是马克思最强烈谴责的。……对马克思来说，只有人类个体才具有第一位的——而且确实也是唯一的——重要性"②。过分地强调马克思正义思想中的个体，而且把这个个体脱离共同体的背景，这也不符合马克思的思想逻辑，是对马克思的一种主观诠释。

无论是目的—结果还是目的—手段，在马克思的思想中，正义是通过现实实践的逻辑体现出来的，而不是靠思想的逻辑进行抽象推断出来的。马克思的实践哲学根本逻辑是：批判资本主义的资本正义，在实践中通过无产阶级的社会运动，实现劳动阶级为主体的正义。就像马克思所说，东印度所遭受的殖民统治无法通过道德批判而改变，资本主义的全球扩张独立于人的意识的存在，仅仅靠道德批判是无法实现社会正义的。马克思对正义问题进行历史评价所透露出来的基本方法论就是，我们在进行诸如正义等价值判断时，不能把价值判断悬置于历史发展之外，而是置于现实实践的发展之中。霍布斯鲍姆（Eric Hobsbawm）对此说得比较清晰。他提出："对历史的分析必须有一个逻辑分析的框架。这一框架必须以客观可见的人类事务中的定向变迁因素为基础，而不涉及我们

---

① 刘敬东：《理性、自由与实践批判：两个世界的内在张力与历史理念的动力结构》，北京师范大学出版社，2015，第339页。
② 〔美〕佩弗：《马克思主义、道德与社会正义》，吕梁山等译，高等教育出版社，2010，第118~119页。

主观的或现时的愿望,不涉及我们的价值判断。"① 正义是通过实践不断推进和实现的。

(三) 历史唯物主义基础之上的正义

在马克思和恩格斯的德文原著中"正义"一词是"Gerechtigkeit",这一概念翻译过来,有时也被译为"公正"或"公平"。因此,在学术界,"公平"、"公正"和"正义"在许多时候被当作同一概念来使用,我们在这里也遵循这种传统。因为马克思恩格斯的著作中没有专门、系统地对正义问题的探讨,因此,有人认为马克思思想中是没有正义思想的内容的,甚至有的学者认为"正义并不是马克思诉求的对象,而是马克思拒斥、批判的对象"②。和西方自由主义思想家不同,马克思没有从纯粹伦理理论的框架上提出正义问题、构建正义理论。马克思是站在劳动者立场,在总体性批判的视域内,通过批判私有财产制度和资本主义生产关系,摸清人类社会的发展规律,阐释历史唯物主义的正义。马克思独特的正义运思路径,蕴含着多维度的现实内涵,而其探讨的正义也绝非一个简单的价值原则。因为马克思对资本主义的批判,就是在多个维度中展开的,包括经济、政治、文化、思想观念等,同时涉及着历史与现实。马克思在批判中建构的现实性的正义思想,包括"个人所有权"、"分配正义"以及"人的自我实现"等多方面的内容,而这些内容都和劳动紧密联系。

劳动是马克思主义正义观的出发点。人为了获得维持生命的存在就必须从事物质生活资料的生产,因而就必须从事劳动。在劳动的过程中,一方面,发展了生产力;另一方面形成了交往及社会关系。正义的观念和追求正义的实践就是在此基础上形成的。马克思提出:"我们把私有财产,把劳动、资本、土地的互相分离,工资、资本利润、地租的互相分离以及分工、竞争、交换价值概念,等等当作前提。"③ 在对资本主义生产关系及交往方式的批判基础上,马克思对资本主义伦理的诸矛盾进行

---

① 〔英〕埃里克·霍布斯鲍姆:《史学家——历史神话的终结者》,马俊亚、郭英剑译,上海人民出版社,2002,第35页。
② 林进平、徐俊忠:《历史唯物主义视野中的正义观——兼谈马克思何以拒斥、批判正义》,《学术研究》2005年第7期。
③ 《马克思恩格斯文集》第1卷,人民出版社,2009,第155页。

分析批判，指出了资本主义的非正义性和社会主义的正义性。

在马克思之前，休谟、斯密、黑格尔、康德等也建立了近代正义理论的基本框架，他们的理论观点各具特色，各书一端，但是他们都有一个共同的基本前提，就是对人的权利及私有财产权的肯定和确认。这种对人权和财产权的肯定成为现代正义理论的基础。正如麦金太尔所说："正义是给每个人，包括给予者本人——应得的本分。"① 这里所说的"应得的本分"其内涵就是西方语境中所说的人权和私人财产权。马克思指出劳动对人的发展、对社会的发展的决定作用，正义的观念也是在物质生产劳动基础上的交往基础上产生的。马克思在《论犹太人问题》中指出："所谓的人权……无非是市民社会的成员的权利，就是说，无非是利己的人的权利、同其他人并同共同体分离开来的人的权利。"② 马克思以讥讽的语气，对市民自私、利己的人权进行讽刺。他之所以反对这种人权，很明显是因为这种人权是和他人、和共同体分离的人权。马克思不是从抽象意义上一般地反对人权，这是我们应该注意的。和西方近现代以来对权利正义的理论建构不同，马克思更加关注正义权利的实现问题。马克思注重正义权利的社会现实基础，并且站在无产阶级立场，肯定了与个人权利有关的正义原则。

洛克在《政府论》中论述财产时强调："每人对他自己的人身享有一种所有权，除他以外任何人都没有这种权利。他的身体所从事的劳动和他的双手所进行的工作，我们可以说，是正当地属于他的。所以只要他使任何东西脱离自然所提供的和那个东西所处的状态，他就已经掺进他的劳动，在这上面参加他自己所有的某些东西，因而使它成为他的财产。"③ 洛克在这里提出了个人对劳动及劳动成果的占有的权利的正义性。但是值得注意的是，洛克这里所说的劳动者对人身权的享有，对他在自身工作、劳动权利的享有，以及由此形成的财产权的占有的正义性，是建立在抽象的理论基础上的。在表面上，现代以来劳动者享有以上的权利，但是在现实的生产关系、法律关系以及政治关系中，正像卢梭所

---

① 〔美〕阿拉斯戴尔·麦金太尔：《谁之正义？何种合理性？》，万俊人等译，当代中国出版社，1996，第56页。
② 《马克思恩格斯文集》第1卷，人民出版社，2009，第40页。
③ 〔英〕洛克：《政府论》（下），叶启芳、瞿菊农译，商务印书馆，1964，第19页。

说，劳动者总是处于各种束缚之中，并不享有与生俱来的自由和权利。

和西方传统对正义的理解不同，马克思虽然没有专门、系统的正义理论，但是马克思的思想是一个整体。只有从整体上、从正义伦理的角度，我们才能深刻地把握马克思思想的内在逻辑及理论实质。在学术界，有学者把马克思思想看作哲学，有学者把马克思主义单纯理解为政治经济学，等等。这些把马克思主义片面归于某一学科在思维方式上是偏狭的，这种对马克思思想的肢解性的理解对于马克思思想的整体性是一个损害，碎片化的理解也有害对马克思主义的实质理解。马克思的伦理学、马克思的正义是整体上的伦理，是现实正义、根本正义。他的正义是对现代以来的资本主义正义的批判，是对未来理想社会正义建立在现实基础上的新的构建。

马克思从深层阐述了资本主义私有制的非正义性。马克思认为："资本主义的私有制，是以那种以自己的劳动为基础的私有制的消灭为前提的，也就是说，是以劳动者的被剥夺为前提。"① 资本主义私有制建立的前提就是对以劳动为基础的私有制的消灭。在劳动为基础的私有制下，劳动和生产资料和生活资料是直接统一的。而在资本主义生产方式下，劳动和生产资料与生活资料的直接统一被打破。"在资本家有宗主国的力量作后盾的地方，资本家就企图用暴力清除以自己的劳动为基础的生产方式和占有方式。"② 资本主义生产方式的确立在人类历史上固然有其进步的一面，但是从它对劳动为基础的生产方式和占有方式的暴力清除方面看，暴露了它的非正义性一面。

马克思称当时的政治经济学家是资本的献媚者，这些献媚者不敢在本国国内宣布的东西，在殖民地却公开宣称："不剥夺劳动者，不相应地把他们的生产资料转化为资本，劳动的社会生产力的发展、协作、分工以及机器的大规模使用等等，都是不可能的。为了所谓国民财富的利益，他要寻找那些制造人民贫穷的人为的手段。"③ 作为资本献媚者的政治经济学家的行为，这充分说明了资本主义的非正义性。

在资本主义生产方式下，生产资料和生活资料成为资本，劳动者和

---

① 《马克思恩格斯文集》第 5 卷，人民出版社，2009，第 877 页。
② 《马克思恩格斯文集》第 5 卷，人民出版社，2009，第 877 页。
③ 《马克思恩格斯文集》第 5 卷，人民出版社，2009，第 877 页。

生产资料、生活资料一起受资本的控制。马克思说："生产资料和生活资料，作为直接生产者的财产，不是资本。它们只有在同时还充当剥削和统治工人的手段的条件下，才成为资本。但是，在政治经济学家的头脑中，它们的这个资本主义灵魂和它们的物质实体如此紧密地结合在一起，以致在任何情况下，甚至当它们正好是资本的对立面的时候，他也把它们称为资本。"① 在资本的逻辑控制下，劳动者的所有权被剥夺，劳动者成为雇佣劳动者，他就无法占有自己的劳动产品。马克思认为只有占有自己的劳动产品才是正义的。他反对"剥夺利用这种占有去奴役他人劳动的权力"②。在资本主义私有制下，劳动者已经不是生产资料的所有者，"只要劳动者能为自己积累——只要他是自己的生产资料的所有者，他就能做到这一点——，资本主义积累和资本主义生产方式就是不可能的"③。因此在这种状况下的所有权具有非正义性。

马克思还揭示了资本主义生产过程中，由于延长工作日带来的非正义。马克思指出："对剩余劳动的狼一般的贪婪，在这些部门中，无限度的压榨，正如一个英国资产阶级经济学家所说，比西班牙人对美洲红种人的暴虐有过之而无不及，资本终于受到法律规定的约束。"但是在另外一些生产部门，"还在毫无拘束地压榨劳动力"④。马克思对早期使用童工的现象尤其深恶痛绝。表面平等背后的是被控制、被剥削。"在资本面前，一切人都是平等的"⑤。这种平等是基于资本的无限贪婪的平等，因为他们都是资本的工具，无论是女工还是铁匠。

马克思还从劳动报酬的被占有批判了资本主义的非正义。当时李嘉图派的一些极端的理论家叫嚣，要使工人勤勉地劳动，必须尽可能地把工人的工资减到最低限度。马克思指出："他从来也不隐瞒生财之道就在于占有无酬劳动。"⑥ 也就是说这些论调恰好反映了资本家生财之道的实质，反映了资本家生财之道的非正义性。

马克思的劳动正义是一个整体，我们只有从整体上才能把握马克思

---

① 《马克思恩格斯全集》第 44 卷，人民出版社，2001，第 878 页。
② 《马克思恩格斯文集》第 2 卷，人民出版社，2009，第 47 页。
③ 《马克思恩格斯文集》第 5 卷，人民出版社，2009，第 879 页。
④ 《马克思恩格斯文集》第 5 卷，人民出版社，2009，第 282 页。
⑤ 《马克思恩格斯文集》第 5 卷，人民出版社，2009，第 294 页。
⑥ 《马克思恩格斯文集》第 5 卷，人民出版社，2009，第 687 页。

的正义观。前面，我们主要从所有制、所有权，从劳动生产过程、劳动产品的占有、劳动报酬等方面分析了马克思对资本主义正义的批判，指出了其非正义性。资本主义社会是建立在生产方式、交往、分工基础之上的，宗教、法律、政治、道德等的一个综合体。在马克思看来，法律、宗教、哲学、道德等意识形态的形式不过是现实社会关系的反映，同时对现实社会关系、生产方式又有反作用。我们要认识资本主义的非正义性，法律就是一个很好的切入点。

所有制、生产关系等是资本主义非正义产生的根源，法律等非正义是其反映。资本主义的法律是维护其经济基础及其现实的社会关系的。马克思认为，资本主义法律维护的正义是资本统治的正义。在资本的原始积累时期，因土地遭掠夺而被驱逐的人，不可能很快被新兴的工场手工业所容纳。这些人脱离了惯常生活的轨道，沦为乞丐、盗贼、流浪者，其中一部分人是因为习性使然走向堕落，但是也有相当一部分人是环境所迫。15世纪末和整个16世纪，针对流浪者的严苛法律遍布整个欧洲，以惩治被剥削者。"亨利八世时期，1530年，年老和无劳动能力的乞丐获得一种行乞许可证。相反地，身强力壮的流浪者则要遭到鞭打和监禁。他们要被绑在马车后面，被鞭打到遍体流血为止，然后要发誓回到原籍或最近三年所居住的地方去'从事劳动'。"① 法律作为国家意志的体现在显层次上是公共利益的体现，它为了维护整个社会的秩序要立法限制流浪者，使整个社会生活能够回到正常轨道。表面上看这是合乎正义的。但是实质上，这种立法从渊源上来说是承认了、巩固了资本原始积累时期的暴力掠夺所形成的秩序。如此立法，显示历史的发展总是以弱者的牺牲为代价的，是以一部分人对另一部分人的剥夺和侵占为代价的。公平、正义绝不是抽象的，对一部分人的正义就意味着对另一部分人的非正义。

构建新的正义伦理的关键在于劳动者的正义自觉。只有劳动者意识到了其生存的非正义性，而且能够团结起来，新的正义秩序的构建才有希望。马克思对劳动者正义意识的觉醒十分赞赏。在《政治经济学批判（1857—1858）手稿》中，马克思指出："认识到产品是劳动能力自己的

---

① 《马克思恩格斯文集》第5卷，人民出版社，2009，第843页。

产品,并断定劳动同自己的实现条件的分离是不公平的、强制的,这是了不起的觉悟,这种觉悟是以资本为基础的生产方式的产物,而且也正是为这种生产方式送葬的丧钟。"①

总而言之,马克思的正义观不是理论思辨,马克思的思想中没有系统地对正义概念的阐释,他的正义伦理是在历史唯物主义的思维框架下,对资本主义伦理的非正义性的批判,在无产阶级立场上对社会发展的正义的追求。马克思的正义思想以生产方式为基础,以建立在生产方式、社会关系、经济基础之上的道德、政治、法律之间的相互运行关系为机制,批判资本主义的非正义,构建劳动与正义的内在联系的伦理。这种正义伦理以历史唯物主义的形式呈现。马克思真正意义上的正义伦理的实现是建立在对资本主义的批判和共产主义运动的过程中,建立在对共产主义理想的追求的基础之上的。

二 劳动解放与正义

劳动被看作一种权利,和正义相联系起于近代。近代,洛克强调劳动者的权利,并把劳动者享有劳动权利看作争议的正义。洛克指出:"既然劳动是劳动者的无可争议的所有物,那么对于这一有所增益的东西,除他以外就没有人能够享有权利。"② 之所以如此,是因为追根溯源和近代劳动在实践中的发展、在社会财富创造中的作用的凸显不无关系。在近代以前很长一段时间里,则是依靠身份地位、血缘等来认识人的社会地位。劳动地位的提升和近代社会的发展中劳动作用的重要性分不开。

(一) 劳动解放与正义的社会历史性

马克思的思想中并没有抽象的、系统的关于伦理至善的阐释体系,因此,在正义问题上,马克思也没有系统的理论阐释。但是这并不代表马克思对正义没有自己的观点和看法。在马克思的思想体系中蕴含着他对正义的独特理解。正如上面部分我们所分析的,马克思的正义观是建立在历史唯物主义方法论基础上的正义观。马克思的正义观是社会历史意义上的正义观,马克思在方法上一直强调他只是历史的"阐释者"。

---

① 《马克思恩格斯文集》第 8 卷,人民出版社,2009,第 112 页。
② 〔英〕洛克:《政府论》(下),叶启芳、瞿菊农译,商务印书馆,1964,第 18 页。

中国传统中所说的"我注六经",注释的是"六经",而马克思注释的是"历史"。马克思在演讲中提出:"历史本身就是审判官,而无产阶级就是执刑者。"① 马克思的正义是无产阶级的正义,是无产阶级在社会历史发展中对正义的追求的、探索的反映和指导。从马克思的追求看,他关注的不只是认识世界,他更关注如何改变世界,因此在正义问题上他关心的是无产阶级如何在现实意义上获取正义。

马克思把人的解放置于世界历史的进程中,把个人的解放程度、力度与历史转变、历史发展进程的特点结合起来,而不是抽象地谈论解放和正义。马克思认为:"每一个单独的个人的解放的程度是与历史完全转变为世界历史的程度一致的。"② 在人的解放、正义的实现过程中,劳动有很重要的地位。马克思认为:"只要社会还没有围绕着劳动这个太阳旋转,它就绝不可能达到均衡。"③ 马克思将劳动的解放看作正义目标实现的前提和核心。

马克思在探讨劳动解放与正义的时候更注重实现正义的社会性方式。马克思在《哥达纲领批判》中指出:"只有当现实的个人把抽象的公民复归于自身,并且作为个人,在自己的经验生活、自己的个体劳动、自己的个体关系中间成为类存在物的时候,只有当人认识到自身'固有的力量'是社会力量,并把这种力量组织起来因而不再把社会力量以政治力量的形式同自身分离的时候,只有到了那个时候,人的解放才能完成。"④ 人是类的存在物,但是这个类并不是抽象性的类,它存在于人的经验生活、个体劳动、各种关系之中。当人认识到人的类存在的社会性质,并能在社会意义上把这种力量组织起来,而这些组织起来的社会力量和人自身是融洽的,不是对立的,这时候人的解放和人的权利就实现了统一。在这里马克思谈到了几个统一:公民身份与个体自我的统一;现实的个人与类存在物的统一;社会力量、政治力量与人自身的统一。当这几个统一有机融合的时候,而不是分离对立的时候,才有正义的实现、人的解放。

---

① 《马克思恩格斯文集》第2卷,人民出版社,2009,第581页。
② 《马克思恩格斯全集》第3卷,人民出版社,1960,第42页。
③ 《马克思恩格斯全集》第18卷,人民出版社,1964,第627页。
④ 〔德〕马克思:《哥达纲领批判》,人民出版社,2018,第46页。

劳动解放与正义的实现是建立在对私有财产的扬弃之上的。马克思认为："对私有财产的积极的扬弃，就是说，为了人并且通过人对人的本质和人的生命、对象性的人和人的产品的感性的占有，不应当仅仅被理解为直接的、片面的享受，不应当仅仅被理解为占有、拥有。人以一种全面的方式，就是说，作为一个完整的人，占有自己的全面的本质。"① 占有和拥有和私有制互为因果。在现代化的过程中，私有制强化和加深了占有和拥有的内涵。突破私有制的束缚，也就是突破占有和拥有，因此，在观念与感受方面才能突破直接的、片面的享受。人不受外在占有目的的束缚是实现真正解放和正义的前提。

劳动解放和正义的实现具有历史性。随着社会的发展、生产力的进步，劳动解放的范围和程度也在变化，正义的实现方式、实现的内容也在随之变化。从社会的总体发展趋势看，正义也许会迟到，会有空场，但是从历史的发展趋势看，符合劳动者利益和权益的正义实现具有必然性。当劳动时间在个体生命时间中的比例下降，劳动只是生活的一小部分的时候，劳动应得的正义也就不再适用。因为应得和未得是相对的范畴。这一矛盾的存在表明社会的非正义的存在。随着社会的发展，新型的正义原则，即"需要原则"出现："只有在这个时候，才能完全超出资产阶级权利的狭隘眼界，社会才能在自己的旗帜上写上：各尽所能，按需分配！"② 这种需要原则，体现了正义观念的双重超越性，一方面超越了资本主义私有制下异化的劳动应得正义和权利原则，另一方面又超越了社会主义社会对象化劳动状态下的劳动应得正义。

（二）劳动解放与分配正义

正义的社会制度的首要和基础性的问题是个人权利不受侵犯和分配公平，这是自由主义在正义问题上的基本观点。在自由主义者看来，马克思的人类解放忽视了分配公平，从而得出马克思的伦理思想中没有正义伦理的结论。基于这样的认知，其在分析马克思主义时意图建构一个"伦理的马克思"，由此将分配问题纳入正义关注的焦点中。但是，关注人类解放的马克思真的如上述认知那样，只关心人类整体的解放，只是

---

① 《马克思恩格斯文集》第1卷，人民出版社，2009，第189页。
② 〔德〕马克思：《哥达纲领批判》，人民出版社，2018，第16页。

对人类解放有一个宏观的认识,而没有给分配正义留有空间?

首先,自由主义的正义是维护私有制基础上的正义。西方的自由主义思想家在看待分配正义问题的时候,一个基本的前提是私有制度不可侵犯,私有权的不可侵犯性具有不言自明的合理性。也就是说,传统正义观始终是以私有制为自然前提来寻求社会的公平分配的。自由主义理论的实质是要说明"为什么在私有财产不平等的前提下不平等的分配是公平的"。布莱恩·巴里(Brian Barry)在探讨正义理论时指出:"在柏拉图的时候,如同我们的时代一样,任何正义理论的核心问题都是对于人与人之间不平等关系的辩护。"[①] 也就是一直以来,西方正义理论的实质都是对现实存在的非正义的辩护。论证正义的前提本身有问题,那么由此产生的论证的实效性当然可想而知了。因此,我们说,当传统正义观讨论政治领域的权利分配、正义问题的时候,其对于私有制本身是否具有正义性的问题大多是避而不谈的,私有制是被其悬置,先验地被设定为合理性。

其次,马克思在对资本主义私有制的运行机制分析中蕴含着分配正义的思想。在资本主义雇佣劳动条件下,在生产资料私人占有的情况下,"产品的最大部分属于从来不劳动的人,次大部分属于几乎只是名义上劳动的人,而且劳动越不愉快和越艰苦,报酬就越少,最后,从事最劳累、最费力的体力劳动的人甚至连得到生活必需品都没有保证"[②]。在这里,马克思把产品的分配对象分为:从来不劳动的人,几乎只是名义上劳动的人,从事最劳累、最费力的体力劳动的人。在产品的分配中的非正义表现在劳动的劳累、费力程度和获得的报酬成反比。

在资本主义产权制度的分配机制中,工人分配的是工资,资本家获得的是利润,土地出租者得到的是租金,银行的收入分配主要靠利息等。马克思通过缜密的分析指出利润、地租、利息等都是剩余价值的不同存在形式。当代左翼学者,牛津大学的 G. A. 科恩(G. A. Cohen)教授的理解是有道理的。他认为,在马克思看来,资本占有剩余价值是资本家对工人的"盗窃",而盗窃就是"不正当地拿了属于他者的东西,盗窃

[①] 〔美〕布莱恩·巴里:《正义诸理论》(上),孙晓春、曹海军译,吉林人民出版社,2004,第3页。

[②] 《马克思恩格斯全集》第43卷,人民出版社,2016,第650~651页。

是做不正义的事情,而基于'盗窃'的体系就是基于不正义"①。据此我们清晰地看到,在马克思的思想中分配正义的根源是财产权的正义,是所有权的正义问题。

进一步,我们探索所有权正义问题的历史由来,势必追溯到资本的原始积累,首先要回答的是,资本主义原始积累的正义性问题。马克思指出:"在真正的历史上,征服、奴役、劫掠、杀戮,总之,暴力起着巨大的作用。但是在温和的政治经济学中,从来就是田园诗占统治地位。正义和'劳动'自古以来就是唯一的致富手段,自然,'当前这一年'总是例外。事实上,原始积累的方法决不是田园诗式的东西。"②资本的原始积累绝不是田园诗般的温和优雅,而是充满了掠夺、暴力、血腥和奴役等。总之,原始积累过程中"美洲金银产地的发现,土著居民的被剿灭,被奴役和被埋葬于矿井,对东印度开始进行的征服和掠夺,非洲变成了商业性和猎取黑人的场所"③。马克思认识到,资本原始积累的过程就是生产者和生产资料分离的过程,是劳动者和他的劳动条件的所有权分离的过程,这一分离的过程是由血腥和暴力、由奴役和剥夺的手段奠基起来的。资本积累在积累物质文明的同时也积累了人力资本,即雇佣工人。

马克思分析了雇佣劳动产生过程中的正义和非正义。马克思探究了直接生产者转化为雇佣工人的过程。首先,作为劳动者,"只有当他不再束缚于土地,不再隶属或从属于他人的时候,才能支配自身"④。其次,作为劳动者,"他要成为劳动力的自由出卖者,能把他的商品带到任何可以找到市场的地方去,他就必须摆脱行会的控制,摆脱行会关于学徒和帮工的制度以及关于劳动的约束性规定"⑤。马克思对于这一过程的正义性给了肯定。其正义性表现在,雇佣劳动的兴起"是战胜了封建势力及其令人愤恨的特权的结果,也是战胜了行会及其对生产的自由发展和人对人的自由剥削所加的束缚的结果"⑥。雇佣劳动是对行会人身非自由的

---

① 段忠桥:《对"伍德命题"文本依据的辨析与回应》,《中国社会科学》2017年第9期。
② 《马克思恩格斯文集》第5卷,人民出版社,2009,第821页。
③ 《马克思恩格斯选集》第2卷,人民出版社,2013,第296页。
④ 《马克思恩格斯全集》第23卷,人民出版社,1972,第783页。
⑤ 《马克思恩格斯全集》第23卷,人民出版社,1972,第783页。
⑥ 《马克思恩格斯全集》第23卷,人民出版社,1972,第783页。

矫正，因此具有正义性。在肯定雇佣劳动正义性的同时，马克思对雇佣劳动产生过程中的非正义也进行了揭露："这种剥夺的历史是用血和火的文字载入人类编年史的。""他们借以兴起的手段，同罗马的被释奴隶成为自己保护人的主人所使用的手段同样卑鄙。"① 雇佣劳动产生的手段和结果都蕴含着浓厚的非正义性。在《资本论》中马克思通过分析"对农村居民土地的剥夺""15世纪末以来惩治被剥夺者的血腥立法，压低工资的法律"② 等，详细考察了资本原始积累，也就是资本主义所有权确立时期的非正义性。分配是由所有权来确定，分配的不正义只是现象，要认识这种非正义现象的历史渊源和现实表现，认识其背后的实质是私有制基础上的雇佣劳动下的非正义。但是即使是这样，有人还为工人的贫困进行辩护，把它看成历史发展中的自然现象，从而认为这种贫困也是必然现象，认为"贫困只不过是每一次分娩时的阵痛，无论是自然界还是工业都要经历这种情况"③。这种认识、这种所谓的正义概念本身是无法解释真正的现实的。也正是在这个意义上马克思认为，他所处的时代的正义具有虚幻性和欺骗性。

劳动产品分配的正义性并不等于平均分配，不等于劳动者获得所谓的不折不扣的公平分配。马克思在对德国工人党纲领的批判中对于这一问题做了很好的回答。针对纲领中提出的"劳动的解放要求把劳动资料提高为社会的公共财产，要求集体调节总劳动并公平分配劳动所得"④，马克思恩格斯在《哥达纲领批判》中反问："难道资产者不是断言今天的分配是'公平的'吗？难道它事实上不是在现今的生产方式基础上唯一'公平的'分配吗？难道经济关系是由法的概念来调节，而不是相反，从经济关系中产生出法的关系吗？"⑤ 马克思反对拉萨尔的劳动者要获得不折不扣的劳动所得的观点。他认为劳动所得，如果是集体的劳动所得的话就是社会总产品，而这个总产品是要扣除补偿生产资料的内容，扣除用于扩大再生产追加的部分，扣除预备金或保险，剩下是个人分配，

---

① 《马克思恩格斯全集》第23卷，人民出版社，1972，第783页。
② 《马克思恩格斯文集》第5卷，人民出版社，2009，第843页。
③ 《马克思恩格斯文集》第1卷，人民出版社，2009，第615页。
④ 《马克思恩格斯文集》第3卷，人民出版社，2009，第431页。
⑤ 《马克思恩格斯文集》第3卷，人民出版社，2009，第432页。

但是个人分配还要扣除一般管理费用,以满足共同需要的费用,如学校等,扣除为丧失劳动能力的人设立的基金等。因此根本不存在不折不扣的劳动所得。从社会发展阶段的角度,马克思对劳动者获得不折不扣的劳动所得也进行了批判。

总之,马克思认为分配正义,在资本主义生产方式下只存在于理论中,而在现实的具体的境域中是不存在平等的权利、平等的分配的。对分配正义的认识是有阶级性的,站在资产阶级立场上的思想家认为是正义的分配,而站在无产阶级立场上的理论家则认为是非正义的分配。

劳动解放和正义实现是一个历史发展的过程。劳动解放和劳动正义,一定意义上是要通过劳动时间这个显性的标志体现出来,因为时间是生命的存在方式,时间的占有方式是正义的重要体现。从工人运动的历史发展来看,工人争取工作日的斗争,"清楚地证明:孤立的工人,'自由'出卖劳动力的工人,在资本主义生产的一定成熟阶段上,是无抵抗地屈服的。因此,正常工作日的确立是资本家阶级和工人阶级之间长期的多少隐蔽的内战的产物。斗争是在现代工业范围内开始的"[①]。也就是说在现代工业发展中,工人争取正常工作日的斗争也是工人争取自由与正义的过程,是争取劳动解放的体现。而且我们也看到这种争取劳动解放与正义实现的过程之中,工人必须联合起来,只有联合起来的工人形成整体的阶级力量,劳动解放和正义的实现才有可能。

总之,劳动解放是人的解放,是人从自然和社会关系中的解放,是自然恢复自然本身的魅力,和人处于一种和谐共存的状态。劳动的解放过程,同时也是自由实现的过程。劳动解放的过程同时也是社会正义的实现过程。在这一过程中马克思在方法论上更强调自由、正义实现的现实性。

[①] 《马克思恩格斯文集》第5卷,人民出版社,2009,第346页。

第五章　基于马克思劳动伦理精神的生活追求

　　罗尔斯在《正义论》中提出要建立以正义为核心的秩序以代替西方功利主义传统与价值追求，主张建立一个自由平等原则、适合于最少受惠者的最大利益的差别原则、机会的公平平等原则的社会。马克思的劳动伦理精神所蕴含的对理想生活的追求、所体现的对共同体和个体关系的辩证认知、所蕴含的对于劳动者生活权利的现实保障及对正义追求的精神，在新时代有重要的意义。站在马克思主义立场，继承、发扬马克思劳动伦理的基本思想方法，在市场经济的今天，在走中国特色社会主义道路的过程中，针对市场经济下的功利主义、实用主义，我们以人民为中心，要建立以劳动伦理为核心，崇尚劳动，在劳动中实现人的本质，实现自我，在劳动中把个体和整体有机联系起来的良序社会。以劳动伦理为基础，以社会主义价值观为核心建立良好的社会生活秩序，构建理性的人与自然的和谐秩序，构建非物化的、团结友爱的美好人际关系。

第一节　劳动者的生活质量

　　生活的基本前提是生命的存在，对生命的关注是生命伦理学的主题，生命哲学也十分关注生命本身。德国哲学家狄尔泰把生命本身作为哲学的研究对象。他认为，一切生活现象都是生命的客观化，人类社会以生命之流为基础成为一个有机整体。现代生命伦理学，强调人类生命、动物生命和植物生命以及生态环境的和谐，注重在科技高速发展的今天对人类行为及规范的深度探讨。生命伦理在当代涉及生命科学、政策、法律、行为等，关注当代人的生活状态、生命价值和追求。劳动的过程就是成就生命辉煌的过程。在劳动过程中，劳动者的权益保障是现代法治社会的基本要求，也是劳动者尊严的体现。随着社会的不断发展，劳动时间在人的生命中的占比减少，而且在未来，劳动不是生命的全部，只是生命的一部分，工作、生活与休闲的关系与生命活动的质量提升密切相关。

一 劳动是成就生命、生活活动的基础

劳动是成就生命的活动。劳动不仅成就了人生物意义上的生命，更成就了人的社会、精神生命。需要是劳动的动力，在生产需要活动的过程中，人的生命体现出丰富多样性。随着数字化、智能化技术的发展，非物质劳动在人类社会生活中的地位和作用不断得以提升，人的生命呈现出新的样态。

（一）劳动与身体、需要

首先，劳动是人的肉体生命存在的基本前提条件。肉体生命是精神生命、社会生命的载体，人的丰富性都是建立在劳动的基础之上的。

身体在人类文明史上从来都不是一个单纯的自然产品，它是由社会、历史和文明共同构建的。现代社会，身体又被放置在一个很重要的位置。个体无论是巨额财富的占有者，还是拥有社会名望抑或是崇高价值的信奉者，一旦身体丧失与消解必然导致一切的结束。现代社会，身体越来越成为自我认同的要素。20世纪80年代，布莱恩·特纳开创了身体社会学的研究范式，强调身体不仅是生理、医学范畴的概念，更是社会、文化的概念。美国著名劳工问题专家麦克·布洛维通过对竞争的资本主义工厂、垄断的资本主义工厂、社会主义工厂、变革中的社会主义工厂等的劳动过程及关系进行体验式研究后，提出了工人主体性的思想。他认为工人的劳动不仅仅是生产过程，文化、意识形态、政治等因素也都参与其中，起到了一定的作用。布洛维提出了与生产关系不同的生产的关系概念。他认为在工人劳动过程中，国家的作用、市场的作用等都渗透到劳动之中。劳动过程中的关系，是劳动过程中涉及的交往要素所包含的多元关系。从布洛维的思想我们可以看出，在当代，这些西方学者把马克思的研究方法贯穿到了研究中。因为在方法上，马克思更强调任何概念范畴都是具体社会历史的产物，而布洛维的方法也正好体现了这种方法[①]。布洛维把劳动者的身体放在一定的生产关系之中，和具体的

---

① 参见张嘉昕、张遥遥《麦克·布洛维的劳动过程理论研究》，《世界马克思主义研究》2021年第2期。

政治、经济、意识形态联系起来看。

其次,现代社会中,任何个人都无法逃避的一个基本事实就是,人类追求的各种价值都与身体密切相关。无论是占有巨额财富、拥有社会名望抑或是信奉崇高的价值观念,一旦身体丧失与消解,必然导致这一切的结束,从而在物质基础上取消了个体现实存在的条件。因此,从这种意义上来说,人的身体活动也就是他们的生活。

最后,人类塑造生命和动物在本能基础上的生命内容有质的区别,人的生命活动是在一定目的指引下的活动。马克思说:"动物和自己的生命活动是直接同一的。动物不把自己同自己的生命活动区别开来。它就是自己的生命活动。"① 人和动物不同,人将自己的生命活动本身变成自己的意志和意识的对象。也就是说,人能够对自己的活动有自觉的意识,而动物的生命活动更多只是一种生物本能活动。人的生命活动是有目的的,人是在自觉的理性目的下进行生活的,这是人和动物的区别。人能够对自己的生命活动进行自觉地反思,反思活动进一步体现了人的生命活动的目的性。人如果失去了这种对生命活动的反思行为和反思能力,实际上人的生命活动也就等同于动物的生命活动了。

另外,劳动中的需要及其实现使人的生命在不同历史阶段有了不同的意义。为了理解这一点,我们首先要明白动物的需要和它们的生命。马克思指出:"动物只是在直接的肉体需要的支配下生产,而人甚至不受肉体需要的影响也进行生产,并且只有不受这种需要的影响才进行真正的生产。"② 人的需要包括自然需要和社会需要。任何个人的活动,都应同时不同程度地满足人的自然需要和社会需要,这正是人劳动创造的根本动力。人的需要是具体社会历史语境中的需要,人的需要是多方面、多层次的,是动态性变化的。在这些需要中,最基础的是生活的需要。恩格斯《在马克思墓前的讲话》中指出:"人们首先必须吃、喝、住、穿,然后才能从事政治、科学、艺术、宗教等等。"③ 恩格斯把人的需要分为三个层次:生存需要、享受需要和发展需要。恩格斯指出:"人类的生产在一定的阶段上会达到这样的高度:能够不仅生产生活必需品,而

---

① 《马克思恩格斯文集》第 1 卷,人民出版社,2009,第 162 页。
② 《马克思恩格斯文集》第 1 卷,人民出版社,2009,第 162 页。
③ 《马克思恩格斯文集》第 3 卷,人民出版社,2009,第 601 页。

且生产奢侈品,即使最初只是为少数人生产……这样,生存斗争就变成为享受而斗争,不再是单纯为生存资料斗争,而是也为发展资料,为社会的生产发展资料而斗争。"① 总之,人的需要和他们的活动相联系,因而需要的多样丰富性使人的生命活动比动物的活动有了更丰富深刻的含义,也同时使人生活活动的内容更加丰富多彩。

人是通过感性的活动、实践的途径来满足自己的需要,人的本质力量也是在劳动实践基础上形成的。人的能力、技术以及社会性要素等都是通过实践的途径,并且在实践过程中生成、发展。人作为主体,按照自己的方式掌握外部世界,并能创造属于人的对象世界。因此。相较于动物而言,人对自然界形成的功能圈没有生物学意义上的物种界限。人的实践活动,最基本的实践是劳动实践活动,在实践活动的过程中人丰富了自身,实现了自己的本质力量,锻炼、发展了人的能力、体质;在实践活动中人的技术、科学得以发展,同时随着交往的扩大,分工的扩张,人由地域性不断地突破地域性,走向全球性,地域与地域、人与人、社会与社会,在政治、经济、文化、生态等各方面的联系越来越密切,整个世界形成一个生命的共同体。

随着劳动的历史阶段性发展,人的生命活动也呈现历史阶段性。劳动的形式、劳动要解决的问题、劳动的目标都是在具体的历史情形下提出来,并在一定的历史条件下解决的。随着现代社会的发展,现代条件下的劳动、大工业状况下的劳动和以往的劳动有了质的区别,因此,人的生命活动在现代社会中发生了质的变化。正如马克思所说:"人只有凭借现实的感性的对象才能表现自己的生命。"② 人在感性的活动,即实践中,凭借现实感性的对象表现了生命。

(二) 非物质性劳动与生活的新形态

当代社会,非物质性劳动的地位越来越突出,人的生命状态、人的社会生命状态也随之发生着巨大的变化。随着数字化、信息化、智能化技术的发展,非物质性劳动对人的生命日常影响越来越大,同时也提出了生命发展和演进中的诸多新问题。

---

① 《马克思恩格斯文集》第 10 卷,人民出版社,2009,第 412 页。
② 《马克思恩格斯文集》第 1 卷,人民出版社,2009,第 210 页。

非物质性劳动（immaterial labor）是由意大利学者齐奥·拉扎拉托首先提出的一个概念。美国学者迈克尔·哈特与意大利学者安东尼奥·奈格里在其2000年出版的《帝国——全球化的政治秩序》（简称《帝国》）一书中对这一概念进行了详细的阐述。在《帝国》中，哈特和奈格里明确将非物质性劳动界定为"生产非物质商品的劳动"[1]，认为非物质性劳动是"提供特定服务、生产文化产品或知识、发起信息交流等非物质商品的劳动"[2]，也就是说，他们是从劳动成果的非物质性商品认识非物质性劳动的。在基本认知的基础上，他们把非物质性的劳动划分为三种不同类型：一是融汇在物质生产过程中的智能化和信息化活动；二是生产具有创造性和象征性功能的符号和文化产品（包括生产思想、规范、语言、形象等）的非物质性劳动；三是涉及情感生产和控制的情感经济或服务业。[3]

当代，非物质性劳动比例整体增加，物质性劳动比例下降。国外一些马克思主义者或聚焦劳动领域，针对当代非物质性劳动的兴起，恢复马克思的传统批判地位；或如法国学者安德烈·高兹挖掘非物质性劳动中的生态意蕴，对人的解放潜能进行有益的探索。

尽管马克思的政治经济学批判主要指向资本主义物质生产劳动，但也曾论及非物质性劳动。马克思明确地把服务作为一个生产性概念引入经济领域。"对于提供这些服务的生产者来说，服务就是商品。服务有一定的使用价值（想象的或现实的）和一定的交换价值。"[4] 马克思认为服务型的商品是一般智力的应用。马克思认为这种非物质性劳动的服务是由积累起来的知识、技能和技巧所创造出的一种集体、社会智力。马克思认为这些服务也是直接的生产力。但是整体而言，马克思对于作为非物质性劳动的服务地位的认知，与我们今天的时代发展之间还是有距离的。马克思的思想是他所在的时代的反映，也就难免带有时代的局限性。

---

[1] M. Hardt and A. Negri, *Empire*, Hardard University Press, 2000, p. 32.
[2] M. Hardt and A. Negri, *Empire*, Hardard University Press, 2000, p. 294.
[3] 参见〔美〕麦克尔·哈特、〔意〕安东尼奥·奈格里《帝国——全球化的政治秩序》，杨建国、范一亭译，江苏人民出版社，2003，第279页。
[4] 《马克思恩格斯文集》第8卷，人民出版社，2009，第220页。

随着时代的发展，非物质性劳动的地位越来越重要，非物质性劳动中人的发展的内涵更加丰富。意大利学者迈克尔·哈特与安东尼奥·奈格合著的《帝国》对非物质性劳动的地位、特征等进行了总结。他们认为，以知识经济和第三产业为主的非物质性劳动在全球经济发展中越来越重要。非物质性劳动是以知识、观念、形象、情感、社会关系等为主，融合了生产与生活。非物质性生产侵占了私人空间，非物质性劳动的空间延伸到了私人生活甚至整个社会。非物质性劳动的主体、能动性比较强。非物质性劳动过程是人的生命的确证过程，劳动者的情感、知识、能力等得到丰富和扩展。非物质性劳动的合作，一定意义上可以不依赖于资本而自觉生成。在非物质性劳动占比提高的环境下，资本多样化、人力资本、知识资本等凸显，对传统的货币资本、商品资本的权威形成了挑战。在非物质性生产状态下，公共知识、集体生命力、民主自治等因素在社会伦理中的作用凸显。

非物质性劳动下主体权利意识突出。法国学者安德烈·高兹认为，非物质性劳动主要包括个人精神的人力资本，难以训练和量化，创新性的生命价值凸显。当代的劳动越来越少依靠劳动时间、大量的劳动力，越来越多地依靠科学技术，劳动者的适应、创新、社交能力加强。自主权利意识超过了资本引导的物质需求，这既是主体自身发展逻辑的产物，同时也是外部人的生存、发展环境更新换代的结果。管理好自己的人力资本就成为突出的问题，比如就业问题很大程度上是劳动者自身能力不足问题。在非物质性劳动下，"主体与公司、劳动力与资本之间的区别必须被消除"[①]。

综合以上学者的论述我们可以看到，如果说在马克思主义的视野中他关注的劳动解放主要是从资本对劳动的奴役和支配中解放出来，那么在当代非物质性劳动地位急剧上升的情况下，资本的形式多样化，主体自身的解放就成为当代劳动解放的核心问题。而主体的解放过程中又面临科技伦理等问题。无论如何，马克思看待劳动的解放与人的解放，从社会历史去观察，而不是从主观臆想、判断出发的方法论是我们在认识人的解放、实现人的解放问题上必须始终坚持的方法论。

[①] André Gorz, *TheImmaterial*: *Knowledge*, *Value*, *Capital*, London: Seagull Press, 2010.

非物质性劳动是一种弹性雇佣制的劳动，这是和工业革命中形成的雇佣劳动所不同的。在高度发达的信息技术条件下，任务性劳动造就了弹性雇佣。所谓的弹性雇佣就是根据目标任务进行雇佣，目标任务完成，受雇佣者的责任完成，雇佣就终止。弹性雇佣制是信息技术发达的产物，也是社会分工专业化的产物。弹性雇佣制意味着更多的机会，也意味着更多创造财富的形式。弹性雇佣制和传统雇佣制有所不同，传统雇佣制中，雇佣和被雇佣关系相对稳定，因而被雇佣者在长期的雇佣关系中一定意义上会形成一种归属感，而在弹性雇佣制下，这种归属感无疑会在短暂的合作中被消解。

情感性因素在弹性雇佣制下的作用非常突出。受雇佣者之所以自由自觉地被雇佣，更多是出于一种自愿，这种自愿是建立在他们对目标和任务认同的基础上。因此，他们在加入目的和任务之后，会倾力完成目标和任务，并在其中付出极大的情感。因此，非物质性劳动中情感因素很重要，它渗透于非物质性劳动的生产之中，并对非物质性的劳动过程进行操控。

跨领域的协作性劳动也是非物质性劳动的一个突出特点。和福特时代的劳动协作不同，非物质性劳动中的协作是跨领域的劳动协作。数字信息化时代，某个成果的形成往往是不同领域的人共同协作的产物。一个出色的方案出台，有设计者的精心设计，里面的数据又是懂会计、审计的人精心核算的产物，而方案中精美的图标等，又是计算机专业的人的杰作。

非物质性劳动是一种注重参与性的劳动，是集创造性与参与性为一体的劳动。非物质性劳动和物质性劳动比较，更加注重创造性，注重劳动者参与创造的过程，鼓励享受创造带来的成就感和荣誉感。非物质性劳动对于创造性的劳动成果享受也激励劳动者分享劳动创造的成果。在非物质性劳动中，劳动关系的非正式特征比较突出。有经验的劳动者和新手之间形成了非正式的导师关系。非物质性劳动的参与是一种共享性参与，如百度百科中的词条就是网民共同参与的产物。这种共享性参与又是富有创造性的参与。创造性突出表现在参与形成的成果是以前未有的，或者在以前的基础上创新性地改进。

非物质性劳动在社会生活中的地位提升使得劳动的同质化特征越来

越突出。随着科学技术的不断发展,数字、信息化、人工智能等广泛应用,非物质性劳动在社会经济发展中逐渐成为生产、生活活动的核心,传统的物质性劳动逐渐为非物质性的劳动所统领,劳动越来越受制于信息、智能、技术、交往等非物质性因素,非物质性劳动的主导地位越来越突出。计算机技术的广泛应用,减少了具体劳动的异质性,使劳动的同质化加强。非物质性劳动产业的发展,使信息、知识、沟通、情感等要素被越来越多地引入生产过程,脑力劳动和体力劳动的边界越来越模糊。

但是,非物质性劳动的发展并没有消除发达国家与发展中国家的差距,反而使这种差距更加突出。因为有较高利润和附加值的非物质性劳动会集中在全球经济的强势地区,反之,较低端的生产部门则被转移到经济不发达地区。因此,数字技术的进步只是进一步扩充了社会的物质基础,并未带来人的解放,亦未缩小世界范围内国与国之间的差距。在数字技术广泛运用的今天,资本对人的奴役、西方国家对第三世界国家的掠夺已经成为影响全球政治秩序的重要问题。

非物质性劳动形式下,人的生命存在的异化状况仍然存在。英国学者克里斯蒂纳·富克斯(Christian Fuchs)提出资本剥削数字劳工的三种方式:强迫性、异化、生产者的双重商品化。所谓强迫性是指随着网络在日常交往及社会生活中重要性的增强,人被迫,或者说不得不使用互联网。人对互联网的依赖加深。异化在富克斯的思想中指互联网公司是平台的占有者,用户虽然是互联网不可或缺的使用者,但是他们受平台的支配、盘剥。生产者的双重商品化是指信息的使用者和其所生产的信息都是一种商品。资本对数字劳动的剥削、对人的强迫,使人及其产物的商品化等都是人的生命存在异化的表现。

当然,我们也应该看到非物质性劳动理论的不足,它"只看到了劳动问题的表象,没有触及劳动问题的本质使劳动成为生产劳动的不是劳动的具体形式也不是劳动产品的表现形式而是劳动得以进行的社会生产关系"[1]。劳动的形式和内容又是随着实践发展变化的,随着科技的进

---

[1] 李春建、马丽:《论内格里"非物质劳动理论"——基于历史唯物主义的视角》,《学术交流》2016年第6期。

步，数字化技术的发展，非物质性劳动的占比不断增加，人的生命形式也随之发生变化。

总之，人在劳动实践过程中形成、培养、锻炼了满足生命发展的能力。人的劳动实践活动具有满足人需要的无限能力。习近平总书记指出："人世间的一切成就、一切幸福都源于劳动和创造。"[1] 劳动对人的意义独特。人在劳动中接触外部世界，通过劳动学习生存能力，陶冶情操。也是在劳动的过程中，人可以获得更为健全的人格、更加健康的体魄、更为优良的品质。通过劳动，人拥有了应对当下生活与未来发展的能力，由此让生命迸发出源源不断的活力。

二 劳动者生活权利的保障

当代，劳动者的生存受到各种威胁，这种威胁有来自科技发展带来的如人体器官移植、基因修复、维持生命的仪器等，也有来自市场经济下片面追求利润带来的，也有公共危机带来的，也有全球化过程中自然环境的变化带来的，还有公共政策、公共卫生健康保障方面不力带来的劳动者的生存困扰。

（一）劳动生活权利保障的需求、内涵

劳动者的权利话语是随着20世纪80年代中国由计划经济向市场经济转型的过程中逐步引起人们关注的话语。在这一转变过程中，行政化的劳动关系向市场化的劳动关系过渡。在中国特色社会主义发展过程中，由于地区、部门等发展的不平衡，劳动关系双轨制现象的存在成为当代社会的一种常态现象。新时代，劳动关系的市场化、法治化、现代化是一个必然趋势，这一趋势的根本就是围绕劳动者的权利保障进行的。

关于劳动者的生活权利问题，在我们国家现行的制度方面主要体现在《宪法》等法律、法规中。这些法规、政策等对劳动权内容的界定主要包括以下几个方面。其一，劳动者有就业权（平等性，不因年龄、种族、性别、宗教信仰而受到歧视）。就业权是公民的一项基本权利，就业权的平等是社会平等的重要内容。其二，自主择业权。劳动者可以根据自己的意愿和兴趣自由选择，不受外力的强迫。其三，劳动者的报酬权。

---

[1] 《习近平关于青少年和共青团工作论述摘编》，中央文献出版社，2017，第92~93页。

《劳动法》规定按劳分配,支付不低于当地最低工资的劳动报酬。其四,劳动者休息权。劳动者休息权是我国宪法和劳动法赋予劳动者的基本权利。《劳动法》第三十六条明确规定,国家实行劳动者每日工作时间不超过8小时工作制度。平均每周工作时间不超过44小时工作制度。其五,劳动者的安全卫生权。我国《宪法》规定了系列劳动、劳动条件安全保障的法律、法规。《劳动法》第六章规定了劳动安全卫生制度。除此之外,我国还有《矿山安全法》《安全生产法》《职业病防治法》等系列保障劳动者权利的法律、法规。劳动者的权利,还包括劳动者社会保险权等。

(二) 劳动者生活权利面临的新问题

劳动者权利问题在当前中国特色社会主义市场经济发展中存在的突出问题是劳动者的生存状态和以前比较呈现出了不同的特征。具体来说,劳动者的生存状态具有以下几种特征。

一是劳动时间过长的问题。劳动者的生命时间被工作严重消耗,加班常态化。近年来,在一些科技类的公司,如软件、信息等公司,劳动者往往拿着表面看起来比较高的工资,但是却做着成倍于付出的劳动。在一些高科技行业,许多骨干,往往是年轻人,他们的青春、他们的美好年华就在延长加班中度过。即便是辛苦的长时间工作,也未必有美好的未来。

二是管理中人性化的淡漠。制度化的管理带来了另外一面。制度的原则性和刚性,使现实中出现了过度的管理刚性化特点。在管理内部实行严格的等级制度,下级必须服从上级。与严密等级制度相伴的是管理手段简单粗暴,拥有管理职权的人,往往采用强制命令的绝对权威。在绩效考核方面,上级说了算,上下级之间缺乏必要的交流与沟通,关系冷漠而紧张。

三是劳动者的存在符号化。鲍德里亚在《消费社会》中把物质充盈时代的社会称为消费社会。在消费社会里面人迷失真正的自我,沉迷在消费带来的幻景中。其中他提出,在消费社会中,人通过一些符号获得身份快感,如奢侈品就成为人存在的符号、代表。实际上,劳动者在发展过程中也存在职业侵占自我的现象,劳动过程成为机械的重复,劳动时间占据生活,而且侵占生活。劳动者的符号化,一定意义上可以理解为劳动者的职业化。尤其是在体系内的劳动者,他们的符号化是指他们成为他们所在权位的代表。这种符号化现象突出地表现在劳动者,这里有经济生活的劳动者,也有政治生活的劳动者,还有文化生活的劳动者,也就是我们前面所说的包括物质性劳动者和非物质性劳动者在内的所有的劳动者,他们进行社会交往的时候,往往体现出来的不是一个作为活生生的、有生命力的人的特性,而是作为他们劳动领域内的身份的特性,他们作为有生命者的、活生生的个体自身则被遮蔽,成为隐性的存在。这种符号化的结果,也就是劳动者的物化和异化。

上述问题的存在,使得劳动者在自身择业权、安全权、休息权等权利在现实中面临种种困境和问题。

(三) 劳动者生活权利的保障逻辑及路径

当代,如何保障劳动者的权利成为社会发展中的一个突出问题。对劳动者权利的观照,应该防止两种片面性。一是以劳动者长远利益的名目,忽视、侵犯劳动者的当前利益。二是以劳动者当前利益的满足,过分的功利导致损害劳动者的长远利益。

对劳动者权利的新时代关注,涉及处理好政府、企业及市场之间的关系,资方与劳动者之间的关系,还涉及如何发挥工会的作用,使工会真正成为劳动者自己的组织,反映劳动者的呼声。恩格斯在为《资本论》写的序言中指出:"资本和劳动的关系,是我们现代全部社会体系所依以旋转的轴心。"[①] 虽然我们的时代距离恩格斯的论断过去已经有一个多世纪了,但是这句话在今天仍具有真理性。我国正处于并将长期处于社会主义初级阶段,多种经济成分共同发展的经济制度决定了劳动雇佣关系将长期存在,虽然劳资矛盾不是我国社会的主要矛盾,但是我们必须正视这一矛盾及其对抗性。处理好劳资关系问题是现代社会体系的核心问题。只有处理好这一关系,才能保障劳动者的权利。在保障劳动者权利方面,政府应该从繁杂的微观社会管理中解脱出来,站在人民的立场上,从政策法制上规范资方和工会的活动,协调劳资双方之间的关系。这样政府管理不仅更加从容,而且更加公正,在这种模式下,社会才会更加富有活力,才会达到稳定。

在解决劳资关系的矛盾、保障劳动者权益方面,马克思的劳动者联

---

① 《马克思恩格斯选集》第 2 卷,人民出版社,1972,第 269 页。

合思想在今天仍然有十分重要的意义。马克思恩格斯在《共产党宣言》中倡导："全世界无产者联合起来。"劳动者联合起来是马克思恩格斯的一个基本思想。在雇佣劳动中，资强劳弱，资本处于支配地位，劳动者只有联合起来才能争得自己的利益。随着现代分工的发展，生产的社会化程度不断加强，生产的联合成为必然趋势，使得劳动者的联合具有现实基础和必要性。而且劳动者只有联合起来，才能以组织的力量对抗高度组织化的资本，劳动者的权利才可能得到有效的保障。

中国特色社会主义建设过程中，我们要建设法治中国，建设法治社会，因此，劳动者联合只有在法律框架内的联合才能真正促进劳动者权利的实现。目前，保障劳动者联合的法律依据主要是《宪法》《劳动法》《工会法》等。

新时代，在构建人类命运共同体的时代背景下，劳动者的权利、生命、健康安全权利成为一个公共问题。国家的治理体系、治理能力只有回应这一公共安全问题才能确保劳动者的基本生命、健康权利的实现。劳动者的生命、健康权利从来不是脱离社会发展独立存在的，尤其是在当代。随着国与国之间联系的增强，世界真正成为一个地球村，人类面临许多共同的问题：共同的气候问题、共同的资源问题、共同的疾病问题等。

第二节　工作、新穷人与劳动者生活质量提升面临的新境域

新时代，劳动者的生存和生活面临许多不可控因素，自然环境的变化、全球公共卫生危机的加强、世界格局和世界局势的变化等，都在深刻地影响着劳动者生活质量的变化。在这些变数中，一个重要因素就是新科技革命的挑战。在这些新挑战、新问题下，劳动者的生活质量提升呈现出新特点。在这些新形势下，以马克思的劳动伦理精神为指导，处理好各种要素之间的关系，理顺生活质量发展的内在逻辑对于劳动者生活质量的提升有重要意义。

一　劳动者生活质量提升面临的新境域

劳动者生活质量的提升受客观环境的影响，包括自然环境和人文社会环境，生活质量的提升是一个时代问题，也是一个核心的社会问题。

新科技革命带来的挑战是虚拟生存和现实生活的矛盾带来的。新境域中，主体、科技、资本、市场等伦理关系的新状况给劳动者的生活质量提升带来许多新的问题和解决问题的契机。

（一）新科技革命的挑战

人类历史到目前为止一共经历了四次工业革命，蒸汽技术革命、电力技术革命、计算机技术革命及新的科技革命。新科技革命以生物医学和人工智能为标志，以生物基因技术、虚拟图像技术、量子信息技术、可控核聚变、清洁能源等为突破口。每一次工业革命都对人与外部世界的关系、伦理世界带来巨大变化。第四次工业革命给人类带来的巨大变化有：人自身的变化如疾病治愈、寿命延长等；工业生产效率的提高、农作物产量提高与质量的变化；人与资源互联互通的内涵方式；等等。同时其也提出了许多前所未有的新问题。

新科技革命给人的世界带来益处的同时，也给人类带来了巨大的风险，尤其是人自身的生存伦理方面的巨大挑战。21世纪以来，科技伦理成为国家治理关注的重点。生物医学方面，基因编辑技术、辅助生殖技术等前沿科技迅猛发展，在给人类带来巨大福祉的同时，也不断突破人类的伦理底线和价值尺度。近年来，基因编辑婴儿、器官移植等重大科技伦理事件频繁发生。以生殖为目的的人类基因编辑，以及将基因编辑技术用于人体功能增强等带来了巨大争议。在生命科学方面，新药研发是与人的生命、健康紧密关联的特殊商品，新药研发具有高投入、高风险、高回报的特点，同时也存在药品的治疗和副作用并存的问题。生物医学对人的生存伦理带来最为突出的挑战是关于人的完整价值、人的尊严、人的生命的价值和人类基因安全、遗传安全等涉及人类生存底线的伦理。

大数据、人工智能的发展给人类的生存和发展也带来了严重挑战。机器人的英文单词是"Robot"，就是农奴式被强迫的劳动者，这是捷克作家卡雷尔·恰佩克在其科幻作品中首创的。人工智能的发展给我们的生活带来了很多便利。在现实中人们也看到，人工智能具有改善教育医疗保健、提高生产力的巨大潜力，正是由于它的这些作用，世界上一些国家热情地拥抱这一项技术，意欲使人工智能成为主导世界潮流的领导者。人工智能的确给人自身和社会的发展带来许多便利和创新。但是人工智能在人工智能界也带来了许多问题。首先是安全问题。自动化武器，如无人机、无人战车、哨兵机器人、无人驾驶军舰等被称为杀手机器人，它的研发和利用对人类既有军事安全的威胁也有其他方面的安全问题，比如这些机器人有成为恐怖工具的可能。恐怖分子有可能利用这些武器对无辜人群使用，或以其他反人类的方式使用。其次是对人的权利的侵害和威胁。比如大数据杀熟现象、全景敞视监狱等，这些新话语的出现是科学技术革命带来的巨大变化的反映。最后，还带来了新的伦理关系问题，比如人机关系。

（二）劳动者生存状况呈现出新特点

战后，世界格局发生了深刻变化。影响世界格局的一个重要因素是科技。随着科学技术的新发展，尤其是信息化的发展，资本主义社会的劳动者生存状况呈现新的特点。第一，随着科技的发展，资本有机构成提高，从事简单劳动的产业工人的淘汰率上升，剩余劳动力群体日增月盛，劳动者失业加剧，由此衍生出新的社会贫困问题。在夹缝中生存的劳动力只能在不同的、可被替代的岗位间轮转，随时在就业和待业的状态中交替。在岗劳动者的压力增加，同样面临生存质量的忧虑。第二，发达的生产力为人们提供了大量品种繁多的商品。市场扩大、消费行为频繁，资本主义社会进入消费社会。发达国家的高福利政策使一些人沉湎于消费社会带来的身体快乐、物质感官享受，沉湎于娱乐，形成了现实意义上的生命迷失。第三，劳动者的分化凸显。随着资本主义的发展，高素质劳动者的待遇提高，优厚的工作待遇和体面的社会地位使一部分劳动者成为工人贵族，他们安于享受本职工作和既有的现状。其俨然成为社会中的"成功者"，由此与普通工人尤其是破产工人、剩余劳动力之间的分化日益明显。

劳动者所面临的新境域，概括来说就是科学技术的发展对劳动力就业、生活消费等都产生了深刻的影响，这种影响的直接后果就是劳动主体的分化及这种分化带来了劳动主体的生活质量呈现出较大的差异性，不平衡的矛盾凸显。

二 新穷人、工作伦理、技术、道德

关注劳动者的生活质量问题就不得不关注现代社会出现的新穷人现象。新穷人的出现和现代劳动者的生活质量的状况密切相关。现代社会人的生活质量问题又和工作伦理与道德的关系十分密切，而且随着科学技术的发展，责任伦理超越终极道德要求的现象也十分突出。这些新变化都深刻反映了现代人的生活质量深层次的问题。

（一）劳动价值、再生产与新穷人

随着社会的发展，一方面，富人与穷人、高薪工人贵族和剩余劳动力阶层之间的对立日益凸显，社会的两极分化，贫富差距显性化；另一方面，社会生活中，剥削、压迫的方式更为温和隐蔽，无产阶级与资产阶级之间的阶级对立更加隐蔽。

新穷人概念的出现既是劳动者生活状态变化的反映，同时也是劳动者生命质量发生新变化的反映。波兰裔英国社会学家齐格蒙特·鲍曼（Zygmunt Bauman，1925~2017）在《工作、消费、新穷人》中提出了"新穷人"的概念认为"贫穷意味着被排除在一切'正常生活之外'，贫穷意味着'达不到标准'"[1]。这一概念有助于我们认识在现代化背景下劳动者的生存状况。贫穷不只是物质的贫乏带来的身体的饥饿、得不到医疗救治的疾病或者居无定所，贫穷还意味着被排除在"正常生活"，达不到其所处社会的平均生活水平。新穷人群体在现实社会中，往往是受过一定的高等教育、有一定的社会身份地位的群体。这是和传统的穷人不同的显性特征之一。

新穷人的出现是劳动价值从中心地位跌落，让位于资本价值增殖的产物。贫穷的内涵随着社会的发展而发生变化，是一个动态变化的概念。资本价值的增值带来了物质的充盈，经过工业革命的积累和发展，整个社会的物质生活水平得到了空前提升。科学技术在劳动过程中的广泛应用，进一步促进了物质基础的积累，激发了物质社会中的价值增值。物质基础的丰厚、丰富化使得整个社会由之前积累型生产主导的社会向以消费为主导的社会转型和发展。新穷人话语的出现就是和消费社会的兴起、社会由生产社会转变为消费社会这一背景密切联系的。新穷人产生的原因是多方面的。但是有一个突出的问题我们不能忽视，即劳动价值退居后台，消费需求空前膨胀，主体的经济与欲求之间的矛盾凸显，形

---

[1] 〔英〕齐格蒙特·鲍曼：《工作、消费、新穷人》，仇子明、李兰译，吉林出版集团有限责任公司，2010，第85页。

成了物质丰裕时代，消费着丰富物品的劳动者生存环境窘迫。由于这一矛盾的凸显，新穷人群体出现。当然这时消费社会的穷人，不同于前消费社会的穷人。"消费社会的穷人，其社会定义或者说是自我界定，首先且最重要的就是有缺陷、有欠缺、不完美和先天不足的……换言之，就是准备不够充分的——消费者。"① 新穷人指的不是获得生活必需品的使用价值消费方面的不足，而是指超出对生活必需品的使用价值需求，在显示身份、荣誉等符号性消费需求方面和其所处社会的平均水平比较显示的不足。也就是说，新穷人的形成有两个因素值得注意，一是科技进步带来的物质的繁荣充实，二是人的需求随着时代的发展和环境的变化过度膨胀。从人的全面发展的水平层次去理解，我们认为新穷人的出现是人的发展过程中对更高层次生活追求的产物，但是这里很明显还有一个因素就是新穷人的出现是因为主体的需求无限膨胀，尤其是在消费社会中，不是对满足生活必需品的消费不足，不是温饱不足的问题，而是主体的消费欲望膨胀的产物。这种膨胀不管受到何种力量的驱使，自身的还是社会的诱导，呈现出的结果是欲望的极致扩张与自身条件不能满足之间的冲突和矛盾。这种矛盾在日常生活中体现为困窘、匮乏和窘迫以及心理上的焦虑等。

新穷人的出现同时也是资本主义再生产过程中，中心和依附关系发展的产物。在全球化过程中，资本主义再生产进行中，中心地区是资本主义比较发达的地区，是核心技术区，依附地区则是自然或者人力资源等丰富的地区。中心地区掌握着核心、关键技术，在整体上处于支配和主导地位，依附地区的发展深受中心地区的制约。中心地区和依附地区关系的这种格局使得在全球范围内，和收入比较高、消费高的地区相对应出现了新穷人群体。

（二）工作伦理主导的道德世界和消费主导的道德世界

进一步认识新穷人话语出现与生活质量发展面临的新问题，我们需要了解现代化背景下工作伦理与人的生活发展之间的关系。这一关系突出地体现为，在传统社会向消费社会转型中，工作伦理主导的道德和消

---

① 〔英〕齐格蒙特·鲍曼：《工作、消费、新穷人》，仇子明、李兰译，吉林出版集团有限责任公司，2010，第85页。

费社会中消费主导的道德之间的变化。

在后现代，以工作伦理主导的道德行为受到了严重质疑。在生产型社会中，以工作伦理为主导的道德约束促使了社会成员对生产劳动的投入。工作伦理赋予工作以道德的意义，也就是说工作和道德被紧密捆绑在一起。工作伦理和道德的鞭策紧密地联系在一起，这种联系强调，人们为了更好的生活必须参加工作，必须通过工作去获得生活报酬，为生活奠定物质基础。工作伦理主导下，人们安于已经获得的职业，不断地去奋斗，不断地在工作中去充实、发展自我是正当的行为，因为人们认为，只有工作才是实现自我价值的正当方式。工作伦理预设了两个前提。第一，所有人都应该工作，工作是人生的常态，工作是正常的，不工作是反常的。不工作的人被看作游手好闲、无所事事的人。不工作的人分享工作的人的劳动成果是社会不公平的体现，是有失公允的。进一步说就是工作是生活的常态，不工作是非常态，工作的人生是值得过的人生，不工作的人生是无价值、不值得过的人生。第二，不工作的人应该受到道德谴责，工作的人应该受到道德奖赏。通过道德谴责和道德奖赏，鼓励人们工作，尽可能多地工作，做好工作。工作伦理主导下，人们给不工作和工作中的懈怠等行为赋予了非道德的含义。也就是说，在工作伦理主导下，工作是道德情感、道德行为、道德规范等的标准和尺度。因此，在现代社会中，个人生活成就感的获得、成就的认可、个人的尊严等都与工作密切联系。工作成为衡量人的尊严、价值的标准。穷人就是因为没有工作受到鄙视。也就是说现代工人的工作意义不再是指向自身，工作、劳动是为了满足社会，满足他者的需求的活动，因此，现代的工作伦理成为道德绑架的伦理。

消费社会的生活质量指标、标准及评价和消费道德观念等都发生了深刻的变化。在消费社会中，情况发生了变化。工作绑架道德的观念被逐步消解，消费成为身份、尊严的象征。首先，是虚假的消费自由，之所以是虚假的消费自由，是因为在广告满天飞的时代，人们的消费其实不是真正的自由，是被诸如广告这些外在的东西牵扯住的自由，更不用说自由的消费选择受制于消费者的经济条件。在消费自由的选择中，新穷人一定意义上因为经济问题是无法享受这种消费选择的自由的。其次，在消费社会中人们通过消费获得一种自我认同感，在消费的过程中，获得对阶层的身份的认同,获得幸福、成功感。但是这种消费中的自我认同对于新穷人来说其就被排除在外。在消费社会中,社会通过不断地提供新奇的东西,娱乐人,缓解人的无聊、压抑、焦虑等情感。当然这种缓解只能是暂时的,正如鲍曼所言:"只有当一个令人烦恼的需求得到满足的时候,我们会有短暂的快乐,但事后的无聊感立即侵入。"① 新穷人则没有能力享受这种由于消费带来的暂时的情感舒缓。因此,在消费社会中,新穷人不仅是物质上的穷人而且是精神上的穷人。

由此来看,工作伦理主导的道德世界和消费主导的道德世界是两个不同标准的道德世界、不同标准的生活质量世界。这两个道德世界,生活质量的评价各有偏颇,它们也有共同点,它们都是人的存在和生活质量的不同形式的片面发展。关于这一观点,鲍曼的相关批判为我们的认识提供了有价值的参考。鲍曼对工作伦理主导的道德世界进行了批判。他认为,生产社会中工作伦理主导的道德世界是"全景监狱",消费社会是"单景监狱"。在工作伦理社会单靠道德是不够的,还要有硬性的监控体系,人处于全方位的受控制状态。当然,我们对控制的理解应该是开放式的。除了直接的控制还有间接的控制,有物质的控制还有精神的控制。鲍曼认为医院、工厂和救济会与监狱一样都是"全景监狱",都受一定的硬性规则模式和行为模式的统治。而在消费社会里,是表面呈现的选择的自由,是各种形式的,看起来无害的诱惑。如果说"全景监狱"是少数人监视多数人,那么"单景监狱"就是多数人监视少数人,少数精英处于大众的监督之下。

鲍曼还对消费社会中自由程度与社会阶层之间的关系进行了深入观察。鲍曼认为在消费社会里,选择、消费自由与社会阶层成正比:抉择越自由、消费自由程度越高,他的社会阶层就越高。新穷人的抉择度、消费自由度和他的社会阶层都处于低的地位。在生产社会里,劳动力后备军对资本主义社会的发展还会起到调剂作用,但是在消费社会里,新穷人如果不能满足消费社会的需求就没有未来,不能重新获得就业的机会,他们被称为无用的并且是危险的,这才是消费社会中真正的威胁。

---

① 〔英〕齐格蒙特·鲍曼:《工作、消费、新穷人》,仇子明、李兰译,吉林出版集团有限责任公司,2010,第88页。

（三）技术责任与道德

由生产社会到消费社会过渡过程的对比我们发现，消费社会和生产社会之间的差异和区别与科学技术发展过程中的标准化以及社会组织系统发展中的官僚化密切相关。深层次来看，它涉及规则、道德以及消费、选择、自由之间的关系。关于这一问题的论述中，值得一提的是鲍曼从劳动者的生存状况出发，提出现代化进程中，劳动中的技术与道德问题。齐格蒙特·鲍曼通过对现代性背景下人的存在的批判，反思了这一问题。现代性以普遍理性为基础。在西方传统社会中，普遍性是以上帝和道德共同存在为基础的。在文艺复兴过程中，人们在讨伐上帝的同时，也将道德的基础连根拔起，而重新弥合这一断裂，使道德能够在新的土壤中生存是一个新问题。现代性通过科层制来体现，在科层制下，劳动的体系性分工加强。在劳动过程中，以技术责任代替道德责任的现象的存在是现代化过程中的一个突出问题。在权力体系的垂直分化中，技术责任和道德考量之间如何抉择是一个难题。在官僚体系中，个体的行为首先考虑的是目的的实现及其标准化、结果等，如是否运用最优技术、是否有明晰化的标准、是否有明确的目标、是否可以谋求收益的最大化，以此为出发点形成一套劳动体系。在这样的体系中，个体的行为即为结果，衡量结果的标准为是否达到预定。如此一来，技术责任除了既定目标以外不再有所聚焦。整个官僚体系中，忠诚指令、履行责任与义务就成为最高的道德目标。官僚体系使集体性的成果远离人们的道德关注视线，同时也使行为对象非人化，用纯粹技术化代替了道德。在这样的情况下，一个化工厂按照它的职责制造凝固汽油弹，工人完成他的岗位职责是首要的。但是这种制造出来的凝固汽油弹在社会中被恐怖分子使用，烧死了婴儿，进一步追问：工人制造凝固汽油弹的行为是道德行为吗？这是人们面临的一个难题。

第三节　休闲、自由
——破除时间被支配的魔咒

生活质量的发展和演变在现代化发展中的内在逻辑是什么？在实践中我们如何破解生产社会的工作伦理和消费型社会的逻辑带来的人的存

在与发展的困扰？西方学者，如我们上文提到的鲍曼对生产社会和消费社会中劳动者生存状况和命运的描述对我们认识当代资本主义社会劳动者的命运提供了参考。

一 自由时间与人的全面发展

在马克思恩格斯的思想中，自由时间有这样几个方面的内涵。其一，自由时间是工作日之外的时间。物质生产时间与自由时间成反比，"社会工作日中必须用于物质生产的部分就越小，从而个人从事自由活动，脑力活动和社会活动的时间部分就越大"[1]。其二，自由时间是用来享受的时间，自由时间是和人的兴趣发展结合在一起的，是兴趣的空间，自由时间是供人休息、娱乐等自由活动的时间。其三，自由时间是"从事社会的公共事务，例如劳动管理、国家事务、法律事务、艺术、科学等等"[2]的时间，是参加实际的公共事务的时间。

自由时间是人之为人的表征，自由时间对人的存在有十分重要的意义。马克思就明确地谈到自由时间和人的生活质量的关系，谈到时间和工人阶级的生活状况的必然联系。马克思认为："时间是人类发展的空间。一个人如果没有自己处置的自由时间，一生中除睡眠饮食等纯生理上必需的间断以外，都是替资本家服务，那么，他就还不如一头载重的牲畜。"[3] 马克思认为，如果工人没有自己的自由时间，工人就是一部为他人生产财富的机器。自由时间的获得，对个人、对整个人类社会都是至关重要的。马克思把人类的发展看作对自由时间的实际运用。对自由时间的把控是人的全面自由发展的重要体现。自由时间消除了人类活动的内在必须和外在强制。在雇佣劳动条件下，在人为了生存而劳动的状态下，人的劳动是为了外在的目的强制、在特定社会关系的强迫下进行，内在的生存目的和外在的社会强迫使劳动的趣味性、劳动的成就感、劳动的创造力等，都受到一定的抑制。而在自由时间状态下，劳动本身就是目的，劳动的过程体现人的本质，体现人之为人的特性，人的积极探索性、创造性等都得到了充分的发挥和展示。自由时间为人的发展提供

---

[1]《马克思恩格斯全集》第23卷，人民出版社，1972，第579页。
[2]《马克思恩格斯全集》第20卷，人民出版社，1971，第198页。
[3]《马克思恩格斯全集》第21卷，人民出版社，2003，第204页。

了广阔的空间，它不是无聊打发时间的代名词，它的意义在于给人提供可能展示人的能力的机会，展示人的才能，驾驭外部世界。在自由时间的劳动过程中，塑造平等、自由、和谐的新型人际关系，孕育、展现人的社会属性。在自由时间中，人的个性得以展示，才华体现出来，潜能被激发，身心愉悦放松。在自由时间中，人成为真正意义上的自由的生命个体。

自由时间就是人生的财富，也是社会财富。以时间维度看未来社会财富的衡量尺度，我们才能跳出世俗的羁绊，认识劳动解放的深刻内涵。马克思指出："如果抛掉狭隘的资产阶级形式，那么财富不就是在普遍交换中产生的个人需要、才能、享用、生产力等的普遍性吗……不就是人的创造天赋的普遍性吗？"未来社会，"财富的尺度决不再是劳动时间，而是可以自由支配的时间"[①]。从根本上说，自由时间在理想社会中将成为衡量社会财富的唯一标准，也是最高标准。一个涉及该社会中的每位成员拥有的自由劳动时间越多，说明社会越富裕，文明程度也越高。人类文明的发展过程中财富在不同的文明形态中经历了多种形式，现代社会以降，财富的社会形式是资本为主导。资本的质量规定性被称为财富的标准、财富的象征、财富的尺度。在资本的衡量标准下，人自身的自由、创造性、自主性被遮蔽。马克思以时间为衡量尺度对未来社会的设想打破了财富衡量的物的束缚，是真正体现人性、体现生命本真的衡量尺度。

马克思认为，造成工人自由时间丧失的是雇佣劳动和资本，因为雇佣劳动与资本本身是结合在一起的。"资本的雇佣劳动为前提，而雇佣劳动又以资本为前提。"[②] 只有对资本加以限制，遏制资本的不顾一切，遏制资本的毫不留情的疯狂，才能避免整个工人阶级陷入为别人制造财富的非人的境地。马克思的这一判断是建立在对现代工业全部发展的历史考察基础上得出的，不是马克思的主观臆断。

马克思深刻揭示了资本主义雇佣劳动条件下自由时间的创造规律。劳动者是自由时间的创造者。工人为社会创造了自由时间。自由时间的创造者和自由时间的享受者相错位。马克思认为，"在资本主义社会里，一个阶级享有自由时间，是由于群众的全部生活时间都转化为劳动时间

---

① 《马克思恩格斯选集》第 2 卷，人民出版社，2012，第 787 页。
② 《马克思恩格斯全集》第 6 卷，人民出版社，1961，第 490 页。

了"①，资本家"支配的自由时间，不管这一时间是用于闲暇，是用于从事非直接的生产活动（如战争、国家的管理），还是用于发展不追求任何直接实践目的的人的能力和社会的潜力（艺术等等，科学），——这一自由时间都是以劳动群众方面的剩余劳动为前提"。②资本家享受着自由时间，他所享受的自由时间是工人创造的，资本家是工人为社会创造的自由时间的窃取者。由于这种窃取，马克思宣称，资本家窃取了文明。因为在马克思看来，正是因为工人在直接的生产劳动中的时间付出，才使得资本家有了自由时间，这种自由时间，可以被用作闲暇时间，也可以用作从事较高级活动的时间，比如从事实验科学，以及那些有物质创造力的科学、那些物化中的科学。自由时间的创造和运用规律就是资本主义社会的剩余价值生产规律在时间存在中的体现。

二 自由时间获取与马克思思想的现代拓展

获取自由时间是整体社会伦理革命的一个重要切入点。争取自由时间为实现人的全面自由发展指明了现实的路径。

（一）马克思的自由时间获取路径

当代一些西方学者从审美、艺术创造意义上来认识自由时间的获得和人的生活质量的提升，如鲍曼就是典型的代表。鲍曼对消费社会中新穷人的生存状况和命运充满了深深的关切。鲍曼在解决问题的方法上提出了用工艺道德代替市场交换规则。工艺活动具有丰富的生命价值意义，因为在工艺活动中，通过人的肢体、器官的活动，人的能动性，生命的想象力、创造力能够找到有效的途径和载体。这种方法从具体的历史场景出发，针对现实存在中的问题。鲍曼认为，要用工艺道德重新恢复人类本能的尊严。鲍曼是在理念和具体的活动中去解决问题的，背后的逻辑是审美的和艺术的，鲍曼解决问题的方式充满了学者的理想性，甚至是虚幻性。

马克思对资本主义雇佣劳动下自由时间的创造规律为获取自由时间的路径提供了现实的启发。人的生命具有有限性，劳动者的生命同样是

---

① 《马克思恩格斯文集》第5卷，人民出版社，2009，第605~606页。
② 《马克思恩格斯全集》第47卷，人民出版社，1979，第215页。

有限的。有限的生命如何体现其价值、如何体现其存在以呈现生命的丰富性是一个重要问题。现代科技发展中出现了多种可能性，如克隆人的问题出现，劳动者如何在生存中填平短暂与永恒、有限与无限、现世的生命与不朽之间的鸿沟，或者搭建一种能够跨越这些鸿沟的桥梁，从而使平凡的劳动者能够持续存在、铭刻于永恒之中，给劳动者短暂的生命旅程留下不朽的印迹，这是关涉生活质量的重要问题。

马克思认为，获取自由时间，重要的是打破劳动时间为资本控制和奴役的魔咒，从而使自由时间不再受外在力量的强制与干预，使自由时间真正成为人的自由活动的时间，成为人的自由全面发展不可分离的内涵。马克思认为，其重要途径是科学技术的极大的发展，生产力的高度发达。在资本主义制度下，劳动者和自由时间无缘。因为资本家在剩余价值的驱使下，采用各种手段使劳动者的时间变为劳动时间，去从事创造剩余价值的活动。人被工作奴役，正如鲍曼所揭示的，不工作就是不道德的。在这种情况下的劳动是令人厌恶的劳动，劳动只是获取生活的手段，没有快乐可言，如果可以，人们会像逃避瘟疫一样，逃避劳动。在马克思批判资本主义视野中，自由时间的生成是减少劳动者的必要劳动时间，不延长劳动者的剩余劳动时间。不延长劳动者的剩余时间有赖于资本者的道德自觉，这种与虎谋食的问题，并不能解决问题，那问题就集中在必要劳动时间的减少，如何减少必要劳动时间就成为关键。减少必要劳动时间就必须提高劳动生产率，就必须促进科学技术的发展，大力发展生产力。随着科学技术在劳动过程中的大范围应用，它所创造的巨大效率使财富的创造越来越取决于"对人本身的一般生产力的占有"[①]。如此一来，剩余劳动将不再构成一般财富增长的条件。一旦剩余劳动不构成财富增长的条件，资本也就不再通过剥削和劳动的方式实现自身的增值，劳动者的解放也就实现了。在高度发达的生产力条件下，劳动的必要时间大大缩短，自由劳动时间就产生、形成了。

自由时间的生成原因除了上述生产力的高度发达、科学技术的高度发展之外，从社会整体意义上来讲就是劳动的普遍化。马克思指出，创造自

---

① 《马克思恩格斯文集》第8卷，人民出版社，2013，第196页。

由时间必须缩短工作日,"工作日缩短的绝对界限就是劳动的普遍化"①。劳动的普遍化,就是让所有有能力的社会成员,广泛参与到劳动中去。这样,在一定的生产力水平下,由于参与劳动人数的增加,平均在每个人身上的劳动时间就会自然地减少。只有闲者也加入劳动的行列,这一目标才能实现。在这里,有一个整体社会理念对劳动的崇尚问题。我们可以通过意识形态的价值引导,在一定的生产力发展背景下,引导社会形成热爱劳动的风尚,从而达到劳动的普遍化。不过这一方法实质上和鲍曼所说的把道德理念贯穿到工作伦理之中,用道德规范去引导,有一定的相似性。

(二) 马克思自由时间获取思想的现代拓展

马克思对自由时间的认知也有时代的局限性,在现代社会发展、科技进步的背景下,有以下两个方面需要拓展。其一,马克思是在雇佣劳动的背景下来看待工作时间和自由时间的关系,是在工人为资本支配的背景下看待二者关系的。在这一背景下,工作时间和自由时间是对立的。但是随着社会的变化,在我们突破资本主义所有制的背景下,重新审视二者关系的时候,我们会发现,二者是可以统一的。在工作时间内,作为劳动的主体,个人能够发挥自身的创造力,工作和兴趣爱好等可以在工作过程中成为一体。劳动者通过自身从事的工作去参与社会公共事务,从而使自己的劳动具有了超越时间、空间的意义。其二,关于科技活动的劳动时间和直接从事生产的劳动时间之间关系的认识。从前面的论述我们可以看出,马克思在看待直接从事生产的劳动时间的时候,把它和科技活动的劳动时间分开,或者说马克思所说的劳动时间是不包含科技活动的劳动时间在内的。马克思把科技活动的时间看作自由时间的一部分。现代社会中,科学技术高度发达,科学技术在社会生产劳动中的普及化使得科技活动被排除在劳动时间之外,明显已经不适合当代社会发展的现实。科学技术活动本身就是一种劳动活动。因此,把从事科技活动的时间和从事劳动的时间统一起来,对于现代社会的发展有重要意义。

三 劳动时间和休闲时间的现代辩证法

当代,深刻认识马克思的自由时间思想必然要涉及劳动时间和休闲

---

① 《马克思恩格斯全集》第42卷,人民出版社,2016,第543页。

时间的关系,这也是当代人生活质量发展状况面临的一个重要关系。在进入消费社会之后,劳动时间和休闲时间的关系显得尤其重要。一定意义上,劳动时间和自由时间的关系在当代社会现实中表现为劳动时间和休闲时间的关系。

(一) 休闲时间在当代的价值

不同文化对休闲有不同的认知,理性上,对休闲进行阐述应当追溯到古希腊。休闲时间是和古希腊时期的自由人的生活密切联系的一个概念。汉娜·阿伦特在《人的境况》中对亚里士多德所说的自由人进行了概括,指出自由人就是"完全不受生存必需品和由于生存必需而产生的关系的束缚"[①] 的人,自由人是劳动、制作和敛财生活之外,可以自由选择享乐生活,参与政治生活和从事沉思生活的人。由此类推,休闲时间就是自由人从事享乐生活、参与政治生活、从事深思生活的时间。

休闲是人存在的一种状态,也是人的生活方式。作为一种存在状态,休闲是"没有强压与必需、没有劳累与操心的自由状态"[②]。休闲作为一种生活方式已经成为现代人关注的一个重要内容。休闲的方式、休闲和社会群体的区别等已经成为不同类型人的生活质量的重要表征。休闲从活动的角度看是完成职责、职业及家庭必要的活动之外的活动。休闲和当代人的生活方式密切相关。休闲方式作为一种文化体现,正成为区分不同社会人群的符号。

(二) 当代劳动与休闲时间的困境

休闲体现着人们对美好生活的追求,休闲在工作伦理主导的道德世界中也被赋予了消极的价值。在现实世界中,劳动和休闲遭遇了巨大的困境。

在消费至上、资本至上的背景下,劳动的认同弱化。现实悖论是劳动认同虚弱的重要根源。改革开放后,资本的价值上升,利益最大化不仅仅是经济的追求,而且成为社会的价值取向得以渗透到价值观中。在多元分配机制下,劳动者,尤其是劳动者收入付出的辛劳性突出,金钱

---

① 〔美〕汉娜·阿伦特:《人的境况》(第 2 版),王寅丽译,上海人民出版社,2021,第 5 页。
② 〔德〕韩炳哲:《时间的味道》,包向飞、徐基太译,重庆大学出版社,2018,第 178 页。

崇拜、享乐主义观念随着市场经济的发展蔓延，又助长了资本对劳动的挤压和扭曲，劳动的崇高、荣誉价值地位在资本的现实利益价值面前显得软弱无力。

在消费主义观念影响下，休闲观念的非理性特征凸显，消解了劳动创造美好生活的价值世界。休闲以消费为主导，而消费则体现了非理性的特征。消费的非理性表现为以下三点。其一，消费的符号性。消费的目的不在于消费对象的使用价值，注重的是消费对象对于消费主体的社会身份、地位符号性的价值。其二，消费的炫耀性。消费是为了显示其实力、其社会影响，通过消费行为向社会昭示其影响力。其三，消费的奢侈性等。在消费主义价值观的影响下，主体观念的物化、人与人关系的现实化等超越性的维度欠缺，主体精神内涵的追求弱化。

劳动与休闲时间面临的现实挑战是，实践中，企业在追求利润，扩大市场的过程中延长工作日，侵害劳动者的休息休假时间。《劳动法》对于工作时间和休息休假时间等都作了明确规定，但现实是，"996"的存在对劳动法形成了挑战。在数字化时代，数字劳动拓展了劳动者的劳动空间，劳动时间对休闲时间的侵占更为突出。劳动时间对休闲时间的侵占不仅仅体现在显性的时间占有上，而且还体现在隐性时间的占有。劳动时间蔓延到休闲时间带来了休闲时间的无聊、焦虑和压迫感，无形地侵蚀着休闲时间，影响着劳动者的生活质量。

当代劳动与休闲关系的处理在社会发展的转型过程中还体现在来自观念深处的矛盾。一方面是休闲存在的现实，另一方面是来自崇尚劳动、以勤劳著称的中华民族对休闲的主观排斥，在观念上将休闲等同于娱乐、等同于无聊等。由于这些观念的顽固性，使得科学的休闲文化和生活质量的提升在现实中困难重重。

（三）辩证处理劳动时间与休闲时间的关系，促进生活质量提升

马克思对劳动时间和自由时间辩证关系的认识对我们处理劳动时间和休闲时间有重要的启发意义。以休闲时间反作用于劳动时间，促进生产力的发展是马克思劳动时间与休闲时间辩证法对我们的重要启示。马克思认为："节约劳动时间等于增加自由时间，即增加使个人得到充分发展的时间，而个人的充分发展又作为最大的生产力反作用于

劳动生产力。"① 从这段话我们可以看出，在马克思看来，劳动时间和自由时间不仅仅是对立的关系，不仅仅是此增彼减的关系，自由时间使得个人得到充分的发展，反过来反哺生产力的发展，从而促进劳动生产力的提高。因此，在实践中，休闲时间会更好地促进劳动生产力的发展，促进劳动效率的提升，从而节约劳动时间。因此，在现代治理中，重视休闲时间的适度运用有助于发展水平的提升。

新时代，在实现中国式现代化的过程中加强法治建设，既是建立现代型企业文化、完善企业的社会责任、促进企业现代法治转型的需要，同时也是促进整体社会的法治化建设，从而促进整体的社会治理水平，推进社会发展的可持续性的需要。

构建科学的劳动与休闲文化。构建科学的劳动与休闲文化的途径是多种多样的。开展以生活为本源的劳动教育，使青年人提高劳动技能，增强劳动情感，使整个社会形成崇尚、尊重劳动成果的风尚。在新时代弘扬"工匠精神"就是弘扬劳动精神的具体体现。树立正确的劳动观，以劳动模范为典范，发挥模范的带头、示范以及激励作用也是十分重要的。休闲教育目前还不是国民教育的内容，但是休闲教育也是十分重要的。在企事业单位的培训中，如果能把劳动教育和休闲教育融为一体，尤其是在职业生涯的后期，那么将对整个社会休闲文化的优化起到重要作用。在这方面，自媒体有着不可忽视的作用。充分发挥自媒体人才、平台等作用，对于倡导科学的休闲理念、休闲文化，从而提升民众的生活质量是一个重要的途径。

总之，后现代状况下，人的存在状态碎片化和极度自由，使碎片化成为人的存在的重要特征。在后现代状态下，越来越多的是琐碎的、微不足道的选择。这种选择对人是折磨和痛苦，模棱两可和犹豫不决削弱了人们的信心，人们对生活世界的确定性产生了怀疑。人处于一种紧张和不安的状态，伴随着焦虑状态。破解后现代人的生存困局，劳动伦理的价值需要重新评估，需要提升劳动价值应有的地位。当代劳动不仅仅是谋生的手段，也是人成其为自身的目的，劳动时间和自由时间的辩证发展对于人的自由全面发展有重要意义。

---

① 《马克思恩格斯文集》第 8 卷，人民出版社，2009，第 203 页。

第六章 基于马克思劳动伦理精神的共同体建设

人类世界就是一个共同体。人类社会和周围的生存环境、人与自然等构建了一个共同体的体系。在人的世界中有各种各样的共同体，如生命共同体、利益共同体、政治共同体、区域共同体等。马克思的劳动伦理精神对于共同体的构建和发展，对于共同体中分工、交往、消费等活动有重要的现实意义和理论指导意义。随着科技的发展、分工的复杂化、人类交往的扩大化，共同体的发展对人类来说越来越具有重要的意义。人类命运共同体理论是中国共产党人在新时代的理论创新，而人类命运共同体是社会历史发展的一种必然。劳动和人类命运共同体建设之间有必然的联系。新时代，以劳动新形态构建人类命运共同体对人类的生存和发展有重要的意义。

第一节 劳动分工、交往及消费与共同体伦理

共同体伦理是通过劳动分工、交往以及消费活动体现的。随着劳动分工的发展，交往的扩大化以及消费社会的到来，共同体的伦理发展呈现出新的特性，只有厘清分工、交往、消费活动在当代的新境域、新问题，我们才能继承马克思劳动伦理精神的精髓，在当代，根据实践的需求及人民对美好生活的需求，构建适合个体和社会发展的和谐美好的共同体。

一 劳动分工与共同体伦理的新问题

分工是伴随着人类的诞生而产生的，不同社会阶段的分工在内涵、特点上不同，背后的逻辑也不同，这些差异形成了不同的社会伦理。在新时代，人类命运共同体将在促进分工的平等化、促进分工的联合性等方面发挥重要作用，从而对构建人类社会的新伦理秩序发挥重要作用。

（一）劳动分工与人类社会的伦理

分工是人类社会性存在的体现。人是社会动物，社会性是人的本质属性。中国文化从群体性、整体性来理解人的社会性。例如荀子在说到人和动物的区别时说，人力不如牛，行不如马，但是牛马却能够为人所用，是因为人能"群"。荀子所说的"群"就是指人的社会性，大家团结在一起发挥团体的力量。西方文化从个体需要谈人与人之间的依赖性，也就是社会性。例如在柏拉图看来，每个人都有多方面、多层次的需要。但是每一个人的能力和才干是有限的，普通人只是具有某个方面的才能，无法周全，因此一般意义上，无法做到自我满足的多样化的实现。因此，社会分工是必然的，人们依靠相互交换劳务满足需求。在柏拉图的视野中，国家是联合起来的团体，不同的分工各自有自己的职能，不同分工的人之间又互相配合。柏拉图主要是从社会主体的主观需要、情感心理需要等出发理解社会生产分工的多样性及其关系。柏拉图还从专注和效率认识分工。他认为，一个人做一件事情专心，做多种事情容易分散注意力。如果一个人专心做一种事情，而且他做的事情和他的性情又是相近的，那么做事情的效率就会比较高。总之，人是社会性的存在，以人类的不同形式的共同体相互依赖、团结，发挥整体性力量在社会中生存和发展。人的存在从来不是单独的、孤立的存在，而是一种群体性的存在，可以说人从一开始就离不开其所在的共同体。人类社会早期，生产力水平低下，人征服自然能力薄弱，个体的生存必须依赖群体，这是早期依赖性的产生及其状况。人的这种社会性存在的本质决定了人的劳动不只是单纯的个体劳动，而是以一种社会形式存在的劳动。

特殊性与普遍性的矛盾是劳动分工背景下共同体存在和发展的基本矛盾。分工是个体性、个别性、特殊性与共同性、社会性、普遍性矛盾发展的产物，分工在这种矛盾中不断地推动社会的发展。在《德意志意识形态》中，马克思认为随着分工的进步，"这种共同利益不是仅仅作为一种'普遍的东西'存在于观念之中，而首先是作为彼此有了分工的个人之间的相互依存关系存在于现实之中"[①]。马克思在这里说得很明确，共同体利益的普遍性是通过分工过程中的相互依存性体现在现实中

---

① 《马克思恩格斯文集》第1卷，人民出版社，2009，第536页。

的。也就是说，分工的相互依存性越高，共同体利益的普遍性就体现得越充分，因为二者本身就是一个统一体。涂尔干也说过类似的话，他认为："非但每个人，每个阶级，而且从多种角度来说，每个民族都同时加入了分工的行列中，每个人都以自己的方式，以特殊而又确定的程度，加入雄心勃勃的公共事业中。它注定要逐渐地发展起来，以至于把今天的合作者与过去的先行者，以及未来各种各样的后继者结合在一起。这样，人类的不同工作就会不断得到分配，它构成了社会团结的主要因素，构成了社会有机体一天比一天扩大，一天比一天复杂的首要原因。"[①] 涂尔干在这里强调了分工参与者的广泛性、特殊性，同时又强调了人们因为分工形成了一种团结，而这种团结是为了公共事业。涂尔干断言，这种分工和团结的公共事业会不断地扩大、复杂化。

人的无限的需求与资源的相对稀缺性矛盾、生产力发展与个人发展的矛盾是劳动分工基础上共同体建构的重要矛盾。人类的需求具有多样性，需求也是在不断地发展变化，需求的发展趋势是需求内容越来越丰富、多样化。从人的生存环境来看，自然环境、资源在一定意义上具有相对稀缺性，需求的丰富、多样性与资源的稀缺性之间的矛盾冲突使得不同族群之间、地域、国家之间的分工之间产生矛盾与冲突，为解决矛盾冲突，人们采取了经济的交换、战争等形式。生产力的发展是在与人的发展的对立及其相互依赖中实现的。"生产力表现为一种完全不依赖于各个人并与他们分离的东西……其原因是，各个人——他们的力量就是生产力——是分散的和彼此对立的，而另一方面，这些力量只有在这些个人的交往和相互联系中才是真正的力量。"[②] 一方面，生产力的发展与个体的发展分离、对立，这种分离和对立是因为在显层次上他们是不同质的存在；另一方面，不同分工的个人之间的相互交往、联合又构成了一种共同体力量。生产力的发展和个人的发展构成了一种相互作用的辩证关系。生产力与分工发展程度、与地区和民族的发展水平成正比。生产力水平的高低决定了人与自然的关系结合的深度和方式，因此也决定了人活动地域范围的大小、活动种类的多少，也就是决定了人的自由的

---

① 〔法〕涂尔干:《社会分工论》，渠东译，生活·读书·新知三联书店，2000，第2页。
② 《马克思恩格斯文集》第1卷，人民出版社，2009，第580页。

程度。"一个民族的生产力发展的水平，最明显地表现于该民族分工的发展程度。"①

社会的生产分工是一部由封闭走向开放、由各自独立走向共享的发展史。畜牧业与农业、手工业与农业、商业活动与生产活动（畜牧业、农业和手工业）的分工是人类历史上的三次大规模的社会分工。通过三次大的分工，产生了农业、工业和商业等不同的产业，在地域空间上形成了一个个不同的产业结构体系。在前资本主义时代，封闭性、偶然性关系在社会秩序伦理中占主导地位。不同的国家和地区在相对封闭的环境中独立发展，有限的分工导致各国无法共享生产力的进步，这一时期地区性、特殊性在人类发展中的特点较为突出。在经济伦理方面，产业部门之间及其产业结构之间的关系疏散，国家与国家、地区与地区之间的关系是一种偶然而松散的关系。工业革命在欧洲而后在世界范围的兴起、扩散，深刻地影响着全球范围内的劳动分工。随着近现代生产力的发展、科学技术水平的提高，社会分工的速率提升，分工不断地细化。国与国之间的联系越来越密切，相互依赖性增强，共同性增强。国际分工不断加强成为工业革命后世界历史发展的一种必然趋势。工业革命带来的全球产业链分工持续加强，一个突出的特征是发展较快的国家在产业链中处于主导地位。与此同时，在国家存在的前提下，由于国家利益的保护等要求，国家通过汇率、贸易、平衡收支等手段人为地切断国与国之间联系的现象也同时存在。在当代，全球化和逆全球化成为国际社会发展中共存的一对矛盾。

在资本主义条件下，由于劳动分工的专门化与联合、协调的社会化之间的矛盾，国际性的不断推进与发展中的支配与被支配、掠夺与被掠夺同时存在。工业革命的发展促进了专门化的分工，由此带来了社会劳动生产率的极大提高。随着工业化的发展，地区、国家自给自足形式的存在被改变，不同地区和国家被纳入统一的市场，统一的经济体系中的特征越来越明显。封闭、落后的状态被打破，社会进入一个开放、发展的新时期。在以蒸汽机为代表的第一次工业革命时期，生产力得到迅猛发展，分工的规模溢出本国的生产范围，在世界范围内开始进行生产和

---

① 《马克思恩格斯文集》第1卷，人民出版社，2009，第520页。

销售，在世界范围内挖掘和组织资源。国际交换和国际分工的加强使得世界市场不断壮大，资本主义国家的经济发展越来越依赖于世界市场。由工场手工业时代的分工到机器大工业时代的分工，由国内占主体地位的分工到国际分工占主体地位，资本不断拓展着自己的活动范围，增强着对社会方方面面的影响。国际分工促进了资本主义的生产方式在世界各地的扩展，推动了各国生产力的发展，增强了世界的物质财富，也深刻地改变着社会的各种关系，包括伦理关系。资本主义的发展创造了生产力发展的奇迹，给人类带来了进步和幸福，也带来了罪恶和不幸。工业和分工的发展在带来社会巨大进步的同时，也带来了许多问题，在国内带来了社会的贫富分化，带来了相对人口过剩，带来了失业。从国际上来说，因为发达国家发展的原发性、技术上的领先性等，造成了发展中国家对发达国家的从属和依赖，形成了西方对东方的掠夺和支配。世界各国发展不平衡、发展中国家的发展水平和发展质量处于发达国家的发展下游等，这些是造成当代诸种问题的深刻根源。

　　由于资本主义社会的基本矛盾，即生产社会化与生产资料资本主义私有制之间的矛盾，人类的生存和生活面临许多问题。一是发展不平衡中的掠夺。主要是发达国家对发展中国家的原材料、资源、能源的掠夺。出于自然地理、气候等原因，发展中国家有发达国家所没有的资源。在资本主义发展过程中，发达国家利用资本优势对发展中国家的资源进行看似公平交易的掠夺。发达国家通过海外建厂等发展国际型企业的措施，进一步将发展中国家变成自己的原料产地和加工厂。二是劳动者的被压榨有了不同含义。在国际分工布局中，发达国家集中了科技含量较高、污染较少的产业、核心技术。因此发达国家的劳动者被压榨主要体现在劳动时间的侵占、高强度的工作等。发展中国家作为国际产业链的一部分、一个环节，一方面被迫接受倾销商品，另一方面发达国家利用、剥夺发展中国家的劳动力资源，实现高额利润。发展中国家的劳动力在较为恶劣的生产生活条件下，生存环境对身心的侵害成为一个突出问题。三是生存环境的恶化。现代化发展过程中工业垃圾带来的生存环境恶化问题十分突出。在国际分工背景下，环境的污染一方面来自发展中国家承载的发达国家的环境污染项目，另一方面，来自发达国家向发展中国家输送的工业垃圾。四是不平等的国际关系很难撼动。经济全球化推动了发达国家的经济、政治的扩大发展，同时也使得不发达国家和地区的发展劣势和地位更加突出。每一个国家和地区都在长期发展中积累了自己的发展基础，生产力水平、原有的基础和文化等决定了自身的生活世界状况及其表现形式。不同国家和地区的生活世界的状况既是其历史能动性、主动性的产物，同时又是其发展基础的产物。历史的客观和主观等多种因素形成了其发展的历史合力，形成了其生活世界发展的必然。从劳动分工的角度看，分工的必然性表现在分工的现实不为主体所左右、选择，而是被无形的手所推动、所赋予。五是贫富差距。不平等的分工是造成世界性分配不公的根源，是贫富差距、发展不平衡的重要原因。国际分工的非公正性导致经济、生活水平和治理发展的不平衡，反过来又成为道德发展和文明素质发展不平衡的基础和根源。由于贫富差距，发展中国家不仅在经济上依赖于发达国家，受发达国家支配，在政治上、思想文化上也依附于发达国家。国际分工下的生活秩序的形成是资本逻辑主导的产物。在资本主导的生活秩序中，获利国为了维护既得利益，不断通过经济甚至政治手段巩固、扩大已有的不平衡性的分工。弱势国家希望通过努力改变已有的不平衡性的分工模式，调整利益格局。基于此，二者的矛盾便会不断地发展，甚至是激化。这些矛盾为世界的和平发展带来了威胁。因此，世界分工从浅层次上看是不同国家和民族自己选择的产物，是历史主体性的体现，但是在深层次上看，国际范围内生活世界已经被国际分工所塑造，生活世界的整体格局从工业革命后一直是发达国家不断地盘剥落后、弱势国家的结果，生活世界是全球范围内霸权主义演绎的产物。世界秩序和格局建立在世界范围内的资本逐利的基础上，是资本逻辑操纵的结果。这种所谓合理的秩序就是对资本主义国家利益的永恒化的辩护，是对资本合理合法性的辩护，其根源是生产资料的私有制和不断扩大的社会化分工之间的矛盾。

（二）人类命运共同体与新的伦理追求

新时代中国共产党人承担历史责任与使命，倡导和践行人类命运共同体理念。人类命运共同体既是历史主体能动性发挥的产物，也是全球分工发展演变的必然结果。劳动分工的国际性使整个世界成为一个命运共同体。从第一次工业革命世界分工的逐步萌芽，到今天在全球化背景下的深度国际分工与融合，每个国家都在全球价值产业链中扮演着不可或缺的角色。这种深度融合表现在，早期的国际分工是生产—销售的分工，而现在的分工则是一件产品的诞生是世界范围内、跨国界的体力劳动和脑力劳动的结晶。这种联系的紧密性还表现在一旦一个关键环节出事情，任何相关的联系者都不能置身事外。在这种世界联系中，每个国家的特殊利益和世界人民的共同利益之间的冲突和矛盾也越来越突出。我们生存的世界是一个有机体，这个有机体并不等于不同要素、不同部分、不同构成之间的简单相加。不同要素和不同部分在单个独立存在的时候只能发挥其自身的功能，而当它们形成一个有机体时，整体的功能会大于各自独立功能的简单相加，发挥整体大于部分之和的作用。某个国家、民族、地区如果脱离这个有机体发展，它的发展范围、发展能力、水平等将会受到极大的限制。每个国家、民族、地区都有自己的特殊利益、特殊文化和特殊的国情、民族、地域文化，但是世界本身是一个共同体，某个组成部分发生灾害和危机，势必波及其余部分的存在和发展。人类的发展、人类美好生活的实现，不是单个国家、民族、地区的独立发展就能实现的。

在现代化发展中，分工结构的固化和分配格局的固化是阻碍和制约全球共同体发展、阻碍人类发展与进步的一个重要因素。究其根本原因，是跨国利益集团在经济上、在政治文化上不断地促使这种固化的加强。分工的固化导致世界发展整体上面临资源配置严重失衡、贫富不均、环境污染等人类无法解决的共同问题。固化同时使发展中国家的发展举步维艰。其造成的结果是发展中国家发展的机会与发达国家存在着严重的不平等，全球性的正义实现成为虚幻的想象。利益问题，再加上民族、宗教问题，使国家、区域间发展不平衡的问题更加突出。当代局部冲突不断、恐怖主义蠢蠢欲动，这些都对世界和平与发展造成了威胁。"资本主义社会分工逐渐发展成为发达国家与发展中国家之间的不平等的国际分工。随着社会生产力的不断发展和人类对公平、公正、平等等理性追求的需要，资本主义社会分工必将被一种新的、自觉的社会分工所代替。"[1] 这一切都期待有一个更加合理的国际分工新秩序的建立。

---

① 徐国民：《社会分工的历史衍进与理论反思——以社会主义和谐社会的构建为指向的研究》，中国政法大学出版社，2013，第 77 页。

构建人类命运共同体是中国共产党人敢于打破传统世界分工格局与秩序，打破资本逻辑主导的不平等的、非正义的国际格局，构建新的伦理秩序，解决人类共同面临的环境、生态、资源、公共卫生安全等世界问题的中国智慧与中国贡献，是中国共产党人历史担当精神和历史主动性的体现。西方世界企图以"普世价值"影响整个世界，但是这种"普世价值"在美妙的话语中体现的是虚幻和伪善。在现实性上，它并不能解决人类面临的共同的困境和问题，不能提出有效的、建设性的治理思路。面对全球性的公共危机和问题，人类命运共同体理论及其在国家关系实践中的努力，构建着一条新的人类社会的发展道路，创造着人类世界新的生活秩序和样态，新道路和新形态是对利益集团操控的、资本主导的世界秩序的超越。人类命运共同体贡献的智慧和方案是现实性的，它是现实解决人类面临的共同困境和问题，发挥各方力量，聚集人心，同心同力，携手合作，解决问题的必然选择。人类命运共同体建立在各个国家、地区平等互利的基础上，期望摆脱霸权主义的阴影，在平等合作的基础上，共建美好世界。一些发达国家倡导的"普世价值"表面上寻求人类的共同价值，但是在现实中，其主导的逻辑是资本，因此，其实际的结果是对资本的公平正义，而对资本弱势力量则是剥削、支配，是统治。资本逻辑主导下的世界格局，发展中国家的人权、民主从现实性上被忽视，发展中国家的平等权、自由等机会和权利在现实意义上成为虚幻。共同发展并共享发展的成果是人类命运共同体的基本追求，这一追求中渗透着平等、民主等伦理理念，是现实性地推进人类权利实现的理念。把利益集团的话语借助国家的形式，进一步借助人类普遍性的形式进行传播，这是"普世价值"话语霸权形成的理路。通过这一理路，发达国家把"普世价值"塑造为全人类的价值追求。人类命运共同体在实践中尊重不同利益的群体，为人类整体和长远发展而谋，在现实实践中，通过政策措施、积极主动的担当行为促进人类共同权益的实现，关注发展中国家人民的命运。

总之，人类命运共同体是面对人类的生存危机和挑战，中国共产党人发挥历史担当和主动担当精神提出的发展理念，也是现实推进世界生活质量的实践。人类命运共同体理念的指引下，中国政府在全球化的过程中，面对风险挑战主动作为，与其他国家共商、共建、共享发展过程与发展成果，尤其是实现了与众多发展中国家平等互惠性的合作。人类命运共同体的理念和实践为人类美好生活的实现提供了发展的理念引导，实践上的有益借鉴、经验，在现实性上使人类的共同价值追求得以呈现。人类命运共同体是人类新伦理秩序构建的理念指引，人类只有摒弃资本主导逻辑的支配和控制，才能真正建立平等、公平、自由的新伦理秩序。

二 交往的发展与共同体伦理的新视野

交往是人类的存在方式。随着生活生产方式的变革，人类交往的形式、交往的内容、交往的原则等也在发生新的变化。交往深深地影响个体和社会的发展。一定意义上，人的交往的广度与深度、交往的形态，实际上决定一个人能够发展到什么程度。人类命运共同体是人类交往发展的必然结果。人类命运共同体为构建人类新的交往伦理奠定了基础，指明了方向。

（一）共同体与人类交往的发展

人作为社会性的生物，共同体是人类生活的基础和条件。马克思认为："只有在共同体中，个人才能获得全面发展其才能的手段，也就是说，只有在共同体中才可能有个人自由。"[①] 在人类历史长河中，不是随便一种共同体就能够为人的自由而全面发展提供条件。在马克思看来，早期人类的共同体即本源共同体，它是人类早期自然形成的共同体。由于早期人类生存手段的简陋、主体生存能力的层次低下，单个人自身无法独立应对自然的风险与挑战，人们便以族群、血缘、部落等为纽带结成共同体生存、繁衍。本源共同体存在出现于私有制产生之前，其以人类简单生产力为存在的前提，财产的公有制是本源共同体的生产关系基础。以共同性为基础的生活是本源共同体生活的基本方式：共同生活、共同劳动、平均分配财产。本源共同体是一种地域范围很小、人数有限的共同体。家庭或家庭的扩大形式——部落是本源共同体的组织载体，本源共同体通过族内婚、群婚、族外婚等形式通婚而组成部落及部落联合。本源共同体中人们没有私有观念，人与人之间处于一种原始的平等状态。本源共同体中成员对共同体的依附性强，共同体给予个体安全、

[①] 《马克思恩格斯文集》第1卷，人民出版社，2009，第571页。

归属感，共同体是个体物质、精神的家园。本源共同体中，个体的个性与自由也淹没在其共同性之中。这一时期人的交往诉求主要是生存，交往的目的是依托共同体增强安全、归属感，解决现实的生存问题。本源共同体又被称为自然共同体，在共同体中个体生存是第一位的。这一时期，个体从属于集体而存在，人的交往也被局限在一定的区域内，独立性受到了很大的局限。自然共同体下，分工不发达，交往活动也因此受到制约。本源共同体中个人与共同体的关系体现出个人对共同体有极强的依赖性。随着生产力的逐步发展，文明的进步，私有制的产生、发展，交往范围和领域的扩大，社会组织形式的变化，人类早期的本源共同体逐步被遮盖，让位于国家共同体。

国家共同体是代替本源共同体的又一种共同体形式。随着社会分工的发展，人的交往方式、内容、交往范围等不断地变化，在这一过程中，产生了社会等级的分化，出现了阶级。在阶级、等级共同体中，交往的层级化特征突出，不同等级的人因为社会条件、主观需求等的共同性形成了其等级特有的交往模式。在国家共同体的发展过程中因为利益的分化、宗教信仰的差异、文化习俗的差异，其交往形式、交往内容、交往原则等发生了很大的变化。在交往过程中，交往目标复杂化，交往的冲突形式和内容等也多样化，人们通过战争、外交等方式进行交往。在前资本主义时期的国家共同体中，人们的交往延续自然共同体下的交往，地缘交往和血缘基础上的交往在社会中占有重要地位，人类交往的地域性特征十分突出。总体来看，前资本主义时代，人类的交往虽然在各自的自然、文化习俗等基础上有了大的发展，但是前资本主义时期地域性的交往特点突出，交往范围局限在一定的地域之内，不同国家经济、政治、文化等的发展都在相对独立空间内进行。因此，在很长时间内，交往的发展缓慢，国际交往的偶然性较强。随着商品经济的发展，资本主义生产方式在社会生活中占据主导地位，进入资本主义时代后，生产力快速发展，物质文明的发展取得了长足进步，人类共同体的内涵、形式等也发生了巨大的变化。进入资本主义时代，在资本逻辑的驱动下，商品贸易形式的交往取得了巨大的进展。贸易的扩大，技术的进步，世界历史的推进，全球性的市场不断地推进和演化，交通、通信技术的发展，为人们扩大交往提供了动力和便利。世界性的交往代替了地域性的交往，交往的普遍性代替了交往的特殊性。马克思把资本主义共同体称为虚幻共同体。在虚幻共同体中的交往、资本的扩张下，交往从地域性扩展到全球性，彰显了资本的神奇力量，开启了现代性的途程。虚幻共同体下，人的交往表面平等下的不平等的交往，是表面自由下的不自由的人的交往，是不全面的交往。表面的平等是因为在虚幻共同体中遵循的基本原则是价值规律原则，商品的交换以商品的价值量为基础实行等价交换。在经济的等价交换支配下，一切都看起来是平等的、自由的，没有了前资本主义社会的暴力强制和人身奴役。但是资本主义社会中建立在货币—资本基础上的共同体，资本的逐利目的、商品的交换规则渗透到日常人们的交往中，出于获取利益的目的进行的交往在社会交往中占据重要地位，在这种情况下，人成为物的附庸，人的交往受到了资本的无形操控和压迫。

国家共同体就其实质而言具有虚幻性，这是马克思对私有制下的国家共同体论断的基本观点。马克思深刻论述了资本主义国家共同体虚幻性的内涵。虚幻共同体中，首先是生产力的迅速发展，个人对自然征服、改造的能力大大提高，人成为大写的人。在虚幻共同体中，个体和共同体的关系与之前比发生了很大变化。个体对共同体的依赖性降低是虚幻共同体中个体与共同体关系的一个突出表现。依赖性降低突出体现为个体的主体意识觉醒，主体的个性丰富性、独特性得到了体现，个体的自由一定意义上得到了张扬，个人利益、个性、独特性在虚幻共同体中被强化、放大。国家虚幻共同体中存在着深刻的个体与共同体的矛盾，这一矛盾的存在，使得个体不断以各种形式挑战共同体，为新的共同体的产生奠定了基础。在个体被逐步放大的背景下，共同体成为名存实亡的主体，当个体被放大时，共同体实质上已经被利益集团主导，彰显个性、追求自由的个体为虚假共同体抽象的导言所遮盖，这是虚幻共同体的基本特征之一。从控制权的角度上看，资本主义国家虚幻共同体，是统治阶级的利益共同体，是资本家阶级的利益共同体，而不是全体共同体成员的共同体。在资本主义国家虚幻共同体中，统治阶级是共同体权力的真正拥有者，它控制着国家的经济、政治、文化意识形态等。为了寻求普遍的代表性，它将自己的特殊利益塑造、装扮成普遍利益。正如马克思所说，在阶级社会里，统治阶级的思想占据着统治地位。统治阶级运用国家政权的力量对整个社会进行政治、经济以及思想文化的控制,国家主流的意识形态是为统治阶级掌握国家进行辩护的工具,是统治阶级国家的工具。因此以国家形成呈现的普遍利益是虚幻的、虚假的普遍利益。当然,在马克思的视域中,虚幻共同体的虚幻性并非意味着虚无缥缈,没有控制力,对被统治阶级而言,它是一种蒙蔽,是一种隐蔽的桎梏和束缚。表面的公平、正义、平等掩盖着实质的非公平、非正义、不平等。资本主义国家虚幻共同体中存在私人、集团利益与公共利益不可克服的矛盾,因为共同体的根基是资本主义私有制。资本主义国家虚幻共同体是一个载体,也是一种组织形式,是统治阶级控制、剥夺被统治阶级的组织形式,因此它严重限制了被统治阶级的个人生存和自由,使真正的共同利益处于一种现实的悬置之中。资本主义国家虚幻共同体中,表面上,个人摆脱了对人的依赖,个性和自由的发展获得了充足的空间,但是实质上,个体的个性、自由和主体自身的自由选择存在着背离,为主体之外的异己的力量所支配,从根本上为资本所支配,形成了物的依赖生活氛围。在资本主义虚幻的国家共同体中,人类的交往由本源共同体下对人的依赖状态变为对物的依赖状态。

马克思交往思想的理论基础是历史唯物主义,历史唯物主义也是马克思交往思想的基本方法论。人类生产方式是交往活动的基础。随着生产方式的改进、科学技术的发展,"自然力的征服,机器的采用,化学在工业和农业中的应用,轮船的行驶,铁路的通行,电报的使用,整个整个大陆的开垦,河川的通航,仿佛用法术从地下呼唤出来的大量人口——过去哪一个世纪料想到在社会劳动里蕴藏有这样的生产力呢"[①]。工业革命带来了生产力的巨大进步和科技的突飞猛进,工业革命为人类社会的发展奠定了丰厚的物质基础,同时也促进了交往方式、交往范围的扩大,深刻影响了人类的生活观念和生活方式。生产和交往不是各自独立,而是相互作用与影响的,生产是以个体、群体、组织等交往为前提,交往的方式内容、交往的广度与深度又取决于生产、科技的发展。生产与交往之间具有内在关联性,生产、科技的进步引起交往范围、形式、内涵的变化,促进社会关系的变动和变革。不同民族之间、国家和地区之间

---

① 《马克思恩格斯文集》第2卷,人民出版社,2009,第36页。

的交往既有自身的特色，也遵循着普遍性的规律。在马克思看来，"各民族之间的相互关系取决于每一个民族的生产力、分工和内部交往的发展程度"①。生产力、分工和交往影响民族、地区、国家的交往，反过来，民族、地区与国家之间的交往也在深刻地影响着生产力的发展，影响着生产方式的变革。生产方式发展的普遍性带来了交往的普遍性，交往的普遍性实现又促进、影响生产方式的进一步发展。人类文明发展的历史充分地证明了这一点。在人类文明史上，"一些纯粹偶然的事件，例如蛮族的入侵，甚至是通常的战争，都足以使一个具有发达生产力和有高度需求的国家陷入一切都必须从头开始的境地"②。战争作为人类交往的一种极端形式，既是偶然的交往，也对一个地区、民族及其国家的发展带来了深刻影响，甚至会中断其文明发展的正常历史进程。

当代资本逻辑推动下的全球交往存在着诸多问题，面临多方面的挑战。无论是马克思所生活的 19 世纪还是当今 21 世纪，资本主义自身固有矛盾的存在，使得其发展带来的问题具有了跨世纪的特性。因为矛盾根源的存在，这种矛盾带来的交往在全球范围内存在的问题，虽然因为时间差异呈现出不同样态，但是从问题的影响而言，一直在延续。从问题反映程度而言，甚至出现了一定时期冲突激烈化的表征，问题的形式和内容在改变，但是问题的本质没有变。从经济交往看，突出地表现为全球化与逆全球化的矛盾与冲突。一方面，发达国家把核心技术、低污染的领域放在本国设计与生产，发展中国家成为世界分工体系中劳动力、资源等集中的供给地。另一方面，处于保护民族工业、国家利益、集团利益、地区利益等方面的需求，设置交往的壁垒，阻碍统一的、全球化的交往状况历来已久，而且在新时代仍然在延续。政治交往方面，政治制度、政治观念的差异，政治的交往相对于经济交往的活跃显示出种种谨慎状态。但是我们从中国与西方政治交往实践的变化可以感受到的一个突出的信息是，政治交往的领域范围随着新媒体技术的广泛应用不断加强，如中国主持召开的世界政党大会等都是政治交往开放的新信号。文化的交往随着全球化润物细无声地，以多种多样的形式在民间、官方

---

① 《马克思恩格斯文集》第 1 卷，人民出版社，2009，第 520 页。
② 《马克思恩格斯文集》第 1 卷，人民出版社，2009，第 559~560 页。

的交往中，在不同行业的交往中进行。文化交往的整体趋势是文明的交流、互鉴。

自由人的联合体是马克思提出的人类共同体的第三种形式，也是理想形态的共同体形式。自由人联合体中的交往一个突出特征是自由。在联合体中，个体的自由和共同体的自由互为条件，个体自由构成共同体自由，共同体自由为个体自由提供保障，个人的才能、个性在自由人的联合体中得以充分展示。自觉自愿性的交往是自由人联合体交往的又一特征。在自由人的联合体中，强制性的劳动消除，每个个体根据自身需要，而不是外部的强迫力从事自己喜欢的劳动，在劳动中展现人的自由、创造，体现人对生命之美的感受。人的社会交往、人与自然的交往将是基于人的自由基础上的自觉。人与人之间、国家与国家之间、人与自然之间是平等和谐的交往。城乡对立、职业对立性的交往在自由人联合体中消失。恩格斯这样描绘自由人的联合体："城市和乡村之间的对立也将消失。从事农业和工业的将是同一些人，而不再是两个不同的阶级。"[①]

自由人联合体的共同体下的交往实现需要一定的物质条件，需要主观和客观的基础。按照马克思的设想："一切生产部门将用最合理的方式逐渐组织起来。生产资料的全国性的集中将成为由自由平等的生产者的各联合体所构成的社会的全国性的基础。"[②] 在这一设想中，社会生产的全国性的统一组织是自由人联合体的基础。劳动者按照共同的、合理的计划自由地从事社会劳动，真正实现劳动的主体自由。在自由联合体中，人的交往和以往的共同体比较，又具有更加神圣的性质。正如马克思所说，以往的共同体，或者基于血缘，或者基于经济目的，当然基于经济目的的共同体被意识形态遮蔽，把直接的经济目的遮盖了起来。基于经济目的的共同体是清醒的、务实的，但又是庸俗的。自由人的联合体有血缘，有经济的交往，但是它又具有超越性、神圣性，是自由基础上的对血缘和经济的超越，因而它具有神圣性。

（二）人类命运共同体下的新交往伦理

中国共产党提出的人类命运共同体是实现马克思自由人的联合体理

---

① 《马克思恩格斯文集》第1卷，人民出版社，2009，第689页。
② 《马克思恩格斯文集》第3卷，人民出版社，2009，第233页。

想的实践途径。人类命运共同体立足人民立场，以历史唯物主义方法论为指导，既具有现实性，同时也体现了中国共产党人的责任和担当。人类命运共同体是中国共产党人践行使命和时代担当，在新时代实现马克思主义的自由人联合体思想做出的富有时代特征、开创性的贡献。人类命运共同体是践行马克思的自由人联合体思想的现实实践，是自由人联合体理想的价值追求与新时代实践相结合的产物。同时，人类命运共同体的思想丰富、发展了马克思自由联合体的思想。马克思的思想是他所处的时代精神的反映，同时他的思想也超越了他的时代，在历史长河中与中国实际、中华优秀传统文化相结合，融汇为马克思主义，成为中国革命与建设、改革开放、新时代的理论指南。不同时代的人面临不同的问题，有不同的担当，中国共产党人把握中国社会和世界发展大势及其规律，面对百年未有之大变局和民族复兴全局，担当起时代的责任和使命。

　　人类命运共同体的构建需要交往活动的支撑，尤其需要以经济交往为基础的活动的推动。全球化时代，"人类正处在大发展大变革大调整时期。世界多极化、经济全球化深入发展，社会信息化、文化多样化持续推进，新一轮科技革命和产业革命正在孕育成长，各国相互联系、相互依存，全球命运与共、休戚相关，和平力量的上升远远超过战争因素的增长，和平、发展、合作、共赢的时代潮流更加强劲"[①]。经济交往，跨国企业之间、跨国企业内部的交往，贸易往来活动等对于推动人类命运共同体的构建有积极的促进作用。在实践中，中国通过与"一带一路"共建国家的经济合作，推动了政治、文化等的交往。在经济交往的过程中，信息的共享、文化的交流交融、科技的促进等，使人类交往的深度和广度不断增加。在交往实践中，人类不断地探索解决生存和生活的方式方法，破除强权政治、霸权、恐怖等带来的人类生存的危机和威胁。人类命运共同体首先是一个利益共同体，但是同时又是文化等丰富内容的共同体，是中华民族共同体和世界民族共同体在现实实践中的统一"生产力与交往形式的关系就是交往形式与个人的行动或活动的关系。这种活动的基本形式当然是物质活动，一切其他的活动，如精神活动、政

---

① 《习近平主席在出席世界经济论坛2017年年会和访问联合国日内瓦总部时的演讲》，人民出版社，2017，第20~21页。

治活动、宗教活动等都取决于它"①。

人类命运共同体为新交往伦理提供了新的价值追求，开辟了交往的新格局。这一价值追求就是全人类的共同价值：和平与发展、公平与正义、民主与自由。和平与发展是当今时代的主题，也是人类文明健康持续发展的保障。人类命运共同体下的和平、发展不是无原则的和平主义，也不是只讲发展的功利主义，而是和平与斗争相伴、发展与安全相随。公平、正义是人类交往的崇高目标。公平正义的价值追求与和平发展中的平等性和原则性即人民立场，反对交往中各种形式的不平等。民主与自由是人的自由全面发展在价值追求中的体现。民主、自由是交往中的包容与互鉴，是交往过程中的尊重。人类命运共同体开辟了新交往伦理的格局。新格局的基本内涵是共商、共建、共享。共商的核心内涵是平等性、真诚性。共建与共享是宽容和责任、大度与豁达的统一。

人类命运共同体是新交往伦理构建的指南。以资本逻辑主导的交往、以霸权主导的不平等的交往，使世界在应对人类面临的许多共同的问题上矛盾重重。旧交往形式已经不适应社会的发展，不适应当代世界的发展，当代世界的交往需要新思路、新理论作为指导。人类命运共同体为实现世界的平等、和谐交往提供了建设性、创新性的方案。人类命运共同体不仅是国家外交、经济交往的具体行动指南，更是一种价值追求，是对交往的平等与团结、和谐与公平正义追求的体现。"各国人民同心协力，构建人类命运共同体，建设持久和平、普遍安全、共同繁荣、开放包容、清洁美丽的世界。"② 同心协力是说各国人民的交往要形成一股合力，有了这种联合、整体的力量，和平与安全才有基础、才能维持，共同繁荣才有基础，才能有包容、美丽世界的实现。在安全、文化、环境、政治等诸多方面的交流、对话秉承人类命运共同体理念，人类才能打破冷战思维的桎梏，才能从非此即彼、弱肉强食的对立思维中解放出来。人类命运共同体思维强调共同性、包容性、开放性等，有利于破除交往中的封闭性、排他性。人类命运共同体的实践为理性与和谐的交往提供了典型和示范。共同体尊重和包容文明的多样性，认为："不同文明凝聚

---

① 《马克思恩格斯选集》第1卷，人民出版社，2012，第203页。
② 习近平：《决胜全面建成小康社会　夺取新时代中国特色社会主义伟大胜利——在中国共产党第十九次全国代表大会上的报告》，人民出版社，2017，第58~59页。

着不同民族的智慧和贡献,没有高低之别,更无优劣之分。文明之间要对话,不要排斥;要交流,不要取代。"[1] "和而不同"是中华文化优良传统的核心内核,当今世界文明没有高低贵贱之别,对话交流应该成为文明世界交往的常态,冲突和对抗只能扩大矛盾,助长消极与残酷。

三 消费与共同体视野下的正义追求

消费活动对于共同体伦理的建设十分重要。消费是劳动伦理的一个重要内容和环节。改革开放以来,中国经济迅速发展,社会进入大众消费时代。中国社会由匮乏到初步富裕,社会整体发展处于生产主导型社会向消费主导型社会的过渡时期。以前我们关注劳动的过程,而在消费社会中,我们关注劳动产品的消费。对劳动伦理中的消费道德的探讨,直接涉及人与自然和谐关系的建立,因此,今天探讨劳动伦理中的消费道德不只是一个经济问题,也是一个涉及生态伦理的问题,是一个人与自然关系密切相连的问题。从理想状态上,无须消耗大量自然资源而又能促进人的自我实现的消费方式,通过道德的重塑,构建理想消费活动模式,对促进人的全面发展与经济、社会、生态的可持续发展,都有十分重要的意义。

(一) 消费中的自由与自治

消费活动在人与自然的关系中有重要作用。在人的日常生活中,人不直接与自然发生联系,而是通过与作为消费对象的物品的关系来实现人与自然的关系。商品不仅是人与人关系的中介,也是人与自然关系的中介。人通过消费行为、消费生产活动与自然发生联系。消费者以消费行为为中介与自然发生交换关系。自然环境伦理和主体的消费道德在实践中密切联系。鲍德里亚认为:"今天在我们周围,存在着一种由不断增长的物、服务于物质财富所构成的惊人的消屋和丰盛现象。它构成了人类自然环境的根本变化。恰当地说,富裕的人们不再像过去那样受到人的包围,而是受到物的包围。"[2] 学术话语中体现的"消费社会"概念,

---

[1] 中共中央宣传部编《习近平新时代中国特色社会主义思想学习纲要(2023年版)》,学习出版社、人民出版社,2023,第282页。
[2] 〔法〕让·鲍德里亚:《消费社会》(第3版),刘成富、全志钢译,南京大学出版社,2008,第1页。

通常与能源、资源的浪费，与环境的恶化等相联系。在此情况下，消费道德就显得十分重要。

消费行为是在需求和欲望的刺激下进行的。需求、欲望是人的本性。在现代社会中，显层次上，在需求和满足原则面前人人平等，在物与财富的使用价值面前人人平等，当然在市场交换存在的情况下，在现实意义上，交换价值面前并不是人人平等，而且人不断地被分化，随着现代化步伐的加快，这种分化造成的贫富差距、资源差异日益成为社会的突出问题。消费行为基于人的需求和欲望，人的欲望和需求首先是对衣食住行方面，但是人的欲求不仅仅限于此，人作为社会人，对财富、权力、名誉等都有欲望和需求。而且人的欲望和需求不是抽象存在，它总是和特定的社会环境、社会发展分不开，是社会发展、社会环境的变化在人身上的反映。中国特色社会主义新时代，当人们解决了基本的生存需求后，发展的不平衡不充分与人民群众对于美好生活的需要就成为社会的主要矛盾。人民对美好生活的需要，既有更高层面的物质生活的需要，也有自然环境的需要，需要我们居住的环境山清、水绿、天蓝，人与自然和谐等。

需求和欲望是个体的人行动的动力，一定意义上也是社会发展的动力。人的一切行为的根本目的从主观上说都是为了更好地满足人自身的种种需求和欲望。需求和欲望在一定意义上是行为的动力，有需求和欲望，便会有行动的动力，有实践的动力。从社会发展来看，需求和欲望也是在人的实践活动中产生，并在实践活动中得到实现。正如恩格斯所说，社会生活一旦有新的需求，这种需求就会把人类历史推向新的阶段。从现代社会的发展来看，正是人们扩大市场的需求导致了现代纺织业的革新、蒸汽机的发明创造等，新技术革命在满足社会需求的同时，世界文明也由近代迈向现代。

消费需求和欲望天然具有不断扩展的特性。人类与生俱来就具有种种本能的欲望，在社会生活中，新的需求和欲望又会被激发出来，因此，人的需求和欲望既有自然本能的一面，更有社会性的一面。自然本能与社会性的需求和欲望随着人的发展、社会的发展具有不断扩展的特性。人作为具有自我意识的精神性存在，人的存在不同于动物性的存在，人的存在具有其他动物所不具有的尊严，人的精神活动及其欲求内容更为丰富。当人感受到自己的尊严被动物器官、生理机能、欲望等控制时，就会感到困惑、焦虑。一方面，人们限制需求和欲望是为了维护人的尊严。为了维护人的尊严，人们精心制定了一些规范，以此来规戒自身的动物性器官和机能，并据此认定自己是人，拥有与动物不一样的人性。另一方面，也是更为重要的，对需求和欲望进行适当的限制也是人自身发展和社会发展的必然要求。从人自身来说，欲望和需求不限定在一定的范围内就会带来疾病，带来生存的困扰。从社会来说，欲求无度就会带来社会的腐败，带来社会的种种问题。

自由和自治的统一是消费道德的基本内涵。消费中的道德首先是道德自由与自律的关系问题。自由是人无限欲望的根源。启蒙思想家倡导自由是人性的产物，是人与生俱来的天性。消费作为欲望的满足方式必然会对欲望的主体、客体，以及消费活动相联系的事物和社会、自然产生或大或小、直接或间接的影响。消费既是个体行为，更是社会行为，因此，消费的社会影响是多方面的，是经济、生态，甚至是政治等。这些影响可能是积极的，也可能是消极的或破坏性的，这样就产生了消费的善恶问题，也就是我们在这里探讨的消费道德问题。消费自由是人选择权自由的体现，在一定意义上又是对自由的限制。西方学者多是从精神层面给予肯定的理由，如汤因比认为："自由无疑对人来说是应当尊重的东西，然而对人性中哪些方面给予自由恰恰是一个很重要的问题。给欲望以无限制的自由，就等于压制了崇高的精神自由。因为欲望必然要破坏崇高的精神……为了崇高的精神自由，需要对欲望加以制约。"[1] 汤因比主要是从精神的崇高性方面来谈对自由进行限制的必要性。无限制的欲望和需求会使精神的崇高性降入尘世，因此，必须对欲望和需求进行必要的限制。马克思主义者更多的是从社会意义上看自由的限制问题。因为任何自由都是特定社会中的自由，自由的选择与责任、担当分不开。

消费自由在现实中体现为消费的选择自由与自主。消费是自由的，它建立在平等、自愿、自主的基础上。消费者可根据自己的经济状况、个人性格、生活习惯做出选择。消费自主是指消费行为不受其所不能控

---

[1] 〔英〕A.J.汤因比、〔日〕池田大作：《展望二十一世纪——汤因比与池田大作对话录》，荀春生等译，国际文化出版公司，1985，第57页。

制的其他力量的左右，消费主体自主选择商品和服务的权利。消费者有权根据自己的要求和意愿选择商品和服务。消费自主也是一种能力，即人的自主消费行为必须是合理合法的。消费自主中的理性主要是消费主体对消费行为理性反思的结果，包括消费行为对消费者的生存、发展及其关系的有益性。消费自主不等于任性妄为、为所欲为，它要求消费行为符合法律和公德，不得侵害国家、社会和他人的合法权益，必须对自己的生命、情感及其利益相关人负责。消费自由意味着自律，而自律即自制。所谓自律就是意志自律和行为自律。自律是人自由的体现。自由就其实质是指人的自主性活动按照自己的内心意愿而不受他者的限制。自由是人性需要，也是自我实现和社会进步的根本条件。在现实中，自由是一个人履行责任的前提，如果没有选择的自由，就无法履行责任。但是自由又必须以责任为内涵，否则自由就会成为肆意妄为的代名词。人"必须在理性选择的指导下，有节制地满足自己的愿望、情感和需要"[①]。

当然，我们认为，"自治不是人的自由的对立面，而是它的表达。自由恰恰表现在，人将他对自身生命的兴趣同对陌生生命的兴趣联系在一起，使他自身生命利益的贯彻要局限于对陌生生命的尊重"[②]。自治和自由是内在统一的，二者统一的基础就是人与他人、人的行为与他人的行为是互相关联的，这种关联性是自由和自制统一的基础。也就是说作为社会人，人只有在与他人的关系中生存，因此人不能以自己的自由妨害他者的自由，所以就需要对自己的自由进行限制。

适度的消费、可持续消费观才能保证人与环境、人与社会的和谐、健康。因此，我们在今天倡导绿色的生活方式。而绿色生活方式既是一种健康生活方式的习惯养成，同时也是消费中提高自我克制能力、克服自我中心主义、维护生命尊严的体现。适当消费、消费自由与自制，从整体上看，还需要科学的人生观、价值观作为生命活动的指引。生活中只有不为物所役使，才能倡导精神自由、生命境界。因此，进行生命教育、理想教育也不失一种对抗消费主义泛滥的方式。法治中国、法治社

---

① 〔美〕保罗·库尔兹编《21世纪的人道主义》，肖峰等译，东方出版社，1998，第170~171页。
② 〔瑞士〕克里斯托弗·司徒博：《环境与发展——一种社会伦理学的考量》，邓安庆译，人民出版社，2008，第358页。

会是我们治理的目标，因此，加强法治建设、规范消费行为也是重要的方法。当然，法律的目的并不是限制消费自由，而是保护合理的消费自由。法律既是保护和增进自由的重要手段，也是确定自由边界的重要工具。唯有健全制度机制，才能明确消费自由的边界。除此之外，发挥信仰和价值观在增进人类自制力中的作用也十分重要。观念是行为的先导，是行为的指引。正确的人生价值观无疑是克服消费主义的良药。有理想、有信仰的人对消费的兴趣无形中就会低一点，因为他们的时间和精力会体现在更为崇高的事业上。

自治性实质上是强调消费自由是相对的和有条件的，它受必然性和责任的制约。人的消费自由不仅要受自然规律的制约，还要受各种社会规范的制约，这样才能保证社会和自然的可持续发展。"

（二）消费正义

消费正义是消费行为的正当性问题。从经济的角度看，消费正义主要是消费行为与经济发展水平的适应性问题。过高或者过低的消费不利于经济的周期性发展。从资源环境的角度看，消费正义主要是指消费行为与自然环境的适应性问题。消费行为在生态方面的正当性主要体现为对资源的合理开发利用、环境污染的减少、生物多样性的保持以及自然景观的维护等方面。消费正义是社会正义体系的内容之一，是社会正义在消费领域中的体现。消费正义是从正义的视角审视消费行为的合理性、合目的性，并对之进行批判性的道德评价，其目的是构建起合乎人性，有利于人类社会可持续发展的消费理念和消费行为，以科学的价值观来引导人们的消费活动，使人的消费行为趋于正义和向善。

首先，消费正义问题的产生，体现为观念上对消费的正当性缺乏自觉的、理性的思考，没有科学的消费观念的引导，使我们对什么样的消费是合理的、正当的产生了困惑，因此在行为上出现了不正当的消费。在消费社会中人们享受幸福的生活，享乐在合法合理的氛围中被夸大，享乐的目标成了人生的追求，成为人生行为的重要动机。在物质充裕的时代，人们的观念和匮乏时代相比发生了巨大的变化。合理的、有利于人的幸福感提升的享乐对个体、社会的发展也有重要作用，只要自己经济上承担得起。享乐的合理化基于以下几个方面的理由：人生重在当下的感觉，因此在生命中感受快乐是人生的重要内容；享乐在激烈竞争的社会中，繁忙、压力重重的工作之后，可以减轻工作压力；享乐是付出努力的回报，享乐也是奋斗的动力。享乐主义主张个体的感官享受，注重自我价值的回馈。享乐主义把物质主义的刺激夸大化，一定意义上消解了传统的"大公无私""重义轻利"集体主义、整体主义的道德传统。道德总是在历史现实的具体中体现，在回答具体的问题中，道德的裁判只有符合历史发展趋势，符合人民利益才是进步的道德。

其次，消费正义问题的产生是因为消费不仅仅是个体的行为，它还涉及现实中的消费关系、公共利益问题。人是群居动物，人们是在社会合作中生活。社会性的合作与协调依赖社会性的组织，以组织为载体。社会组织要彰显公共性、公益性特征，致力于社会成员的权利保障，承担实现社会公平正义的责任。社会组织的消费正义问题突出地表现在公共消费行为的正义性问题方面。公共消费就是一种为公众进行服务的消费，或者社会组织公共行为中的消费。公共消费对社会风气、对个体消费有很大的影响。公共消费是指单位、企业、社团组织等集体或者团体为主体的消费，公共消费具有地方性和社会性。地方性的消费是指村庄、乡镇、城市等地方区域范围内的消费；社会性消费是从目的而论，超越地域，为整体社会、国家以及全民进行的公共意义的消费。公共消费与公共需要及政府的决策、社会发展、社会目标的实现等诸多因素相关联，因此公共消费是否造成公众资源的浪费，消费是否合理，公共支出和人的发展、社会的发展，和资源、环境的匹配与适应等，这些都是我们在现实中必须面对和深入思考的问题。

不仅如此，消费不仅仅是一个经济行为还是一种文化。消费作为一种交换行为，它的普遍性在当代尤其值得思考，有些东西是不能以消费的行为、以交换来解释的。消费表面上表现为个人的经济行为，但是个人行为一定意义上只是消费过程或者终端、结果。影响个体消费的因素是多元的，尤其是社会文化心理因素。消费受文化影响这是不争的事实。社会心理文化映射社会地位、社会荣誉、社会评价等趋向。在社会文化的引导下，消费行为呈现出对生产的引导，从而进一步引导社会的发展。良好的消费行为代表着积极的消费文化，引导人们尊重自然、节约资源等。而炫耀主导的消费中，外在的面子文化、虚幻的自尊心等得以充分表达，在这种氛围中，社会责任感被遮蔽，物的外表主宰了人的生活。

在消费的引导下，人的发展的内涵虚化，整个社会的道德认同降低到物的认同的层次。公共资源成为消费资源，为私人把持和使用，奢侈消费使一些人堂而皇之地占取社会资源，官德蒙尘，丧失了民众的信任，因为这些消费行为伤害了公众对于公权力主体的道德期望。

最后，也是最重要的，消费正义问题的产生是基于人与自然的和谐共生，基于可持续发展的一种必然要求。消费社会因为激发了人的欲望，资源的消耗成为可持续发展的最大威胁。消费社会中，物品的符号化特征突出，物的购买使用价值不是第一位的，物的符号价值成为第一位的、需要考虑的。人们的消费目的就是获得物的象征意义，人们看中的是物的符号价值。人们凭借符号性的物获取赞赏，获取自信，获得社会的认同、认可。社会时尚是多变的，因而符号消费也是多样、多变的。人类被欲望所主宰，丰富的商品成为欲望消遣的对象，欲望的扩张和肆意呈现的后果是资源不断地被消耗，由欲望引发的社会冲突和矛盾加剧。

消费关涉生态安全。生态安全是现代化过程中国家整体安全中涉及可持续发展的重要内容。随着社会物质基础的增强，物质与精神的消费需要也成比例增长，这与地球上资源的有限性形成了深刻的矛盾。人欲求的无限和资源的有限在消费社会的矛盾更加突出。随着市场经济的发展，消费主义文化在全球的影响力增强。在消费主义文化的引导下，人们无止境地追求消费满足，沉湎于当下的物欲快乐。狂热的消费中，传统的节俭美德被抛到九霄云外。奢侈消费耗费大量的稀有资源，更为重要的是形成了一种虚无主义的文化。这一切体现了人类的生态安全遇到了严重的挑战和问题。消费是社会风气的风向标，这也促使人们从人类的价值观、社会健康发展，人与自然的和谐等方面，去思考、认识消费正义问题。人类过度的消费、不健康的生活方式破坏了人与自然之间的和谐，影响了人类社会的可持续发展。消费主义对资源的耗费、对环境的污染等是导致全球性的生态危机不可忽略的重要因素，进一步造成人类自身的生存危机。

从世界范围来看，消费正义也是我们在全球化过程中所倡导的伦理道德追求。全球性的消费就其发展现状和趋势而言，是消费量和消费速度提升带来的环境和资源问题。以发达国家为例，交通方面的消费、家用电器和居住环境方面的消费，这是人们对舒适的居住环境的追求和休闲、旅游发展的产物。由此，造成的问题是对电、水、汽车等交通工具和能源、资源的消费迅速增加。家庭废弃物、都市废弃物的问题变得十分严峻。耗竭资源以及环境污染，形成了代际和代内的公平问题。代际公平涉及当代人与子孙后代的公平问题，代内公平是发达与落后、穷人与富人在消费中的公平问题。世界范围内的消费正义问题还突出地表现为消费不平衡的问题，不同的国家、地区、民族在消费层次、水平、能力等方面差异比较大。造成这种不平衡的原因有习惯、习俗的因素，但更重要的是不同发展基础和发展水平的问题。发展基础、水平的差异，导致在资源、环境的消费和占有方面，发达国家更具有优势。以能源、材料消耗的对比看，发达国家和发展中国家之间存在着巨大差异。发达国家与发展中国家在世界上的人口占比与资源、能源的消耗比例方面出现了较大的鸿沟。发达国家的人均消耗能源和物质材料分别是发展中国家的30多倍和50倍左右。

消费正义的价值，追求人的发展和社会的可持续性。正义是人类对生命和社会存在价值的意义追问，是人的尊严、荣誉感、自由的保障，更是涉及社会公平与和谐秩序的大问题。消费正义的实现有助于促进消费行为的合规合法，促进人的全面自由发展，适应人的全面发展需要，以利于社会的和谐幸福，促进人与自然的和谐共生，利于可持续发展。消费直接表现为经济，从过程和结果说，消费又深刻地影响着生态环境。从经济学的角度来看，消费活动、行为要与一定时期的经济发展水平相适应；从生态环境的角度来看，消费活动、行为必须与自然、资源环境相协调。消费正义立足人类整体、长远发展的立场，对生产和消费的不公平关系、对消费中的权利和义务的对称、对消费中的不平衡等进行批判，在现实性上推进消费中的正当、公平及公正与平等的实现。

消费正义的实现应该把握基本原则，例如最低消费公正原则。最低消费公正原则是消费正义的基础。它主要包括两个方面。一是合法性原则。消费品的购买或者服务必须是合法的，是在法律的框架下，遵循法律基础上的行为，那些危害人类的行为，是被法律禁止的。二是公平、平等原则。消费行为、活动是建立在等价交换的原则基础上，侵害他人利益以满足自我利益、损人利己或损人不利己等行为应该是被禁止的。所谓的最低消费原则只是消费原则的一种形式。正确把握消费的原则，从整体而言还包含避免盲从，勤俭节约，拥有良好的生活习惯，等等。

消费正义需要通过社会风气的改变来实现，因此，宣传和教育就十分必要。在宣传教育中，形成良好的消费风气，民众的生活方式绿色、健康，生活质量提升，消费正义就能够实现。在社会风气的引导方面，中国传统文化中有丰富的保护生态的文化资源，如传统思想文化中敬畏自然的理念，而且这种敬畏又通过一定的形式——"礼文化"体现出来。这些对今天我们实现消费正义中从理念到行为、制度文化，对于我们宣传、教育都有重要的启示和借鉴作用。除了利用优秀传统文化资源促进社会风气的改变之外，培育人文情怀、促进消费主体的素养也十分重要。在消费社会里，使人不仅仅成为消费者，而且要成为有情感、有道德、有爱心的人，十分重要。消费社会中有一个突出现象就是一些人只是沉浸在自我的生活中，与世无争，安分守己，享受自己的私人生活，而对整体、公共，对环境、他人表现出一种生存的冷漠。这种沉浸于自己生活中，强调个体权益的冷漠，导致了公共冷漠主义，即道德冷漠。在自媒体高度发达的今天，这些人往往是站在自我的立场，枉顾整体权益、公共权益、共同体权益。这就是现实中消费非正义文化现象的突出表现。因此，从正义实现的角度，弘扬正能量，倡导人文情怀以促进消费正义十分必要。

消费正义的实现还有赖加强法律制度建设，通过严格执法司法，促进消费正义的实现。通过法律制度，加强法治中国、法治社会建设，把消费行为纳入法治轨道，对非法消费进行限制，促进消费正义的实现。消费正义的实现在现实性上是和克服消费品的虚假、伪劣、欺骗等现象联系在一起的，而消除这些破坏消费正当性的行为就必须依靠法律，通过严格的立法和执法，促进消费正义的实现。

总而言之，消费正义的实现是在发展中实现的。生存环境的恶化、资源的危机是人类发展面临的最严峻、最深远的挑战。近年来，地球温室气体温度增长加快，挑战地球的生态警戒线。2020年以来的全球公共卫生危机，使得人类必须深刻反思消费的正当性、合理性的界限问题。如果任其发展下去，人类面临的将是毁灭的结局。发展始终是时代的核心和主题。全球化时代面对发达国家与发展中国家的消费正义问题，我们只有通过发展壮大我们的力量，走中国特色发展道路，促进中国社会的高质量发展，也只有这样才能为减少发达国家与发展中国家能源与材料消耗的非正义做出实质性的贡献。

第二节 构建和谐共生的共同体

共同体是人类生存、生活的环境和条件，也是人类生存、生活的载体，和谐共生的共同体对于人类的生存和发展有重要的价值。从社会意义上看，劳动是构建美好生活共同体的内在基础和逻辑，从人与自然生命共同体的角度，劳动是建立生命共同体的基础和内在要素。

一 劳动与美好生活的共同体

生活世界的批判是走向美好生活的思想和文化前提，马克思对生活的理解立足于现实的社会关系，西方学者对生活世界的理解偏重精神结构、文化等。随着文明的进步，精神生活、文化等在生活世界建构中的地位上升，我们不应该忽略现实的生活世界的批判建构。从谋生劳动到体面劳动再到自由劳动，这是构建美好生活的现实逻辑。

（一）生活世界的批判与美好生活的追求

马克思生活的年代主要是对雇佣劳动下的资本主义制度下的生活进行批判，今天良序社会的构建则是继承和弘扬马克思的批判传统，重点进行生活世界的批判。新时代建立在劳动伦理基础上的核心是生活世界的批判。正如我们前面所说，生活是马克思思想的出发点和归宿。立足生活世界，通过生活世界的批判，建构良序社会是马克思主义在当代的使命。

在现代背景下审视生活世界，当代西方一些思想给予我们理解生活世界提供了有益的借鉴和帮助。胡塞尔晚年提出了"生活世界"的概念。胡塞尔用现象学的方法，从整体上描述生活世界。在胡塞尔看来，"生活世界"是科学批判的概念，不是社会哲学的概念。作为一个科学批判的范畴，在胡塞尔视野中，"生活世界"作为主体呈现自己，作为主体的人直观"生活世界"，"生活世界"是存在于主体的自然态度中的世界。"生活世界"是"作为唯一实在的、通过知觉实际地被给予的、被经验到并且能够被经验到的世界"①。在胡塞尔的视野中,生活世界是现实世界和主体直观结合的产物,生活世界是通过主体的直觉被给予的、经验到的世界。胡塞尔从先验性理解生活世界的本质。在胡塞尔看来,当生活世界呈现于主体的过程中,主体的先验结构发挥了重要作用。对于这一先验性,胡塞尔用"前科学"、"前概念"以及"前理论"等表达。胡塞尔认为,生活世界在本质上是"我们之中与我们的历史生活之中的一种精神结构"②。也就是说,胡塞尔把生活世界的实质理解为一种精神结构,虽然"生活世界"有现实世界的一面,但是从根本上说,"生活世界"的状况取决于主体的先验精神结构。从先验本质出发,胡塞尔认为"生活世界"具有一种超历史、超人类世界的时空性,也正是在此意义下,他肯定了"生活世界"的重要地位。胡塞尔之后,哈贝马斯从交往关系来理解生活世界。在哈贝马斯的视野中,社会、个人及文化是胡塞尔"生活世界"的三个重要的构成部分。他说:"我把文化称为知识储存,当交往参与者相互关于一个世界上的某种事物获得理解时,他们就按照知识储存来加以解释。我把社会称为合法的秩序,交往参与者通过这些合法的秩序,把他们的成员调节为社会集团,并从而巩固联合。我把个性理解为使一个主体在语言能力和行动能力方面具有的权限,就是说,使一个主体能够参与理解过程,并从而能论断自己的同一性。"③ 很明显,哈贝马斯把文化看作知识储蓄,注重的是个人参与生活世界的语言和行动能力,他理解的社会就是由不同知识储备的主体构成的,主体在交往中呈现语言、行为能力的过程。一定意义上说,哈贝马斯所理解的生活世界是主体语言和行为交往的产物。我们看到,西方学者对生活世界的理解,使生活世界作为一个独立的对象呈现给人,人理解的是呈现的世界而不是整个世界。他们在对生活世界的理解中,强调了生活世界中主体的意义。西方思想家的这些思想,在抽象的理论背后

---

① 〔德〕埃德蒙德·胡塞尔:《欧洲科学危机和超验现象学》,张庆熊译,上海译文出版社,1988,第58页。
② 〔德〕胡赛尔:《胡赛尔选集》(下),倪梁康选编,上海三联书店,1997,第944页。
③ 〔德〕于·哈贝马斯:《交往行动理论》(第2卷),洪佩郁、蔺菁译,重庆出版社,1994,第189页。

蕴含着深沉的生活意味。这些都为我们理解生活世界提供了有益的帮助。

新时代,我们的生活世界是在人民群众劳动的基础上不断发挥自主性和创造性的生活世界,是中国共产党带领中国人民实现现代化、实现人民对美好生活追求的生活世界。生活世界是社会性与历史性的统一。中国特色社会主义新时代,劳动的社会条件发生了巨大的变化。劳动的技术条件、劳动的国际国内环境、劳动的基础等都发生了深刻的变化。随着科技的高速发展,生产社会化程度的提高,劳动呈现许多新特点。劳动者的主体性、能动性在社会主义市场经济下得到了充分的展现,突出地体现在改革开放的时代精神中。辛勤劳动、诚实劳动、科学劳动是新时代全面深化改革进一步推进的基础。千千万万劳动者的苦干实干推动整个国家的深化改革和开放。小岗村的劳动者开启了农村改革的大门,温州商人的辛勤劳动为市场经济的破冰建立了功勋,他们摸着石头过河,是改革开放的创业者,书写了奋力探索、改革前行的史诗篇章。以改革创新为核心的时代精神塑造新时代劳动者的形象,增添了劳动的魅力和魄力。新时代对劳动者的素质的要求也前所未有,对劳动者来说,与日俱增的压力也前所未有。在新一轮科技革命和产业变革的冲击下,无论是产业工人,还是广大农民、信息数字化服务者等,不仅要为劳动效率的提高、自身素质的提升倾注心力,还要为产业升级转型、社会保障服务贡献智慧。

新时代劳动出现了新形态,在新形态中,突出的特征是劳动服务、知识内涵的增加。其主要表现为非物质性生产的劳动者增加。"互联网+"的迅速发展、融媒体的推广等,使社会的经济业态出现了新的变化。随着经济新业态的出现、新的生活方式的孵化,劳动者群体的形式也在发生变化。其最突出地体现为服务业劳动者群体。快递员作用在数字化时代的交往背景下的凸显,网约车司机等新职业的涌现,使劳动者群体随着社会的发展变化日益变化,呈现新的时代特质。劳动者群体的变化中,知识的专业化特征越来越明显。如知识产权方面的版权经纪人等,数字信息化方面的数据分析师、软件工程师等职业的出现都是这一变化的体现。

日常生活性劳动在生活中、社会发展中的问题凸显也是新时代劳动的新特点之一。日常生活性的劳动主要指解决衣食住行等日常生活需要所进行的劳动。日常生活性的劳动形式有家务、家政劳动等，组织形式有社区形式、公益性的劳动形式等。日常生活性劳动方面的问题一定意义上成为社会问题。随着社会发展、物质的丰饶、人口出生率的降低，家庭教育中忽视劳动教育，劳动教育弱化、淡化。从而形成教育问题、社会问题。日常生活性劳动教育的缺乏也和人们对生活性劳动的作用认识的缺失有关。劳动的过程可以培养人感知世界的能力、行动力，也能磨炼人的意志品格、培养合作精神等。但这些在我们教育目标中单一的升学目标下都被遮蔽，因而日常生活性劳动就成为人发展中的突出问题，因而也成为社会发展中的突出问题。

总之，新时代，劳动和人民对美好生活的需要之间是内在统一的。劳动是光荣、有魅力的，劳动创造美好生活。国家应该对劳动在社会发展中的作用有充分认识。个体应在自我发展中培养劳动能力，促进人的自由全面发展。2020年中共中央、国务院颁布了《关于全面加强新时代大中小学劳动教育的意见》，把劳动教育作为中国特色社会主义教育制度的重要内容。这一文件的颁布将对新时代美好生活的构建发挥重要的作用。正如苏联的马卡连柯所说，"劳动不仅是经济活动范畴，更是道德范畴，考察一个人的品德时候，劳动是一项重要指标"[1]。新时代，树立劳动价值观，创造美好生活，是实现中国特色社会主义现代化，实现中国梦的应有之义。

（二）体面劳动、自由劳动与美好生活

"体面劳动"理念的广泛传播源自1999年国际劳工组织（ILO）召开的第87届国际劳工大会的报告——《体面的劳动》。"体面劳动"（Decent Work）是劳工大会提出的极具伦理意蕴的劳动概念。所谓"体面劳动"，主要包括四方面的内容：充足的就业岗位（就业的充分程度）、劳动者权利的有效保障、收入的满意度、健全的社会保障制度。劳动者权利的保障主要是劳动者生存及发展权利的保障，从内容上说涉及劳动者的生命权利、安全权利、健康权利及文化权利的保障等。充足的就业岗位是体面劳动的现实基础，只有就业岗位充足，劳动者才能有选择的自由。劳动尊严的现实体现方式就是收入的满意度。劳动者的尊严有主观性，

---

[1] 何国华、燕国材：《马卡连柯教育思想研究》，湖南教育出版社，1986，第79页。

但是它需要通过现实的、客观的方式得以体现。劳动者的尊严不是虚幻的，看不见摸不着的，而是要通过诸如收入满意度等具体表达出来。健全的社会保障制度也是体面劳动必不可少的要素和构成。因为只有在健全的社会保障制度下，劳动者的劳动自洽性才能得到体现，劳动才突破了仅仅以谋生作为手段的意味。在健全的保障制度下，劳动成为生活的一个部分，它为劳动向自由劳动的发展奠定了基础。

体面生活实际及其对体面认知的多样性使体面劳动有了复杂多样的含义。体面意味着以之为荣，不体面即以之为耻。体面的生活和具体的社会历史发展环境密切结合在一起，不同的社会文化环境、不同的社会历史发展阶段，人们对体面的认知是不同的。在等级制下，无论是东方还是西方，体面的生活总是和社会地位、等级地位结合在一起。社会等级地位高的人一般被认为是体面的人。随着市场经济的发展、商品交易原则的普遍化，财富成为衡量人成功失败的标志，体面的生活又和财富挂起钩来。这也是现代化过程中的一个突出现象。随着社会的高度发展，体面的生活在当代又有了新的含义、多元的含义，按照自己的兴趣发展、更多的休闲时间、自我的身心愉悦、健康的体魄等都成为体面的内容。

体面同时又是一种文化的产物。在中国传统文化中，历来有"以德配位"的思想，因此，我们传统文化中所说的体面是位和德的有机结合体。只是有德而没有位，德的影响力、个体承担的责任和担当势必减弱。只是有位而无德，更会被主流文化所排斥。位，蕴含着社会分工以及在一定文化环境下形成的对位的地位和价值的评价，位也包含着在位者的责任和担当。德，意味着开阔的胸襟、品行修养以及以天下家国为己任的品质和修养。

在对体面认识的基础上，我们进一步认识体面劳动内涵。对比前面我们对马克思有关谋生劳动的理解，参照国际劳工组织对体面劳动内涵的定义，我们认为，体面劳动不同于谋生劳动之处在于：其一，劳动者对劳动过程的自主性、热情增加，劳动者的荣誉感、责任感、使命感增强；其二，劳动者对于社会需要的疏离感弱化，劳动者对社会需要的认同增强，劳动者因为对收入等的满意度、社会保障的健全、权利的保护等的增强认同，因此个体对劳动的需要增加，劳动的使命感增强，劳动者对其社会地位、社会作用的自信增强；其三，对劳动者来说，劳动者的劳动不仅仅是个人生存的体现，个人及其家庭的意义仍然是基础，但是已经不处于主导地位，他的劳动活动、劳动成果更具有社会意义，而这种社会意义和价值又为主体所自觉并自愿地介入。体面劳动阶段，劳动者的劳动虽然还有谋取生活资料的意味，但是谋取生活资料的目的已经不是最为主要的因素了，尊严感、荣誉感、使命感等成为体面劳动的重要内涵。

劳动活动的最高境界、最高形态是自由劳动。自由劳动是劳动活动过程中一种应然的追求，是人的本质的体现。自由劳动也是一个现实实现的过程。我们所说的应然，是相对于实然而言的一种状态。人通过自由劳动质的创造实现生命活动的自由。自由劳动是批判性的、革命的。在《关于费尔巴哈的提纲》中，马克思认为，费尔巴哈"对于实践则只是从它的卑污的犹太人活动的表现形式去理解和确定。所以，他不了解'革命的'、'实践批判的'活动的意义"①。自由劳动不同于犹太人谋生的日常活动，自由劳动从性质上说是能动的、批判的，是建构的过程，是实现人的自由的过程。自由劳动是对于现有状态的一种超越，因此，它不满足于谋生的日常活动的物质束缚和缠绕，是对现实的纯粹的谋生活动的批判。

自由劳动是一个劳动自由不断实现的过程，在这一实现过程中，要不断超越物的依赖性、社会中劳动的制约性要素，不断超越物役性。马克思剖析物的依赖社会的本质："物役性"的本质不是外部东西奴役人，而是人与人的关系在资本主义条件下表现为物与物的关系，即一部分人可以通过占有物从而获得统治另一部分人的权力关系。"关键不在于物化，而在于异化，外化，外在化，在于巨大的物的权力不归工人所有，而归人格化的生产条件即资本所有，这种物的权力把社会劳动本身当作自身的一个要素而置于同自己相对立的地位。"② 物役性的劳动，本质是劳动关系的物化。劳动关系体现在劳动过程之中，出现了物的权力和劳动者自身以及劳动活动的对立。自由劳动现实实现过程中，一部分人利用物的权力去役使另一部分人的现象就会得到克服，劳动中物的权力与

---

① 《马克思恩格斯全集》第3卷，人民出版社，1960，第6页。
② 《马克思恩格斯全集》第46卷（下），人民出版社，1980，第360页。

社会本身与劳动主体、劳动过程及其劳动结果形成一个融洽而非对立的状态。

自由劳动的实现过程是人类整体利益、种族利益与个体利益对抗逐步消解的过程。这里有两层含义：一是人类整体利益、种族利益的实现过程中是要牺牲一些人、牺牲个体的个人利益；二是从发展趋势看，个体对整体的牺牲具有历史的阶段性，历史发展的结果是个体利益和整体利益的统一，在统一中，个体实现了自身的利益。马克思认为："'人'类的才能的这种发展，虽然在开始时要靠牺牲多数的个人，甚至靠牺牲整个阶级，但最终会克服这种对抗，而同每个个人的发展相一致；因此，个性的比较高度的发展，只有以牺牲个人的历史过程为代价。至于这种感化议论的徒劳，那就不用说了，因为在人类，也象在动植物界一样，种族的利益总是要靠牺牲个体的利益来为自己开辟道路的。"[1]

自由劳动是人类实践长期发展的产物。自由劳动不是先验地悬置的，只是存在于理想世界，它是人类实践长期发展的产物，它的真正发源在必然王国不断地被认识，被改造的劳动实践中。正如马克思所说："自由王国只有建立在必然王国的基础上，才能繁荣起来。"[2] 必然王国不是自然而然实现的，是通过自由劳动实现的，必然王国中客观事物及其规律作为一种盲目力量支配着劳动活动。自由劳动的实现过程，是社会实践过程，是劳动过程中的社会关系的异化不断被扬弃的过程，也正是在这个意义上，马克思把异化与异化的扬弃看作同一条道路，因为它们是一个问题相互依赖存在的两个方面。

全球化时代，市场的发展，资本逻辑主导下，实现自由劳动从根本上说是对资本主导下生产关系的束缚的扬弃，是从资本主导下的生产关系中解放出来。

以现代世界为标志的全球化，是全球化的现代形态。全球化时代，现代世界存在的内在逻辑有两个关键：一是物的依赖性的基础；二是人的独立性。二者在市场经济的环境中实现联结。在市场中，资本发挥着支配作用。资本的逻辑是基本的市场逻辑。资本追求利润的最大化，因

---

[1] 《马克思恩格斯全集》第26卷（第2册），人民出版社，1973，第124~125页。
[2] 《马克思恩格斯文集》第7卷，人民出版社，2009，第929页。

此，现实性中，资本的运行存在着极大的道德风险。这就迫使"资产阶级除非对生产工具，从而对生产关系，从而对全部社会关系不断地进行革命，否则就不能生存下去"[①]。生产资料的私有制和生产的社会化之间的矛盾是资本主义的基本矛盾。在这一基本矛盾的存在，使得资本的增值一方面获得了私有制的支撑，另一方面在整个社会资源的调集、整合方面又受私有制的限制。在社会化大生产的背景下，要使潜在的变为现实的，使可能性变为现实性，社会共同联合对生产资料的占有就成为必然，这是资本主义社会发展的必然趋势，这一趋势是资本主义内在矛盾发展的必然产物。在马克思的视域中，共产主义社会就是这一必然性和趋势的体现。马克思认为："共产主义和所有过去的运动不同的地方在于：它推翻一切旧的生产关系和交往关系的基础，并且第一次自觉地把一切自发形成的前提看作是前人的创造，消除这些前提的自发性，使它们受联合起来的个人的支配。"[②] 共产主义社会的社会关系和社会形态的建构，在前共产主义社会中孕育，在其中萌生、发芽、成长。共产主义不是飞来峰，共产主义是历史和社会发展的必然，同时也是历史主体发挥历史主动性的产物。共产主义是对前共产主义社会的超越，共产主义是社会联合体对生产资料在内的社会资源按照社会化的要求发挥作用。因此，只有在社会联合占有生产资料的共产主义社会，人类史成为自由王国史，作为人的应然本质集中体现的自由劳动才能真正实现。

新时代，中国特色社会主义在全球化时代焕发了新的生机和活力，中国在世界上已经成为第二大经济体，但是我们仍然处于社会主义初级阶段。中国社会正处于迈向中国特色社会主义现代化国家的征程。社会发展的主要矛盾是人民日益增长的美好生活需要和不平衡不充分的发展之间的矛盾。当前社会发展的基础和条件、发展的不平衡不充分使得社会劳动中，谋生性劳动和体面性劳动在现阶段并存，在谋生劳动、体面劳动的过程中，自由劳动也在不断地扬弃、实现。

劳动权利保障是中国式现代化建设的重要内容。马克思在关注劳动者的状况时，十分关注劳动者的生命健康权和人身安全。马克思对工人

---

① 《马克思恩格斯选集》第1卷，人民出版社，1995，第275页。
② 《马克思恩格斯选集》第1卷，人民出版社，1995，第122页。

的工作日问题十分关注，因为工作日问题是一个最基本的日常问题，这一问题的处理直接关系到劳动者的身心健康，"它不仅对于恢复构成每个民族骨干的工人阶级的健康和体力是必需的，而且对于保证工人能够发展智力，进行社交活动以及社会和政治活动，也是必需的"[1]。在这里，马克思强调了健康和体力对于工人智力发展，对交往、政治等的重要性。新时代，我们保障劳动者在劳动过程中的权益，促进劳动者对劳动成果的享用等权利的实现十分重要。在劳动活动中，劳动者为创造财富承受了劳累、焦虑，在劳动过程中，劳动者又受到有害性的侵蚀等，因此，从劳动正义、社会正义的角度，物质补偿及精神奖励是实现劳动正义的手段，从社会价值追求上看，其具有必然性和内在的逻辑合理性。在马克思的思想中，劳动权利受到威胁，并在一定生产关系下这些威胁变成了现实，劳动"这种活动越多，工人就越丧失对象。凡是成为他的劳动的产品的东西，就不再是他自身的东西"[2]。在社会主义条件下，保障劳动者对劳动成果的享有权就显得十分重要。从主体的角度，体面劳动的重要条件就是劳动者对收入、对劳动保障的满意度问题，而这些也是劳动者享有劳动成果在分工、社会化条件下的具体体现，是劳动得到认可的标志。当劳动者得到了物质与情感上的回馈，也就意味着他的劳动得到了尊重和认可。体面劳动，既有工作环境方面的相应条件问题，也有劳动者主体对于自身的评价以及与态度、情感问题。有人用主体的饱满自信、自主性、责任的胜任及其人际关系等几个维度来测试和评价体面劳动，认为这三个方面的认同度越高，劳动者的幸福感也就越强。当劳动者对自我、组织、社会的认同感增强，他为组织付出的自主倾向性、能动性就会被充分地激发，其结果就是劳动者创造力的提高。劳动者的创造能力和水平对于建设现代化国家、对于全球化时代的国力提升又具有十分重要的意义。

发挥劳动者的积极性和主动性是新时代促进体面劳动的条件。资本主义社会不体面劳动的直接原因是劳动者和劳动生产资料的分离，劳动者的劳动是谋生劳动，其劳动是无奈的、不得不进行的活动。工业化时

---

[1] 《马克思恩格斯全集》第21卷，人民出版社，2003，第268页。
[2] 《马克思恩格斯文集》第1卷，人民出版社，2009，第157页。

代，机器的广泛运用，科技的飞速发展，劳动者的和现代化的机器的同质性因素加强："科学、巨大的自然力、社会的群众性劳动都体现在机器体系中，并同机器体系一道构成"主人"的权力。"① 当代，在人民当家作主的背景下，劳动者在宪法意义上根本破解了劳动者的非主体性问题。但是我们也应该看到，在现行的管理体制下，尤其是多种所有制下，劳动者的主体性、主动性、积极性，劳动者在劳动中的主导地位并没有充分发挥出来。为此，我们在治理体系、治理能力方面需要下大功夫，促进劳动者主导地位的发挥，同时，加大对劳动者教育等也是促进劳动者主导地位发挥、民主参与的重要条件。

　　体面劳动是中国共产党的人民性在社会治理中的体现。人民性是中国特色社会主义的基本价值追求，新时代人民性体现在劳动伦理方面就是对劳动者体面劳动的维护和保障，从而使劳动者劳动权益得到实质性的实现并取得进展。在社会主义国家，劳动者劳动的非体面性情况依然存在，在市场经济发展过程中，社会上出现的表征性的现象与马克思在19世纪批判过的情况相类似。实现社会发展的人民性、维护劳动者的利益，依然是新时代发展中的重要任务。劳动者权益保护，首要的是保障劳动者的生命安全与健康权利，尤其是在公共卫生危机的状况下。中国共产党人坚信："任何以牺牲人的生命和健康为代价的所谓'发展'，都是不健康、不道德、不和谐的，也都不是真正的发展。""我们的一切发展都必须以安全为基础、前提和保障，务必做到各领域、各行业、各经营单位的发展，都建立在安全保障能力不断增强、安全生产状况持续改善、劳动者生命安全和身体健康得到切实保障的基础上，做到安全生产与经济社会发展水平基本相适应，实现安全保障下的可持续发展。"② 共产党人把人民的生命和健康权始终放在第一位。通过社会治理体系和治理能力的提升保障劳动者的生命权和健康权是共产党人的使命。马克思的思想启示我们：当代中国体面劳动的充分实现一方面要做大做强公有经济，确保公有制的生产关系的主导地位，从而为劳动者的体面劳动提供现实的生产关系保障；另一方面，社会主义初级阶段多种所有制背景

---

① 《马克思恩格斯文集》第 5 卷，人民出版社，2009，第 487 页。
② 习近平：《之江新语》，浙江人民出版社，2007，第 227 页。

下，应该运用法律手段对非公经济体制中的劳动者权益进行有效保护。在政策层面，加强制度建设，改革、完善产权制度、劳动关系管理制度等十分必要。同时，发挥政府的主导作用，"完善政府、工会、企业共同参与的协商协调机制，构建和谐劳动关系"①。政府、工会、企业等主体参与协商的机制构建也是十分必要的。总体而言，从本质上说，在现实意义上实现体面劳动、追求自由劳动是对人的全面本质的真正占有。"就是说，为了人并且通过人对人的本质和人的生命、对象性的人和人的产品的感性的占有，不应当仅仅被理解为直接的、片面的享受，不应当仅仅被理解为占有、拥有。人以一种全面的方式，就是说，作为一个完整的人，占有自己的全面的本质。"② 也就是说，人的解放才是其中蕴含的真意。

新时代，人民的美好生活在体面劳动、自由劳动的实践和追求中实现。《中共中央关于坚持和完善中国特色社会主义制度 推进国家治理体系和治理能力现代化若干重大问题的决定》（以下简称《决定》）从政策高度对体面、自由劳动的现实实现提出了政策、制度保障。新时代实现体面、自由劳动需要现实解决三个问题。第一，劳动就业与人的发展问题。就业是实现人的发展的现实途径，就业是民生之本。就业使人获得了展示人的本质、展示人的自由创造等机会。现实性上，在社会主义初级阶段，结构性失业的存在随着科技的发展显得越来越突出。随着科技的发展、专业化程度的提升，特别是企业出于降低成本的需要，专业素质低下的劳动者的就业问题成为突出的问题。社会主义国家是人民的国家，政府是人民的政府，国家和政府在保障就业方面提出了积极的政策引导。如《决定》强调：高质量就业的促进机制十分重要，因此要健全有利于更充分的高质量就业促进机制。为了做到这一点，健全的公共就业服务以及实行终身职业技能的培训十分重要，为此，就必须加强这方面的制度建设。在数字信息化、智能化的时代，以创业带动就业，建立多渠道的灵活就业十分重要，为此，在落实方面，建立有效的机制以促进落实是推进高质量发展状况下人的发展的重要措施。当然，在社会

---

① 《习近平谈治国理政》第3卷，外文出版社，2020，第36页。
② 《马克思恩格斯文集》第1卷，人民出版社，2009，第189页。

主义国家，在现实政策实施中使政策惠及全体人民、体现人民性十分重要，体现在就业方面就是实行就业的托底帮扶。在价值上体现公平价值，就要防止和纠正就业歧视，保障形成公平就业的制度环境。

第二，劳动分配与人的尊严问题。分配问题是一个经济问题也是一个文化问题，是涉及人的尊严的现实体现的问题，还涉及社会的公平问题。为了促进社会公平，新时代，增加一线劳动者的劳动报酬，维护一线劳动者的合法权益十分重要。发挥我国的制度和治理优势，在一次分配、二次分配以及三次分配中，进行有效的政策、法律支持，推进劳动者的获得感、幸福感，使劳动者的权益得到实质性的保障，既体现多劳多得、不劳不得的社会主义分配原则，同时又能在维护社会公平方面，保障弱势群体的利益，体现社会主义的优越性。总之，合理合法的分配制度、分配体系是人民美好生活实现的基础，也是实现劳动者劳动尊严和社会公平的前提。

第三，劳动者民主权利的保障和实现问题。劳动者民主权利的保障和实现问题是实现劳动自由的基础，是实现人民美好生活的关键环节。保障人民权利的重要内容是充分保障人民的劳动权利，包括与劳动相关的各种权利。要保障劳动者的权利，劳动者的民主参与就十分重要。全心全意依靠工人阶级，在现实治理的过程中表现为保障劳动者参与决策的权利、建议的权利等。为此，在实践中要健全和完善职工代表大会制度。因为职工代表大会制度是企事业单位民主管理制度的基本形式。为此，我们要探索企业职工参与管理的有效方式，为职工的参与在数字化时代，提供包括数字化、信息化等在内的多种渠道和多种方式，以保障职工群众的知情权、参与权、表达权、监督权的充分实现，切实维护职工合法权益。

总之，生活世界的构建，体面、自由劳动的实现是劳动解放的重要现实体现。在现代世界，良序社会建立在生活世界构建的基础上，是实现社会的公平有序和人的尊严、责任、自主发展的条件，这一切又是人的自由全面发展的前提。

二 劳动和人与自然和谐的共同体

弘扬马克思劳动伦理精神，在人与自然和谐的共同体的建构中，消解自然被资本控制的工具化、抑制资本的狂野、利用资本的促进作用、驾驭资本、增强科技运用中的制度化建设是促进人与自然和谐共同体构建的关键之所在。

(一) 工具化的消解

自然的工具化是影响和谐共同体的重要问题。如何消解自然工具化、消除自然的工具化，从根本上说是要破除资本的魔障，跳出资本主义生产方式的藩篱，这是马克思思想中解决这一问题的基本逻辑和核心内涵。马克思消解自然的工具化的方法具有宏观性、根本性以及整体性的特点。立足当代自然生态问题，西方一些思想家的思想对我们也有一定的启示。对比梭罗的消除自然工具化的思想，可以感性地体会这一特点。在《瓦尔登湖》一书中，与马克思诉诸经济政治制度，扬弃劳动异化的方法不同，梭罗立足于自然思想和强烈的个人主义精神，认为人是不断发展进步的，进步是人的社会发展的主线，在进化中人必然、逐渐会懂得去追求更高的精神上的需要，从而从迷恋物质并受其所累的境况中解放出来。关键是人要善于反思自己的生活，追求值得过的生活。不去贪求物质享受，不去贪图掠夺自然，而把余下空闲时间用于追求精神上的满足，去亲近自然。梭罗在《我生活的地方：我为何生活》中展示了自己的生活情境，并详细解释了自己到瓦尔登湖畔生活的真正原因，用体验性感受书写的笔触表达了对简朴生活的极力推崇以及通过亲近自然而获得的追求精神生活而得到的富足感。梭罗指出，拥有土地并不意味着拥有幸福，人得到了土地带来的物质享受，人就很难放弃。而且这种享受也刺激人想得到更多。于是人就不停地在土地上劳作，最终成为土地的奴隶。生活重要的是真切的体验，是生命的体验过程。梭罗在《瓦尔登湖》中的《种豆》篇中，通过接近自然的劳动，播种与收获劳动，书写了获得一种生活的美感的愉悦。

总之，和马克思消除自然的工具化的特点不同，梭罗消除自然的工具化着重破除人类中心主义，倡导一种现代型的简单生活。他更多是从个体经验的角度，通过精神性的追求，摆脱物质性的现实对人的控制。在日常生活中，梭罗与动物共享自然的恩赐，在独处中，与自然亲近，交感中感受生命的源泉，在与自然的相处中，体会对自然的感激、愧疚、感恩之情。在《瓦尔登湖》中梭罗也提出了其他生物和人类一样，也有文明。从梭罗的问题我们可以看出他透露出来的人与自然平等的理念。梭罗是强烈的自然主义者，极为重视个人体验精神。他主张人应该更多地去追求精神上的享受，满足更高的精神上的需要，这样人才不会在物质欲望的追寻中失去自我，才能获得物欲之外的精神解放。他主张人不要贪图享乐，不要破坏自然，要用闲暇时间满足精神上的追求，更多地去亲近自然、感受自然，从而感受生命的魅力。梭罗着眼于人的欲望的降低，着眼于人的简单生活方式来解决问题，促使自然工具化的去除。结合马克思劳动伦理的思想，在去除自然工具化方面，无论是宏观还是微观上，最重要的是从现实社会历史文化出发，把去工具化作为一个过程，在这个过程中，逐步通过劳动实现自然与人的物质变换，实现人与自然的和谐发展。

在去工具化的过程中，我们应该看到劳动与自然是一体的。随着劳动关系模式的变化，随着劳动协作方式的变化，自然本身也在变化，而且自然影响、制约着劳动。单从个体的角度去解决自然的工具化，其局限性还是很明显的。马克思立足历史唯物主义思维框架来解决自然的工具化问题，在现代仍有其积极的意义。在对马克思思想的这一意义的思考中，美国生态学者、激进政治经济学的代表人物詹姆斯·奥康纳（James O'Connor）的看法值得我们反思、借鉴。奥康纳试图重构历史唯物主义，他认为，"任何对历史唯物主义的重构首先必须迈出的一步是，对协作和劳动关系模式与历史的变迁和发展之间的关系进行探讨"[1]。也正是在上述方法论的基础上，奥康纳认为："探寻一种能将文化和自然的主题与传统马克思主义的劳动或物质生产的范畴融合在一起的方法论模式。"[2] 自然制约人的劳动，自然与人是伙伴关系。奥康纳认为，社会劳动具有自然内涵。一方面，通过人的劳动协作能够使自然得到改造，改变自然生态，创造自然新形态，即"第二自然"，但与此同时自然也能对劳动起到制约作用，制约劳动的内容、劳动的形式。人的劳动所需要的资源和条件源于自然，自然为劳动提供前提、能源等。另一方面，人

---

[1] 〔美〕詹姆斯·奥康纳：《自然的理由——生态学马克思主义研究》，唐正东、臧佩洪译，南京大学出版社，2003，第68页。

[2] 〔美〕詹姆斯·奥康纳：《自然的理由——生态学马克思主义研究》，唐正东、臧佩洪译，南京大学出版社，2003，第59页。

类在劳动过程中必然会受到自然的制约，因此人类必须遵守自然界的规律。自然客观规律性有一定的主动性，而且在过程中，自然本身也在改变。奥康纳认为："人类通过劳动活动改造自然界的同时，自然界本身也在改变和重构自己。"① 奥康纳认为自然制约、改变人类活动的力量。他认为自然对于人类社会具备一定的约束性，即自然可以对人类社会的发展起调节、制约作用。不仅如此，奥康纳还强调了自然本身的改变和重构性。奥康纳认为："在人类的物质生活，以及人类的历史和人类意识的进步史中，自然界对于人类来说始终是一个能动的伙伴。"② 因此人类只能在尊重、敬畏自然的前提下，使自然首先成为人的伙伴，使自然和人成为一个共同体，只有这样才能取得自然界与人类双赢的局面。奥康纳所说的意义绝不只是传统上我们理解的，只要人们可以根据自身所处的自然环境状况，根据自然的变化情况进行工农业的生产劳动，这样就能获取最大的效益，促进人类发展。他强调，人对自然的依赖性，人类社会所进行的劳动需要依赖于自然界，人类社会的生产力水平受限于自然界，自然对人不仅有制约性而且自然本身有其独立性，它有自身的自足性，在一定意义上，它和人的关系不是我们传统理解的人征服自然、改造自然的含义，而是自然是我们的伴侣，我们只有把它看成有一定的主动性的实体，才能真正意义上处理好人与自然的关系。

奥康纳还从社会劳动的文化内涵上理解人的劳动。他认为，社会劳动不单纯是纯粹的物质资料生产活动，同时还是文化活动。奥康纳认为文化是在一定的社会劳动中诞生，人们在社会劳动的过程中更新、转变文化体系，与此同时，劳动的协作模式也会受文化习俗、道德等社会意识形态的影响。人类的社会劳动"不仅建构在阶级权力和价值规律的基础之上，而且也建构在文化规范和文化实践的基础之上"③。奥康纳把劳动放在阶级权力和价值规律之上，也就是说，他所说的劳动是建立在阶级基础之上的。我们知道阶级话语是马克思主义的重要话语内容，奥康

---

① 〔美〕詹姆斯·奥康纳：《自然的理由——生态学马克思主义研究》，唐正东、臧佩洪译，南京大学出版社，2003，第63页。
② 〔美〕詹姆斯·奥康纳：《自然的理由——生态学马克思主义研究》，唐正东、臧佩洪译，南京大学出版社，2003，第9页。
③ 〔美〕詹姆斯·奥康纳：《自然的理由——生态学马克思主义研究》，唐正东、臧佩洪译，南京大学出版社，2003，第77页。

纳是一个对马克思主义话语比较重视的人，从这点和历史唯物主义话语中我们就能够深刻地感受到。奥康纳还把价值规律作为劳动的基础。我们知道价值规律是市场经济的一个范畴，是商品交换中的规律性。很明显奥康纳把作为政治主体的阶级和作为商品交换规律的价值规律作为劳动的基础，同时，他还强调，文化规范和文化实践也是人类劳动的基础。这样一来，劳动在奥康纳那里就成为一个融政治、经济、文化为一体的概念。

劳动与政治、经济、文化相互依存、互相作用、相互统一是保证劳动活动得以顺利进行的前提。劳动主体工人阶级在劳动过程中表现在：工人通过生产劳动制造出各种各样的劳动产品。劳动产品既具有物的自然有用性，同时在市场经济条件下，劳动产品还具有使用价值和交换价值。有使用价值和交换价值的劳动产品，也就是商品在形成过程中，同时也被赋予了特定的文化含义。社会流行文化、时尚塑造了商品的有用性，文化使商品在具有使用价值的同时还具有文化的表征性。劳动产品会在不同的文化环境下被赋予不同的价值和意义，这些意义的赋予同时能够有效提升劳动产品的价值。符号价值、交换价值、使用价值以及价值中体现了商品的文化内涵，文化隐含在商品中使同样的劳动产品在不同的地域具有了不同的意义。

总之，按照奥康纳对劳动的自然、政治、文化、经济等一体的思想，我们立足马克思的劳动自然伦理，会发现使自然摆脱工具化的地位，是一个政治、经济、文化等围绕劳动联动，整体协动的过程。在政治、经济、文化等不断发展、进步的过程中，自然才能够逐步摆脱工具化的地位。

当代全球化的背景下，国与国之间的发展差距在加大，为此，我们要积极采取措施以防西方发达资本主义国家生态灾难的转嫁，警惕发达国家把高能耗、高污染的产业向欠发达地区转移，防范垄断资本控制下的生态帝国主义在新自由主义的扩张政策下使生态灾难在全球扩散。在人类命运共同体理念的指引下，建立全球自然伦理的新秩序。随着全球分工及社会性的发展，国际联合共同解决面临的生态问题成为必然趋势。问题的解决必须树立世界眼光，要以超越资本主义生产方式的形式，完成人与自然之间的裂缝修补，重启自然生态保护形式。

自然生态问题和全球伦理问题结合在一起。生态问题的解决，不仅需要科技层面的生态思维，同时需要符合全球伦理立定。生态危机问题应纳入全球共同发展的伦理之中，使全球各国在基础认知、标准制定、政策完善、成员参与等方面形成合力，由此才能更好地促进人类生态环境的可持续、健康发展。

（二）消解与张力：资本的驾驭

一方面，资本的扩张带来了巨大的社会问题和个人存在的困境，不仅是人口、资源等问题，还有潜在的文化方面的功利主义观念带来的许多问题等。另一方面，资本的扩张也带来了经济的发展、物质积累的增加。同时，由于资本对社会竞争的促进，社会的公平、效率提升。因此，我们在看待资本的消极意义的时候不能不承认资本的发展也是有积极作用的。如何利用资本又不能为资本所控制，即驾驭资本，是社会治理、国家治理实践中很重要的现实问题，也是一个重要的理论问题。

新时代，中国社会正在迈向现代化的新征程中，资本的新形态在发展中对经济生活、政治生活、生态发展形成了相当大的内在支撑。中国特色社会主义发展如何利用资本，同时又能避免资本带来的对自然的破坏、资源的枯竭等问题，成为我们现代化建设中的重要问题，尤其是生态文明建设中的重要问题。如何使资本的作用和公共权力有机结合，体现中国特色社会主义的制度优势，破解资本扩张中的消极、负面因素，充分利用资本的积极因素，成为中国式现代化过程中的一个核心问题。

历史唯物主义以生产方式为社会发展的决定性力量，因此在应对资本的副作用方面首先必须提倡的还是坚持劳动群众的立场，坚持人民立场，在战略方向的把握、具体政策的制定方面始终坚持人民立场才能在社会发展中既有效利用资本又能防止资本的弊端。

消除资本扩张带来的副作用的关键在于坚持人民立场。人民至上是克服资本扩张弊端的根本原则。以生态问题为例，20世纪60年代全球兴起了生态正义运动（Ecological Justice Movement）质疑人类中心主义，聚焦自然危机、风险和需求。生态正义致力于在生态整体主义视域下，以生态公平为目标，针对现实中生态非正义的政策、行为、观念等进行救济，以促进人和自然的内在和谐。生态正义既涉及代内正义，即同时代的民族、宗教、种族、国籍、性别、职业等关系的处理中公平享有自然资源和环境的权利，还涉及代际正义，即从过去、现在、未来的维度，人类与地球上的其他物种在代与代之间的公平享有自然资源、享受自然环境的问题。自然正义从其内在逻辑而言涉及人类和其他物种之间的关系：占有、掠夺还是和谐、共享。资本影响下的生态问题加剧了社会不平等和不公正现象，作为社会不公的重要组成部分，环境不公问题突出，各类环境风险事件导致社会矛盾和冲突事件频发。要消除这种不公，就要坚定地站在人民立场上来处理好人民群众眼前利益和长远利益、显性利益和隐性利益等之间的关系，为平衡今世和后代的环境需求、促进普遍尊重地球物种、恢复地球生态系统的健康和完整承担我们的责任。资本主义私有制在制度根源上不仅没有保护私有制，反而使劳动者和劳动产品分离。私有制下，对私有利益的追求，对环境、资源的危害方面有天然的基因。因此破除私有制生产关系的桎梏是问题的根本。在资本占统治地位的社会，只要有利可图，资本就会铤而走险，利润越大，资本的冒险性就越明显。当代资本世界中金融危机频发，自然环境遭到反复破坏。新发展理念以解放和发展生产力为本、正确处理发展中任何自然的内在张力、保证发展成果由人民共享、防止贫富差距和两极分化，这些是以资本增值为目的的生产活动中无法做到的。

除此之外，弘扬共同体价值，消解资本话语的统治逻辑在现代化建设中也尤其重要。从现代化历程来看，现实资本逻辑背后的理论理念是：自由、平等、博爱、民主、科学。这些理念在资本主义发展、在现代化的发展中均发挥了重要作用，但是同时也带来了功利主义的发展弊端，使共同体的价值观出现了根本问题。自由的市场交换、贸易，自由的劳动力流动是资本主义经济发展的内在要求。同样，商品经济下要求交易主体的平等性，满足社会普遍需要基础上对博爱内涵的强调，以及在现代化发展过程中对科技发展的内在需求，对现实科学技术发展的推动……这些在人类现代文明的发展中都曾经而且也正在发挥重要作用。资本逻辑的理论话语成为社会的内在结构，影响人们的社会观念和社会心理。在资本的主导下，现代化的结果却没有给人类社会带来真正的现实的自由、民主和平等。因此，在现代化的过程中要以全人类共同价值消解资本逻辑主导的功利主义话语。要结合近现代以来中西方历史发展的现实，结合话语的历史社会时空，认识话语背后的利益实质，认识话语背后在现实意义上对环境、对人与自然关系发展带来的问题,从教育上、理念上消解资本的话语,通过影响人的社会观念、社会心理,从而影响个体行为。西方的一些马克思主义学者对此也有类似的论述。奥尔多·利奥伯波德的《沙乡年鉴》被公认为美国资源保护方面的圣书,奥尔多·利奥伯波德被称为新环境伦理的创始者、生态伦理之父。《沙乡年鉴》、《瓦尔登湖》和《寂静的春天》被看作自然文学的三部曲。《沙乡年鉴》中的一个核心理论就是土地伦理。利奥伯波德把伦理学概念拓展到人与自然的关系,把道德权利范围扩展到包括人类在内的所有自然界实体。土地伦理学强调,要把土地看作我们归属的共同体,事物的正确与否要看其是否有助于保持生物共同体的完整、稳定和完美,社会成员享有平等的生存和发展权利。通过人们爱护土地的方式来克服资本主义城乡对立的问题。

中华优秀传统文化中有一些理念在我们消除资本逻辑的消极影响方面可以给我们提供文化滋养。中国传统文化中有丰富的思想资源,这些资源对于我们破解资本逻辑无疑有积极的启发作用。中国传统思想文化天人合一思想、天地万物一体思想中蕴含人与自然共生共存的朴素认识,人不仅对自然有依赖作用,自然供给人生存、生活的衣食来源,自然还是人精神世界的食粮。中国传统文化强调在义利发生冲突的时候,以义为上。从人的生活追求方面,中华优秀传统文化倡导至人、真人、圣人的追求。总之,在今天,大力弘扬中华优秀传统文化对克服资本文化的消极面无疑是十分必要的。

(三) 加强科技运用中的制度化建设

人与自然关系伦理的内在逻辑是人为了生存首先必须从事生活资料的生产。福斯特从人类的生存技术与人类社会发展的角度关注以生产和再生产为媒介的人与自然的关系。也就是说,关注生存技术一定意义上就是关注人同环境的协同进化。福斯特认为:"社会的物质发展问题同人与自然关系的发展问题相联结的,在这两件事中,历史不是一条简单的直线,而是一个复杂的、矛盾的、辩证的模式。"[①] 福斯特认为这个模式就是由社会和自然组成的协同进化模式。福斯特认为,马克思对摩尔根

---

① J. B. Foster, *Marx's Ecology*, Monthly Review Press, 2000, p. 220.

观点的批判，表明马克思从生态的角度把生产技术与社会发展的制度、与人的生存发展密切联系了起来。摩尔根认为，人已经发展到了可以绝对地控制物质生产的程度。马克思不赞同这种观点。马克思认为，随着技术的发展，同技术相关的生态问题，特别是人与土地的分裂问题已经在资本主义中存在很久了，矛盾已经十分尖锐。由技术造成的生态问题会比资本主义本身更持久。以制造和使用工具为主体的劳动，把人与自然的进化联结在一起。通过人的劳动，社会、人、自然、技术等构成了一个多层级的相互作用的有机体。因此，从科学技术及劳动的发展角度看，我们会发现，问题远没我们思考的那么简单。

下面，我们主要以野生动物驯养技术的发展及其产业化为例，看科学技术的发展对人与自然伦理关系的影响。人类在自身的发展中对野生动物所进行的无节制的"开发利用"成为一个突出的问题。其核心是以交换价值为目的，为了获取高额利润，对野生动物进行驯养与繁殖引发的稀有动物、珍稀动物资源的问题，这一问题从根本上说关涉人与动物的关系、人的活动与自然的伦理问题。

中国工程院重点咨询项目结果《中国野生动物养殖产业可持续发展战略研究报告》显示，截至 2016 年年底，中国野生动物养殖产业所养殖野生动物种类全国多达数百种。我们在相关管理制度方面存在许多短板和问题。在商业背景下，没有野生动物是不能被驯养与繁殖的，没有野生动物是不能被开发与利用的。在现实操作中，驯养繁殖技术成熟标志的模糊性，导致了在实际运作过程中，一些直接从野外获取野生动物的行为被允许；一些野生动物养殖许可证发给了完全没有资质的个人；甚至狩猎证也到处泛滥，使持有者可以合法在野外获取野生动物并直接进行贩卖。

从人的需要、技术和野生动物的市场关系来看。技术的发展在市场化背景下，更多考虑的是市场需求、利润，而非人的基本需求。甚至市场可以放大某种特殊的需求。商业、市场、利润造就了一个庞大的野生动物交易市场。这是一个在资本动力驱逐下创造出来的市场，这个市场不是由一般的生活需求而产生的市场。在传统的农业社会中，猎获野生动物的可能性比收获谷物与蔬菜要小，如鱼与熊掌都不是日常生活的内容。因此，在传统社会中，一些野生动物就成为难得之货。贵难得之物，是人类社会的习惯，这种习惯由于商业贸易、市场交换被放大。现代商业社会中，常常是通过让商品成为稀有与难得而提高它的价格，奢侈品行业由此形成。但是，从人自身的正常需要而言，难得之物不一定是生活必需品，无论是营养品还是药品，都是如此。

因为商业的驱动、科学与技术的发展，科技和社会发展的关系变得复杂化。一种是市场化的发展中，科技的支撑没有得到很好的保障。如市场销量比较好的某种胶囊，其中含有熊胆，但是它并没有做过与其他同类中药制剂的临床药效的对比试验，它们是依靠在各地药店与医院推广的销量支持其产业化的发展。另一种是一些假借"科技"名义的开发，其实是通过将野生动物变成家禽家畜，进而让它们成为可以随意利用的经济动物。在虚假的科技开发名义下，成就的是野生动物被盗猎的现实，因为，盗猎或非法收购的成本要远远低于养殖。科技虚假发展中，物种在市场背景下面临巨大威胁的现实。

在这一过程中，我们还看到，科技必须和劳动条件、劳动方式科学、有效地结合在一起。野生动物各种许可证的泛滥以及未能严格监管，从根本上说，是我们科学和技术的发展没有被运用到相关治理制度之中去，没能成为相关治理制度的支撑，因此造成了许多的混乱。因为没有建立养殖和野生动物 DNA 分类谱系档案，在现实中我们无法从技术上分清养殖动物与野外获得动物之间的区别指标。如此一来，造成了大部分野生动物的贩卖其实都是以"养殖"为名，行盗猎之实。更进一步的事实是，由于有这个"人工繁殖"以及"合法狩猎"的外衣存在，我们对野生动物的一切保护措施与法规对这些人的行为都失去了相应的约束力。我们的实际操作是，因为没有科学的判断标准和建立在科学标准基础上的可以实际操作的技术判断手段，使我们通过一系列的制度与程序，将野生动物逐渐变成养殖动物，这样做的后果使野生动物的滥用成为可能。科学技术不能成为我们治理的手段，使法律看似理性的合理的条文失去了其现实的强制规范行为的能力。《野生动物保护法》最基本的核心是"野生动物"。但是野生动物概念出于上述原因，让我们在现实中存在执法与监督的困难。总之，科学和治理结合，必须有技术上清晰的、在现实中可操作的指标。现实中存在的问题虽然起源于野生动物界定技术的模糊性、标准的不清晰，但是这一切又都是在商业的刺激下，在利益的诱惑下发生的。"科学"之名，配上学术与科研机构所发明的"技术"作为生产力，趁上官僚主义所打造出来急功近利的法律与法规的东风，再加上市场上所向披靡的商业宣传与利益吸引，就形成了畅通无阻的开发利用野生动物的罗马大道。

科技发展中形成的伦理问题与治理制度密不可分。伦理审查和监督机制的缺失，不能不说是我们在治理上的一个巨大短板。还以野生动物的问题为例来看。从一开始，我们对野生动物驯养与繁殖的必要性就没有科学的伦理审查与监管制度。科学的伦理审查机制的欠缺是我国当前社会治理中的一个突出问题。在基因生命科学领域，因为没有科学的伦理审查制度，基因编辑婴儿的出现在社会上引起了巨大的波澜。因为没有科学的伦理审查与监管制度，在现实中出现了许多冲突和矛盾。如医用实验动物，如兔子、老鼠、猴子的使用以及如何使用，使用后如何处理等，都需要经过医学伦理委员会的严格审查和有效监管。动物的开发利用同样也需要严格的伦理审查与监管，否则不仅是市场混乱的经济问题、社会问题，也牵涉到人的尊敬、敬畏，涉及人自身的许多问题。

伦理审查和监管制度不仅体现在生物医学领域，还体现在人工智能领域等。这里涉及两个重要问题，一是人工智能研发和应用本身的道德审查和有效监督问题；二是人工智能研发与应用后果的善恶审查和伦理监督问题。有专家学者认为，人工智能只是一项手段与工具，他的"好"与"坏"在于人类如何使用。既然如此，我们对人类的研发和利用活动本身就应该事先进行伦理审查和监督。人工智能的研发和使用能够产生巨大的经济效益与社会效益，其益处几乎可以覆盖各个行业，由此带来人类生活方式的整体变革。但是科技发展需要伦理规范，比如对杀人机器人给人类带来安全威胁以及人类过度依赖人工智能文明可能造成人类文明的退化问题等，应有事先、事中和事后的伦理审查。但是那种"人工智能目前尚处于发展的初级阶段，其危害远远不够强大，所以不必过分警惕"的论点并不能代替我们必须行动、理性规范人类的行为，防止可能的事情的发生。寄希望于某种宗教情怀，即那种认为造物主一定比所造之物高明的论调，相信人类不用杞人忧天，实际上是一种不负责任的过度乐观，或者是逃避责任。一些悲观主义的看法也让我们看到伦理审查和监管的必要性。有人认为，人工智能不再是工具地位，自身具有生命意识与学习能力，在道德上具有"作恶"的两种可能：一种是人工智能的强大威力可能引发"人类作恶"；另一种是人工智能自身具有"作恶"的能力，而且人类对人工智能的"作恶"无法应对，最终将使人类走向虚无与毁灭。埃隆·马克斯认为人工智能会"唤出恶魔"，比核武器对人类的威胁还大。霍金则明确断言：彻底开发人工智能可能导致人类灭亡。持悲观主义立场的人认为，技术并非使人类获得解放的道路，它"并非通过控制自然而从自然中解放出来，而是对于自然和人本身的破坏，不断谋杀生物的过程将最终导致总体毁灭"[1]。基于人与自然及人本身的兴衰存亡，我们都必须对科技研发与利用进行伦理审查。

总之，科技被运用于产业化发展过程中的具体制度建设十分重要。前面说的野生动物贩卖成灾的问题，其中关键环节之一是证照管理方面的问题。根据一线反盗猎志愿者的报告，在一些野生动物养殖产业集中的省份，每年有巨额的野生动物被贩卖，只是有证贩卖与无证贩卖的区别，养殖场直接设网诱捕野生禽类并常年收购盗猎所得是常态。

除了制度上的欠缺等因素外，还有理念方面的问题。2020年年初的全球公共卫生危机中，穿山甲、蝙蝠等野生动物被频频提及。人类在探寻病毒传播途径的同时，也需要反思与野生动物、大自然的相处方式，反思我们的生存和发展理念。今天，我们的发展理念是新发展理念，是贯彻创新、协调、绿色、开放、共享的发展理念。我们既要加大科技领域的创新，关键技术、核心技术上的创新，同时必须坚持节约资源和保护环境的基本国策，建设资源节约型、环境友好型社会。我们必须在新发展理念的引导下，去反思我们的一些治理理念，我们的生活、生产理念。

人作为社会的存在物，生命的质量不仅与自然条件、自然环境密切相关，而且也与社会环境、政治环境和文化环境密切相连。马克思认为："物质生活的生产方式制约着整个社会生活、政治生活和精神生活的过程。"[2] 生命是社会的生命，不仅需要物质的保障，也需要精神的滋养。

---

[1] 〔德〕卡尔·雅斯贝斯：《历史的起源与目标》，魏楚雄、俞新天译，华夏出版社，1989，第132页。

[2] 《马克思恩格斯全集》第31卷，人民出版社，1998，第412页。

生命的质量从根本上说源自物质生活的生产方式，是和劳动活动密切联系在一起的。

人与自然和谐共生共同体的构建，在科技的开发和利用方面，就要处理好人类的欲望和可持续发展之间的关系，处理好眼前利益与长远利益、局部利益和整体利益的关系。关注市场、商业驱动下，人类追求利益、利润，追求物质利益的需求，处理好人的物质需求和精神需求之间的关系，在二者之间把握好度。

在现实性上，做好科技伦理审查与监督相关制度安排及具体实施过程中的问责工作。科技伦理不只是科技发展本身的问题和科学家个人的责任。科技发展问题涉及生活和社会治理的方方面面，需要治理职能部门多方协作，各方力量共同努力，需要政府、媒体和公众共同参与科技伦理问题的防范与治理，促进科技伦理在良序社会建设中发挥积极作用。要从国家层面建立科学家、社会公众和政策制定者之间的紧密联系。在学科上，我们需要突破学科界限，需要不同学科领域专家学者共同努力。

制度性的安排和科学理念的引导缺一不可。要做好制度性安排在相关理念上更新普及必须跟上。无论科技如何发展，科技和世界、与人的社会是一个统一体，人本身就是自然的一部分，人生一定意义上就是自然的变化，人类就是自然的有机构成部分，人和自然共生在地球上，地球是人类共同的家园。科技的发展带来人的生存方式的剧烈变化，但是人类存在中变与不变是辩证统一的，变的是人的存在方式，不变的是人的存在。科技发展过程中，人的作用的界限始终是在人与自然的和谐界限内，始终是人自身的生存和发展以及世代的可持续发展。因此，促进人的观念改变，使观念现代化、法治化十分重要。为此，倡导新发展理念，形成良好的思想文化引领，彰显文化人性关怀和道德理性就成为构建良序社会重要的使命和责任。人性、生命、共同体这些始终是科技发展中最为核心的东西，因此，强化科技研发和利用中的人文伦理价值认同，加强社会公众的文化素质教育，对于避免科技开发与利用异化引发的社会恐慌，促使科技创新更好地服务于人，构建人与自然的和谐十分必要。

在制度建设方面，政府应从宏观层面加强约束，建立明确的惩罚制度。从国家层面成立具有法律职能的权威部门，组织跨部门的伦理委员会；科学地强化教育培训，了解并确认其个人和专业的道德责任，并运用到实际的科学研究中；同时加强科学家与公众的沟通对话，以及媒体的科普能力建设。科学技术的发展需要建设伦理环境，这个环境包括适宜的价值观、伦理指导原则、政策体系、法律法规、公众教育和科学传播等。科技的发展除了科学家个人要有较高的社会责任感，还需要规范约束，制定不同部门、机构共同协商的规范，并最终上升到法律层次，增强整个社会治理体系的科学化和治理能力的整体提升。

同时，加强国际合作，为全球科技伦理贡献中国方案也是十分重要的。科技伦理是人类现代化发展中的共同话题，国家、地区、民族等之间的相互交流、沟通，共同参与国际伦理法规的制定和遵守，从而形成人类整体合力十分重要，这不是一个人的事。当然，我们同时还要看到，当前中国在现代化过程中出现了许多自身的独特问题，科技伦理的发展和中国特色社会主义建设中的国情、世情、民情密不可分，因为我们独特的文化和治理，在全球共性的问题之外，我们也要重点处理好自己的问题。当然，在现实的发展中，用科技的进一步发展解决科技当下发展所面临的问题也是一种思路，如我们可以用计算机模拟药物研发和人工智能的应用，解决新药研发带来的伦理问题。

马克思的劳动伦理精神在新时代对于科学健康生活方式，对于共同体建设都有重要的建设性的启发。美好生活的构建需要恢复劳动应有的价值地位和伦理地位，人与自然和谐共生的共同体是人在复杂多变的市场，在多元化的文化价值等环境中都能够正确处理人与自然的物质变换的结果。劳动伦理精神对于中国式现代化道路，对于人类文明新形态有重要的意义。劳动伦理精神在新时代也需要时代主体在创造美好生活的过程中守正创新，使马克思的劳动伦理精神的精华能够在新时代的实践中激发出更加璀璨的光芒。

参考文献

一 重要文献

《马克思恩格斯选集》(第1~4卷),人民出版社,1995。
《马克思恩格斯文集》第1~10卷,人民出版社,2009。
《习近平谈治国理政》(第2卷),外文出版社,2017。
《习近平谈治国理政》,外文出版社,2014。

二 专著

〔英〕A.J.汤因比、〔日〕池田大作:《展望二十一世纪——汤因比与池田大作对话录》,荀春生等译,国际文化出版公司,1985。

〔美〕保罗·库尔兹编《21世纪的人道主义》,肖峰等译,东方出版社,1998。

陈岱孙:《从古典经济学派到马克思——若干主要学说发展论略》,商务印书馆,2017。

陈其人:《大卫·李嘉图》,商务印书馆,1985。

〔美〕杜娜叶夫斯卡娅:《马克思主义与自由》,傅小平译,辽宁教育出版社,1998。

贺汉魂:《回到马克思、培育和谐美:马克思劳动伦理思想现代解码》,光明日报出版社,2016。

贺麟:《黑格尔哲学讲演集》,上海人民出版社,2011。

〔德〕黑格尔:《精神现象学》,王诚、曾琼译,中国社会科学出版社,2007。

〔德〕黑格尔:《法哲学原理》,范扬、张企泰译,商务印书馆,1961。

江怡主编《理性与启蒙》,东方出版社,2004。

〔德〕康德:《实践理性批判》,韩水法译,商务印书馆,1999。

〔瑞士〕克里斯托弗·司徒博:《环境与发展——一种社会伦理学的考

量》，邓安庆译，人民出版社，2008。

刘进才：《劳动伦理学》，华东理工大学出版社，1994。

〔美〕约翰·罗尔斯：《正义论》，何怀宏、何包钢、廖申白译，中国社会科学出版社，2015。

〔德〕尼采：《道德的谱系》，梁锡江译，华东师范大学出版社，2015。

〔英〕欧文：《欧文选集》第1卷，柯象峰、何光来、秦果显译，商务印书馆，1979。

〔英〕乔治·爱德华·摩尔：《伦理学原理》，长河译，上海人民出版社，2003。

萧焜焘：《从黑格尔、费尔巴哈到马克思》，江苏人民出版社，1982。

许纪霖主编《帝国、都市与现代性》，江苏人民出版社，2006。

〔英〕亚当·斯密：《国民财富的性质和原因的研究》（上），郭大力、王亚南译，商务印书馆，2013。

〔英〕亚当·斯密：《道德情操论》，何丽君编译，北京出版社，2007。

〔古希腊〕亚里士多德：《尼各马可伦理学》，廖申白译注，商务印书馆，2003。

〔古希腊〕亚里士多德：《形而上学》，苗力田译，中国人民大学出版社，2003。

宋祖良：《青年黑格尔的哲学思想》，湖南教育出版社，1989。

三 期刊论文

陈文珍、舒远招：《从康德的道德形而上学建构到马克思的道德意识形态批判》，《湖南师范大学社会科学学报》2018年第3期。

高红雨：《马克思对黑格尔劳动观点的批判和超越》，《哈尔滨市委党校学报》2019年第3期。

高丽萍：《马克思非西方社会发展理论的历史转变及其当代价值》，《内蒙古大学学报（哲学社会科学版）》2009年第6期。

高信奇：《劳动竞赛：空想社会主义共同体的思想遗产》，《科学社会主义》2017年第4期。

何云峰、王绍梁：《黑格尔劳动辩证法思想的萌芽、形成及其应用——基于后黑格尔的批判性视角》，《学术交流》2019年第6期。

胡潇：《空间的社会逻辑——关于马克思恩格斯空间理论的思考》，《中国社会科学》2013年第1期。

江峰、舒卉卉：《〈资本论〉中的劳动幸福思想及其特质》，《劳动哲学研究》2021年第1期。

姜涌：《从〈共产党宣言〉看全球化现象》，《理论学刊》2001年第6期。

金志霖：《资本主义萌芽的最初形态与雇佣工人——再论雇佣工人与生产资料的关系》，《历史研究》1992年第3期。

李培超、周强强：《道德、伦理和共同体——解读马克思伦理思想的一种思路》，《伦理学研究》2018年第2期。

李效东、陈占安：《论先进生产力与国家竞争力》，《生产力研究》2008年第20期。

鲁克俭：《马克思对权利范式的超越》，《马克思主义与现实》2022年第1期。

陆昱：《道德观的历史重构——从费尔巴哈到恩格斯》，《福建论坛（社科教育版）》2008年第12期。

罗国杰：《我的学术思想的形成和发展——对伦理学的教学、研究和探索历程的回顾》，《毛泽东邓小平理论研究》2011年第11期。

马超：《论城市哲学视域下〈共产党宣言〉中的历史逻辑与阶级意识》，《云南社会科学》2019年第3期。

乔法容、王昕杰：《劳动伦理学的对象、意义和任务》，《中州学刊》1986年第4期。

唐鸣：《马克思主义关于民族矛盾的基本理论观点及其生命力》，《民族研究》2000年第4期。

汪信砚、刘冬冬：《马克思劳动概念的三重维度及其生存论意蕴》，《兰州大学学报（社会科学版）》2022年第1期。

王冬桦：《为伦理与道德的概念及其关系正本清源》，《首都师范大学学报（社会科学版）》2011年第2期。

王中汝：《关于制度优越性的理论思考——兼论社会主义与资本主义两种制度的比较问题》，《南都学坛》2022年第1期。

宋卫琴、岑乾明：《马克思恩格斯消除城乡对立教育思想探论》，《求索》2012年第11期。

魏进平、马丹丹：《新时代"劳动"的多维审视》，《天津师范大学学报（基础教育版）》2021年第1期。

萧洪恩、李小光、侯丹丹：《特殊权义时空的文化呈现——全球性现代化语境下的春节文化探究》，《唐山师范学院学报》2011年第1期。

谢双明：《马克思、恩格斯视野中的东方社会发展问题》，《求实》2006年第3期。

严存生：《马克思恩格斯法律思想的历史地位和现代意义》，《马克思主义与现实》2015年第2期。

张国钧：《劳动解放：马克思人类解放思想的真蕴》，《长白学刊》2010年第3期。

张一兵：《劳动与市民社会：黑格尔与古典经济学》，《哲学动态》2012年第7期。

赵学清：《马克思研究社会形态的不同视角及其统一——基于思想发展进程的讨论》，《学习论坛》2014年第6期。

《中共中央 国务院关于全面加强新时代大中小学劳动教育的意见》，《教育科学论坛》2020年第15期。

朱翠微、王福生：《道德、政治与历史——康德"永久和平论"中的理论难题及其解决》，《学术研究》2012年第9期。

宗洪宇：《在道德与法治课程中落实劳动教育》，《课程教材教学研究（中教研究）》2022年第Z1期。

邹平林：《论马克思的"伦理"思维与伦理思想》，《东岳论丛》2016年第5期。

四 博士学位论文

杜德省：《体面劳动理论及其当代中国实践研究》，华东师范大学，2017。
高红雨：《马克思的劳动思想》，中共中央党校，2019。
何海燕：《马克思人的解放思想的哲学研究》，中共中央党校，2016。
贺汉魂：《马克思劳动伦理思想研究》，湖南师范大学，2012。
黄云明：《马克思劳动伦理思想的哲学研究》，河北大学，2015。
李冬梅：《马克思正义观及其当代意义》，辽宁大学，2014。
李德炎：《人的自由与解放—马克思伦理思想研究》，吉林大学，2015。

潘乾：《马克思恩格斯慈善观研究》，东北师范大学，2014。

齐勇：《新型城镇化背景下农业转移人口价值观研究——以北京市为例》，北京科技大学，2019。

王瑜：《西方发展观研究：理论探微·殊异甄析·启迪价值》，吉林大学，2011。

王格芳：《科学发展观视域下的中国城镇化战略研究》，山东师范大学，2013。

武颖：《马克思、恩格斯的青年思想研究》，北京交通大学，2016。

晏汉生：《马克思社会发展代价观研究》，华中师范大学，2014。

姚新立：《资本空间化的历程与状况——一种对〈资本论〉的当代解读》，苏州大学，2013。

张晓红：《马克思技术实践思想研究》，东北大学，2012。

张国昀：《马克思主义经济学框架下的国家理论研究》，河南大学，2012。

周德刚：《经济交往中的文化认同——马克思交往理论的当代意义》，复旦大学，2004。